商务谈判

景　楠　著

对外经济贸易大学出版社
中国・北京

图书在版编目（CIP）数据

商务谈判／景楠著. —北京：对外经济贸易大学出版社，2014
ISBN 978-7-5663-1068-2

Ⅰ.①商…　Ⅱ.①景…　Ⅲ.①商务谈判　Ⅳ.①F715.4

中国版本图书馆 CIP 数据核字（2014）第 129890 号

商务谈判

景　楠　著

责任编辑：董　黛　戴　菲

对外经济贸易大学出版社
北京市朝阳区惠新东街 10 号　　邮政编码：100029
邮购电话：010-64492338　　发行部电话：010-64492342
网址：http://www.uibep.com　　E-mail：uibep@126.com

山东省沂南县汇丰印刷有限公司印装　　新华书店北京发行所发行
成品尺寸：170mm×230mm　　13.5 印张　　249 千字
2014 年 7 月北京第 1 版　　2014 年 7 月第 1 次印刷

ISBN 978-7-5663-1068-2
印数：0 001-3 000 册　　定价：25.00 元

前　　言

谈判无处不在，万事皆可谈判。

人类社会的各类谈判活动，大到国与国之间的谈判，如政治谈判、军事谈判、边界谈判以及外交谈判等，中到公司、企业之间的谈判，如引资谈判、知识产权谈判、股权谈判、索赔谈判等，小到个人、家庭之间进行的谈判，可谓包罗万象，不一而足。

譬如去商店超市去购买大件商品，需要谈判，退换货亦需要谈判；毕业去公司或单位求职或职场跳槽，需要谈判；租赁或购买房屋，需要谈判；推销产品，需要谈判；谈婚论嫁，或协议离婚子女抚养，需要谈判；合伙经商，需要谈判；子女入学或寄宿，遗产继承等，凡此种种，皆需要谈判。

不是只有商务谈判才是谈判，人生处处是谈判，人生本身就是一场谈判。

人从呱呱坠地开始，到学会说话之前，都是通过哭声和动作这种谈判方式来表达自己的意愿的，一直到上学毕业、工作、结婚、家庭和生活责任等诸事，无不充斥着各种各样的谈判。

因此，这也正如莎士比亚所说，“人生说起来就是一连串的谈判”。谈判无处不在，无时不在，万事都可以谈判。

谈判好比“剑道”。

剑道，看似无形实有形，“有”是一种障碍，也是一种束缚，“无”才是剑道的最高境界，只有超越“有”，才能进入“无”——无剑无我，物我两忘，无法可取，非法亦法。那才是无所不至，无坚不摧。

谈判也是一样，它的最高境界是“以无法为有法，以无限为有限”，不争善胜。孙子兵法有云：“兵无常势，水无常形，能因敌之变化而取胜者，谓之神。”要达到那种有如神助的谈判境界，光靠“练”是不够的，在充分学习和掌握了谈判的具体套路之基础上，还必须潜心去“悟”，要用自己全部的身心去体验和感受。

目　　录

前　言

第一章　当西方谈判策略遇见中国谈判谋略 …………………………… (1)
第二章　中国式谈判的哲学思想 ………………………………………… (5)
第三章　谈判的辩证思维 ……………………………………………… (11)
第四章　谈判的逻辑模式 ……………………………………………… (19)
第五章　凡事预则立：商务谈判的准备 ……………………………… (27)
第六章　谋势在人：营造谈判气氛 …………………………………… (35)
第七章　谈判的开场乾坤 ……………………………………………… (53)
第八章　逐鹿中原：谈判的中场策略 ………………………………… (73)
第九章　临门一脚：谈判的终场策略 ………………………………… (93)
第十章　突破谈判僵局的技巧 ……………………………………… (107)
第十一章　细节决定成败：商务合同条款的谈判 ………………… (125)
第十二章　重在执行：协议的执行阶段 …………………………… (137)
第十三章　谈判成交后的商务宴会礼仪 …………………………… (141)
第十四章　文化的博弈：各国谈判风格 …………………………… (173)
第十五章　谈判中的读心术 ………………………………………… (181)
附录 ………………………………………………………………… (201)
参考文献 …………………………………………………………… (211)

第一章

当西方谈判策略遇见中国谈判谋略

现代谈判理论是由美国谈判学会会长律师尼尔伦伯格等在 1980 年左右开创的，称为“谈判需求理论”，其侧重点是如何解决冲突和争端。这个理论虽然很好但并不全面。因为这种谈判倾向于保护在谈判中处于劣势的一方，在谈判中处于优势的一方并未受到同等程度的重视。20 世纪 80 年代后期至今，经济学家开始纷纷涉足谈判领域，他们发展了更多的谈判策略，其目的是为了获取更多的经济利益，争取更多的机会。比如哈佛大学费舍尔的“原则式谈判理论”，英国比尔·斯科特的“谈判技巧理论”，美国约翰·温克勒的“谈判实力理论”，英国马什的“谈判结构理论”等。这些理论各有千秋，都有其存在价值和实用性，本书也借鉴了其中的一些理论成果，但这些谈判理论各有利弊，不够全面，因为它过于依赖人们的理性。

沃顿商学院戴蒙德谈判课的重点是关注与谈判相关的人们的心理。该课所采用的从人的社会心理的角度出发阐述是一个较为独特的方法。

总之，西方文化较强调个人、独立性、自我实现。上述这些谈判理论都是基于这一文化背景影响下产生的，因此，西方人在商业经营中主要强调目标、实力和竞争。在西方经济学中，公司目标定义为“利润最大化”。西方人在谈判中，会把想要得到的毫不掩饰地摊到谈判桌上，讨价还价。他们也会妥协，但那是迫不得已，放弃是为了得到。

中国人常说“入鲍鱼之肆，久而不闻其臭；入芝兰之室，久而不闻其香”，这一说法有助于我们对文化差异性的认识。当我们长期地生活在某个文化中，就习以为常，习惯成自然，丧失了文化的敏感性。只有跳出自己文化的圈子去观察，才会对自己的文化有更深刻的认识。

商业领域的西方学者们，在对竞争的深度思考中，系统地分析、总结出一整套手段，称之为竞争策略。那是堂堂正正的正战，即以竞争优势的创造为取胜之道。比如，公司在经营中做到质量更好或价格更便宜，以超越竞争对手。核心观念是如何使自己获得强势地位。

而中国文化讲究的则是谋略。中国是一个谋略文化十分丰富的国家。什么是谋略？那多半来自于人与人的社会交往，是经验的积累，是人性的参悟，是生活智慧的结晶。所谓谋略，强调的是“上兵伐谋”、运筹帷幄、纵横捭阖。

多年前，由刘贤方牵头（现任纽约理工大学商学院院长），纽约理工大学商学院与他的母校江西财经大学开始了 MBA 的教育合作，那是得到教育部首批批准的中外合作学位项目之一。那时商学院的院长是斯班达博士，刘贤方是助理，斯班达出生在英国，他的思维方式和工作习惯既有美国人的风格，也常体现出英国人的烙印。

为了 MBA 项目的顺利执行，刘贤方与斯班达博士有过很多接触，也对他有了较深的了解。他在谈判桌上，颇有大将风度，反应敏捷，目的性明确，会很有技巧地争取到自己想要的东西。而刘贤方的中国文化背景使他也很容易注意到斯班达的短处：考虑问题往往是以自我为中心，不会换位思考，找出双方都能接受的解决方式。有时他甚至是不合情理，比如，在讨论学费缴纳方式时，就产生了分歧。斯班达的想法是美国的惯例，即学生在每门课程注册时缴纳此课程的学费，但中方提出学费分两次缴纳，在开学启动时和项目中期，那是为了便于工作执行，因为中国有外汇控制的换汇程序非常麻烦。本来，缴费方式只是细节，可斯班达却不愿意让步，而中方也很坚持。之后刘贤方私下提醒他，这对我们不是关键，但对中方则是挺重要的，我们没有必要坚持。最后他还是采纳了刘贤方的建议。

通过这件事，我们可以发现中西方思维的一个重要差别：西方人文化上以自我为中心，不习惯换位思考，容易得寸进尺，步步紧逼，争取全胜；而中国人则比较讲究原则，谈判往往先放在一个原则或框架下进行，原则内的事情可以让，原则之外的事情是非常坚持的。

今天的全球经济中，很多行业面对的是全球化的竞争，不同文化背景的商业公司在跨国的市场上进行着殊死搏斗。那么，哪一种文化更有优势，哪一种竞争方式更具竞争性，是西方的谈判策略还是中国的谈判谋略？我们无意去评价哪一种谈判方式更好，这一点上，我们提倡秉承鲁迅先生的“拿来主义”，古为今用，洋为中用；中学为体，西学为用，因为，二者是不同历史文化的产物，各有千秋，就如同中国古代的十八般武器，都有自己的击发点。但我相信，全球竞争中的最有效的谈判方式，应该属于那些对各种文化融会贯通并集古今中外之大成者。

第二章

中国式谈判的哲学思想

中华民族是一个富于哲理思维的民族。华夏文明的核心便是独具辩证思维的中国古代哲学思想。中国古代哲学，源远流长，博大精深，天人合一，享誉世界。无论是先秦诸子、汉儒经学、魏晋玄学、隋唐佛学、宋明理学，还是明清实学、乾嘉考据，都无不蕴藏着中国古代丰富多彩的哲学思想。这些哲学思想指导着中国古代的各种政治、经济、军事、文化活动，同时也指导着形形色色的谈判活动，从而使中国古代谈判谋略处处闪烁着辩证思维的火花，植根于深厚的哲学理论之上，显示出东方谈判文化的特色。

一、太极阴阳说

太极阴阳是中华文化的思想之根，也是人类文明的源头。中国的易经、八卦、道家、儒学等都是建立在对太极阴阳思想的认识和领会之上的，或者都是以太极阴阳思想为基础才相应产生和建立起来的。没有太极阴阳，也可能就不会有中国哲学和中华思想的产生。

太极阴阳说实质上是关于对立统一规律的辩证思想，也是我们谈判的指导思想，集中体现在太极图所蕴含的阴阳对立互补的义理之中。以阴阳鱼图为主的古太极图式，内以 S 曲线分黑白环弧形，白中有一黑点，黑中有一白点，白为阳，黑为阴，象征阴阳互相对立、互相渗透、互相包含。太极图中的阴鱼、阳鱼首尾相接，呈你追我赶之势，象征一切事物运动不已。阳有吞并阴之势，阴有扑灭阳之态，表明宇宙万物莫不有对，存在对立、冲突和斗争，即矛盾存在于一切事物及其发展过程的始终。可以说，以阴阳鱼图为主的这种古太极图，将对立统一规律深奥哲理凝结为简洁、清晰、形象的图形，完整而深刻地揭示了对立统一规律的主要内容和实质，成为中国古代谋略思维的哲理基石。

中国古代的谈判家，大多数人都具有辩证思维，将对立统一规律娴熟地运用于谈判辞令和技巧之中，往往使艰难的谈判化为坦途，达成双方都深感满意的协议。他们在谈判过程中运用对立统一规律，主要是善于发现和捕捉谈判双方或多方的对立统一关系，在利益对立中寻找统一，在利益统一中寻找对立，在统一中达成协议，在对立中瓦解对方，或化敌为友，或化友为敌，机智地运用谈判谋略，来捍卫本集团的利益。中国人常说的“将欲取之，必先予之”，“取”和“予”这两个看似矛盾的事物，实质上也是运用对立统一规律的表现。

审时度势，善于把握敌我友三方的对立统一关系，通过谈判结盟，致强敌于死地的政治家、军事家，当首推一代天骄成吉思汗（公元 1162—1227 年）。成吉思汗是蒙古族的开国之君，骁勇善战，足智多谋，他在统一蒙古各部、平定西域之后，便把兵锋直指金。他在临终之际，留下了“假道于宋以灭金”的著名遗言：“金精兵在潼关，南据连山，北限大河，难以遂破，若假道于宋，宋、金世仇，必能许我，则下兵唐、邓，直捣大梁。金急，必征兵潼关，然以数万之众，千里赴援，人马疲敝，虽至弗能战，破之必矣”（《元史》卷一《太祖纪》）。成吉思汗给后代留下的这一战略方针，是针对当时蒙、宋、金三国利害关系的精辟分析。蒙古是新兴势力，要夺取中原政权，必然要向金朝进攻。蒙、金在利益关系上，是尖锐对立、不可调和的；而蒙古与偏安江南的赵宋王朝，虽然多次发生过冲突，但由于“宋金世仇”，所以，蒙、宋双方在抗金问题上，有着共同的利益关系，是故统一大于对立，因此能结成同盟，共同进攻金朝。成吉思汗逝世后，其继任者忽必烈继续执行这一战略方针，多次派遣使者去南宋谈判，最终与南宋达成协议，出兵攻金。金国灭亡后，宋、蒙矛盾上升为主要矛盾，这时两国的利害关系，是对立大于统一，兵戎相见。经过了长达半个世纪的宋蒙之战后，最后南宋灭亡，第一个由少数民族入主中原的元朝建立。

“否极泰来，盛极而衰”都反映的是阴阳相互转化的一种关系，阴柔到一个极点便转化为阳刚，反之亦然，这种朴素的中国哲学思想体现了事物发展的客观规律。

“化敌为友”也是阴阳相互转换的一种表现形式，体现在商界，人与人的交往上，都是一种上乘的谈判谋略。能够把敌视的企业或个人，变成你的生意伙伴或朋友，就等于消灭了敌人，这不仅是谈判，而且是人生的一种大智慧。

二、和而不同

在人与人、人与自然的关系上，中国传统文化历来主张平衡和谐。“以和为贵”是中国文化的根本特征和基本价值取向。“君子和而不同”正是对“和”这一理念的具体阐发。“和而不同”追求内在的和谐统一，而不是表象上的相同和一致。今天，“和而不同”是人类共同生存的基本条件和基本法则。

在孔子的思想体系中，有两个观点极具现实价值：一个是“己所不欲，勿施于人”，另一个就是“君子和而不同”。前者已被《世界人类责任宣言》确定为全球治理的“黄金规则”；后者对于我们构建和谐社会和多元世界具有重要的启示意义。

谈判的双方或多方，一般都是利益冲突与相连的统一体。谈判要获得成功，双方或多方就必须在对立的利益中，寻求一致的利益，保留各自不同的利益，找到共同的利益契合点，求同而存异，才能使谈判顺利进行，从而获得各方认可的结果。这种“求同存异”的谈判谋略，其哲学理论依据就是中国古代哲学史上的“和而不同”观。

这句话出自《论语·子路第十三》。原话是：“君子和而不同，小人同而不和。”三国何晏《论语集解》对这句话的解释是：“君子心和，然其所见各异，故曰不同；小人所嗜好者同，然各争利，故曰不和。”就是说，君子内心所见略同，但其外在表现未必都一样，比如都为天下谋，有些人出仕做官，有些人则教书育人，这种“不同”可以致“和”；小人虽然嗜好相同，但因为各争私利，必然互起冲突，这种“同”反而导致了“不和”。

最典型的例证就是1982年中英关于香港回归问题的谈判，邓小平同志以丰富的政治智慧，创造性地提出了解决香港问题（包括台湾问题）的原则——“一国两制”，就是中国古代哲学思想“和而不同”的集中体现，为香港问题的历史性解决打开了思路。

邓小平首次公开提出香港问题是在1974年5月25日。第二次复出的邓小平参加了毛泽东、周恩来与希思的会见。当天晚上，邓小平在欢迎希思的宴会上发表讲话，代表中国政府声明：香港问题作为中英之间的“历史遗留问题”将在“适当时候予以解决”。邓小平说：“尽管中英两国社会制度不同，在我们两国之间还存在着在适当时候予以解决的问题，我们完全可以在和平共处五项原则的基础上求同存异，交朋友，发展关系。”

运用“和而不同”的哲理，从而取得成功的谈判案例，这在我国古代谈判史上，比比皆是，不胜枚举。这种符合辩证法的原则，在现代谈判活动中，依然具有旺盛的生命力，闪烁着璀璨夺目的光辉。

三、中庸之道

中庸之道是中国古代唯物主义思想中最具有辨证论和价值论的哲学观点。中庸之道的内涵是什么？“过犹不及”是中庸之道的基本原则。对孔子的中庸之道人们曾一度认为是“和稀泥”、折中主义，这是一种误解。折中主义最大的弊端就是缺乏原则性。孔子的中庸之道则与此不同，“中庸”即中和，孔子是说两方面有不同的意见，应该使它能够中和，保留其对的一面，舍弃其不对的一面。这才是正确的中庸之道。

中庸实际上就是强调“凡事有度，过犹不及”的理念。孔子主张超过标准和没有达到标准都不可取，因为“过”和“不及”是一样的，同属极端，违背了中庸之道。什么问题都要在“也认真”、“也不认真”之间寻找平衡，所谓“不偏之为中，不易之为庸”。毛泽东对此评价甚高，从哲学理论上，将“中庸”概括为：“是肯定质的安定性，为此质的安定性而作两条战线斗争，反对过犹不及”（《致陈伯达》，《毛泽东书信选集》第 141 页）。有鉴于此，毛泽东又肯定孔子“找出与确定质而反对左右倾的‘中庸’思想，是对中国哲学的一大贡献”（《致张闻天》，《毛泽东书信选集》第 147 页）。

“中”表现为一个恰切的“度”，是在面对复杂对象时精确把握事情的“分寸”。“中”强调的度，是一个合理的“度”，既不能过（过分），又不能不及（达不到）。这一合适的“度”非同小可，不可小看。同时，“中”还意味着合乎一定的标准或法则，意味着与人的生命和谐感具有某种同行同构的心理内在性。很多中外的谈判家都非常注意在谈判的目标、方式和态度上把握一定的分寸。这个分寸，就是“中”所意味的“度”。只有准确地把握好这个“度”，兼顾矛盾的两个方面，不走极端，“执两用中”，才能实现自己预期的谈判目的。比如，两位不相识的读者在图书馆阅览室里查资料，其中的一位嫌空气混浊站起来，走到窗户跟着正要推窗，而另一位正好怕冷，于是一个想开窗，另一位不让开，就这么一人一句地争起来。这时管理员走了过来，她先止住两人的争吵，然后走到另外一间与阅览室相通的房间，把窗户都打开，让新鲜空气由那儿进入阅览室。结果，两位读者的愿望在一定程度上都得到满足，问题便解决了。

“庸”一般解释为平常，日常。三国何晏《论语集解》将“庸”解释为“常行之常”，北宋程颐解释为“不易”，南宋朱熹则解释为“平常”，公正地听取对立两造的申诉，便能得“中”。那么，这样的“中”，已经不是道德范畴，而属于认识领域了。这就是说，“中”不仅是善，而且也是真。李泽厚认为：“‘中庸’者，实用理性也，它着重在平常的生活实践中建立起人间正道和不朽理则。”执两用中，用中为常道，中和可常行，这三层互相关联的意思，就是儒家赋予“中庸”的全部含义。

自孔子之后，历代儒家都很重视“中庸”思想的阐发及其运用。儒家所提倡的言行和而不流，中立不倚，刚柔适度，不卑不亢，一切都无过无不及原则，被中国古代谈判家所灵活运用，使不少载入史册的谈判活动熠熠生辉，无不显示了“中庸”思想的合理性和可行性。

比如，中庸“和而不流”的思想，强调做事坚持原则，而又不随俗移志，随波逐流。周恩来很灵活地将这一思想应用到了外交实践中。他为求得和平而采取灵活的外交策略，但绝不放弃是非原则。在处理重大外交问题时，周恩来一贯从全中国、全世界人民的根本利益出发，勇于坚持立场，同时又把原则的坚定性同策略的灵活性紧密结合起来，运用得体。在中美关系上，很长一段时间美国一直敌视中国。从 1955 年到 1970 年，中美双方进行了 15 年的谈判。在谈判中，中国始终坚持两个原则，一是美国从台湾撤出一切武装军事力量，二是美国政府同意中美两国签订《和平共处五项原则》，而且周恩来总理始终坚持必须先解决这两个原则才能谈其他问题。这体现了他在追求和平共处的同时，不失高度的原则性。在中法关系上，1963 年 10 月，法国前总理富尔来中国访问，表示愿意与中国谈判建交，但与台湾断绝一切关系有些困难。周总理考虑到法国奉行独立外交，不同于苏美，所以在中法建交的具体步骤上采取灵活的态度。他指出，“如果法国认为采取勇敢地行动，断绝同台湾的关系，同中国建交的时机已到，我们欢迎这种决心，也愿意同法国建交，直截了当交换大使，如果……觉得时机尚未成熟，还有困难，我们愿意等”。正因为他既坚持了原则，又运用了灵活的策略，使法国成为西方大国中第一个与中国正式建立外交关系的国家。

第三章

谈判的辩证思维

辩证思维是中国古代哲学的重要内容，是中国古代的思想家对自然和社会矛盾的理论概括，也是人们观察自然，改造社会，锐意革新的思维方式。这一思维方式贯穿在整个中国古代的谈判活动之中，构成了谈判谋略理论的重要组成部分，至今影响着现代人的思维方式，并受到世界上众多思想家的认同和推崇。

一、争而后和

我们在生活中或戏剧小说里都会看到很多这样的情况，比如中国人常说的“不打不相识”，实质上就是“争而后和”典型反映。大多数情况下，谈判的双方或多方，要么是利益攸关，要么存在激烈冲突。因此，如果想让谈判各方踏踏实实地进行有效的谈判，就必须首先进行某种形式的竞争和实力较量，充分显示己方的实力和优势。只有当这种较量达到势均力敌，或某一方占绝对优势时，才容易出现和解式的谈判，这就是“争而后和”的谈判谋略。“争”与“和”本是相互矛盾相互对立的，但又是统一的。“争”的结局是“和”，而“和”则是另一种形式的“争”。如果说，兵戎相见是“争”的激烈形式，那么“和”或者说“谈判”，则是“争”的阴柔形式，二者相互转化，交替运用，都是克敌制胜的谋略。

《鬼谷子全集》里记载“郦生劝汉王”：秦末，陈胜吴广起义后，天下大乱，群雄并起。郦生，郦食其，满腹诗书，此时虽身陷困顿，但却不肯轻易出山。他家乡的陈留郡高阳，先后有几十个将领路过此地，郦食其都不见他们，有人就对他说：“你足智多谋，当大有用武之地，如今机会来临，你为何不毛遂自荐呢？

凭你的才华，必受重用。”

郦食其说：“我见天下群雄，不过是一些过客而已。我听说在此路过之人，不是器量狭小，就是刚愎自用，我若贸然现身，毁了我的清誉不说，和他们也难商宏图大略。我虽情急，但更要谨慎，倘若不加自抑，胡乱应承，是绝难有成就的。”郦食其时年已经有六十多岁了。

刘邦征战陈留之际，郦食其的一位同乡在刘邦手下做事，回乡探亲，郦食其却主动找上门来，对他说：“听说沛公傲慢无礼，可是很有韬略，是吗？”他的同乡说：“沛公最不喜欢儒生，简直到了厌恶的地步。他为人大度，只有这一点让人费解。”

郦食其让他在刘邦面前提起自己，他交代说“你只要在沛公面前说有个‘狂生’叫郦食其的，就可以了，其他的不要多说。”

他的同乡回去和刘邦说了此事，刘邦一笑说：“读书之人，都自命不凡，改日我一定见见此人，挫挫他的锐气。”

刘邦到高阳时，派人传召郦食其。郦食其来见刘邦，却见他正在两名女子的服侍下洗脚，态度十分傲慢。郦食其拱手一揖，并不跪拜，刘邦心中十分不快，正要责问，却听郦食其先说：“沛公是要帮秦朝进攻诸侯呢，还是要率领诸侯攻灭秦朝？”

刘邦一听更气，忍不住破口大骂：“你这个家伙，我顺天举事，就是要义灭强秦，救天下于水火，你连这都不懂，难道还要徒逞口舌之利吗？”

郦食其神情严肃，大声说道：“义灭强秦，需要有大德之人方能完成。我见你神态放纵，毫不知礼，如此若想感召天下士人，岂不白日做梦？你既有雄心大志，焉能如此慢待长者呢？”

刘邦听罢神情一凛，自知失礼，忙赔笑道：“大贤之人，当恭谨待之，恕我慢待先生了。”说罢不再洗脚，整衣戴冠，请郦食其上座。

郦食其面上有喜，说道：“成大事者，必情有所规，如此方能有节有制，无失其德。大人厚待于我，天下人知道大人礼贤下士，有此仁名，大人一统天下也就指日可待了。”

刘邦连连道歉，郦食其于是又说起合纵连横之术，献计说：“大人兵不过万，若感情用事，凭此攻秦，实属危矣。大人少安勿躁，应待时机。陈留物产丰厚，交通咽喉，可先取陈留。陈留县令与我有旧，我可前去招降，如不允，则可作为内应。”

刘邦大喜过望，遂命郦食其为使臣。郦食其百般劝说陈留县令，终使其归附刘邦，郦食其也因此功被封为广野君。

郦食其满腹诗书，初见刘邦，但因为地位悬殊，很难取得平等的谈判地位，这一场谈判不好谈，加上刘邦倨傲待客，轻视儒生，如不据理力争，郦食其后面的计划根本不可能实现。因此，郦食其首先要为自己争得尊严与声望，打破谈判地位的高低，才有可能为后面的谈判赢得先机，这种为己的“争”，正是为了后面谈判的“和”打下基础，赢得尊重。郦食其故意先借“灭秦，还是助秦”，激汉王自己回答，然后再用“灭秦，需有义之人”，“而有义，为何慢待长者”，令刘邦陷入言行不符的逻辑矛盾（见第四章谈判逻辑模式）。刘邦顿悟，立刻换脸赔罪相迎，由此郦食其占据平等甚至更高一筹的谈判地位，郦食其接下来关于“和”的谈判也就水到渠成了。

二、不争善胜

《道德经》第73章云：“天之道，不争而善胜，不言而善应，不召而自来。”又云：“夫唯不争，故天下莫能与之争。”众所周知，商场如战场，一场没有硝烟的战争同样血腥和残酷，怎么可能做到不争而胜呢？

2009年上海浙商年会上，阿里巴巴CEO马云曾说过一句话：“只有心中无敌，才能天下无敌。”在拥挤的市场中，竞争对手永远存在。企业经营者常犯的错误之一就是，总是眼光紧盯着对手的一举一动，以至于迷失了自己的方向。

“当对手关注我们的时候，我们在关注消费者”，这是宝洁（P&G）公司在市场上长盛不衰的秘诀。宝洁的成功隐含着一条重要的竞争法则：不专注于竞争对手的言行，而专注于用户的需求，可谓“不争而善胜”。

君子之心事，青天白日，不可使人不知；君子之才华，玉韫珠藏，不可使人易知。不争不是躲避与退缩，也不是消极怠工，而是一种历经风雨之后的旷达与沉稳。

有些人在谈判的时候，一直压着对方，恨不得一次把自己的优势说完，殊不知言多必失，反而容易暴露自己的心态和弱点。与其争论得面红耳赤，聒噪不休，不如保持一定的沉默来得有力，正所谓沉默是金。宋代词人黄升有云：“风流不在谈锋盛，袖手旁观意味长。”这是不无道理的。

《庄子》亦云：“大辩不言，至人之用心若镜，不将不迎，应而不藏，故能胜物而不伤。”意思是说，最有口才的人，其实往往表现在善于闭着嘴巴不说话。其心像镜子一样明亮，虽然清晰地映照着事物，却任由事物来去而不加以迎送。因此能够自若地应接事物而不劳心神，故而最终战胜事物而自己却无任何损伤。

作为一个谈判者一定要明白，“不争”其实是最大的“争”，不争不是心如死灰，古井无波，而是波澜不惊，不是故作深沉以掩饰生命的无能与脆弱，而恰恰是一种自信、一种从容、一种不争之争，一种将个人荣辱得失置之度外的远见卓识和宽广胸怀。

美国好莱坞影片《拯救大兵瑞恩》当中有一段这样的情景，一位母亲在同一天下午将会收到三封她四个儿子中三个都阵亡的通知书，陆军参谋长艾森豪威尔打算派兵去解救这位母亲最后一个小儿子时，在场的所有人都表示反对，并说了一大堆各种可能的理由，艾森豪威尔看了看大家，并没有争论一句话，而是给他们念了一封林肯写给一位阵亡士兵母亲的信：

亲爱的夫人，

我从麻省国民警卫队总指挥的陆军部档案中得知，你的五个儿子，都在战场上壮烈牺牲。我明白我再怎么安慰，也不足以舒缓您痛失爱子的巨大伤痛和悲哀。但我仍要代表他们为之献身的美利坚合众国向您致以深切慰问。愿上帝抚平您的丧子之痛，让您永怀爱子的记忆，以及他们为了自由而牺牲所带来的庄严的荣耀。

亚伯拉罕·林肯

1864年11月21日

念完以后，参谋部在场的所有人都默不作声，点头沉思。这也是我们最欣赏的谈判之一，暗合中国“不争善胜”的辩证思想，不是直接和你争论是与非，而是给你讲一个隐含说服力的故事，让你自己去判断，这判断已然就是想要的正确的结果了。这就是不争的力量，谈判的最高境界也是如此。

爱默生说过一句话：“所有的墙壁都是门”。总有一天，善于不争的人会发现，所有的墙壁最终都会变成门。

三、以退为进

在很多谈判场合会出现这样的情况，由于对方强势且预谋已久，可能我方准备不足而猝不及防，这时就会陷入令人尴尬的僵局，如果硬撑则肯定于我不利，此时不如借势以退为进，以空间换时间，让对方攻击一时找不到对象，拳头打在棉花上，而我方则可以赢得回旋余地，另辟蹊径，重新获得主动权。

有时谈判中的退让和妥协，其实是一种积极的进取，从退让中获得其他方面的利益，这种“退”，实质上是一种迂回的“进”，是道家非常推崇的谋略，老子将这种谋略概括为“进道若退”（《道德经》第41章）。老子使用“若”字，正好点明此谋略思想其实是进取、争利之道，而“退”，仅仅是表明形式而已。老子认为，宇宙间的一切事物都遵循“反者道之动”（《道德经》第40章）的原则，就好像“大智若愚”一样，有时候要达到目的与采取的手段反而是相反的，就像“将欲取之，必先予之”的道理一样。

比如国内革命战争时期，胡宗南率20万军队重点进攻当时的延安革命根据地，不少共产党将领都要求死守，誓死保卫延安，唯独毛泽东同志高瞻远瞩，提议暂时退出延安，避其锋芒，不在意一城一地的得失，最终说服党内意见统一，退出延安。三个月后，在运动战中消灭胡宗南10余万部队的有生力量，重新夺取延安，大大加速了中国新民主主义革命胜利的进程。

西汉公孙弘年轻时家贫，后来贵为丞相，但生活依然十分俭朴，吃饭只有一个荤菜，睡觉只盖普通棉被。就因为这样，大臣汲黯向汉武帝参了一本，批评公孙弘位列三公，有相当可观的俸禄，却只盖普通棉被，实质上是使诈以沽名钓誉，目的是为了骗取俭朴清廉的美名。

汉武帝便问公孙弘：“汲黯所说的都是事实吗？”公孙弘回答道：“对，是这样，汲黯说得一点没错。满朝大臣中，他与我交情最好，也最了解我。今天他当着众人的面指责我，正是切中了我的要害。我位列三公而只盖棉被，生活水准和普通百姓一样，确实是故意装得清廉以沽名钓誉。但如果不是汲黯忠心耿耿，陛下怎么会听到对我的这种批评呢？”汉武帝听了公孙弘的这一番话，反倒觉得他为人谦让，就更加尊重他了。

公孙弘面对汲黯的指责和汉武帝的询问，一句也不辩解，并全都承认，这是何等的一种智慧呀！汲黯指责他“使诈以沽名钓誉”，无论他如何辩解，旁观者都已先入为主地认为他也许在继续“使诈”。公孙弘深知这个指责的分量，采取了十分高明的一招，不作任何辩解，承认自己沽名钓誉，以退为进，这其实表明自己的人品至少是诚实的，没有撒谎。

公孙弘的高明之处，还在于对指责自己的人大加赞扬，认为他是“忠心耿耿”。这样一来，便给皇帝及大臣们这样的印象：公孙弘确实是“宰相肚里能撑船”。这样就把问题引到另外一方面去了，人们已经不是在关注他是不是沽名钓誉，而是他人品高贵，诚实有信，心胸宽广了。既然众人有了这样的心态，那么公孙弘就用不着去辩解沽名钓誉了，因为这不是什么政治野心，对皇帝构不成威胁，对同僚构不成伤害，只是个人对清名的一种癖好，无伤大雅。

以退为进，这是一种大智慧。特别是领导，在这方面如果运用得好，更能受益匪浅。作为一个团队的领袖，上面既有领导，身边也有同事。经常会有人可能对事情的发生不怎么了解又喜欢乱下结论，甚至有时候会有一些莫须有的罪名会加到你头上，这时候你去辩解反而会让人觉得你心中有鬼，即便最后得到澄清也极可能给旁人一种不好的印象。即便有时候你无意之中真的会犯一些错误，对没有的事情不置可否，事情终会有水落石出的一天，所谓“日久事自明”，那时候你不是反而可以赢得更多人的尊敬吗？到时大家会觉得你人格高尚，光明磊落。

明代冯梦龙《智囊》中也有记载“李光弼收二将”：“安史之乱”中，叛将史思明屯兵在河清，想阻断李光弼的粮道。李光弼率领部队渡过野水去防备。天快黑时，部队悄悄又退回河对岸。临走前，李光弼留下一千人马，派老将雍希颢守住栅寨，告诉他：“敌将高延辉、李日越都有万夫不当之勇，切不可与他们交战，如果他们投降，就一起带他们来见我。”众将一听，都觉得好笑。后来史思明果然对李日越说：“李光弼长于守城，而今出城在野外，今晚你们就率铁骑夜袭，为我消灭他，如果不胜，就不要回来。”李日越遂带领5万骑兵连夜出发，天亮时分赶到栅寨前，问道：“李司空在吗？”雍希颢说：“昨晚已经走了。”李日越想：“跑掉了李光弼，只拿住一个雍希颢，我只有死路一条了。”就请求投降。雍希颢与他一起去见李光弼，李光弼对他以礼相待，视为心腹。高延辉听说后，也投降了李光弼。有人问李光弼：“降服这两位将军为何如此容易？”李光弼说：“史思明为人残暴寡恩，疑心甚重，他一直怨恨跟我没有野战的机会，这次听说我出兵在外，以为一定可以胜我。李日越没有抓获我，不敢回去，只好投降。高延辉的才干胜过李日越，听说李日越在我这里受宠被重用，必定想到我这里来争宠。”李光弼深识人性，不与猛将硬拼，而是以退为进，兵不血刃，不费一刀一箭，就收服了对方两员猛将和大量人马，不能不说是一个出色的军事谋略家。

人生也是如此，人生的退让，其实是一种很高明的大境界，老子有时也称之为“后”或“外”，《道德经》第7章就说：“是以圣人后其身而身先，外其身而身存”。即是说得道的圣人们，一般都是将个人之利放在众人之后，结果收到众人的拥戴，个人之利反而先于众人实现；圣人们将个人生死置之度外，结果反而使自己没有受到伤害，生命得以保全。

四、委曲求全

老子在《道德经》第23章中有云：“曲则全，枉则正，洼则盈，蔽则新，少则得，多则惑”。意思是受得住委屈，才能保全自己；经得起冤屈，事理才能得到伸直；低凹反而能积满，陈旧反而能出新，少取反而能有得，贪多反而会迷惑。这里的“曲则全”，也即现在的“委曲求全”的意思。

谈判中会遇到很多这样的情况，对方实力强大，态度强硬，而我方实力相对较弱，既不能不谈，又谈不起，这个时候适当地暂时做出一些让步，委曲求全，以便以后条件成熟的时候再重新赢得胜局，正所谓“留得青山在，不怕没柴烧”。楚汉相争的英雄项羽，就没有刘邦这样能屈能伸、委曲求全的精神，而后自刎于乌江边，以致后人有诗感叹：“江东子弟多才俊，卷土重来未可知”。

古今中外这样的事例很多，比如《罗织经》谋划卷中记载“处变不惊，委曲求全的刘秀”：

刘秀和他的大哥刘缜起兵造反之时，自感力量单薄，便和新市、平林的农民起义军将领王凤、陈牧等人联合，共同打击王莽的新王朝。后来发展到一定势力后推举皇帝，本来刘秀的大哥刘缜最有资格当选，但是王凤、陈牧怕刘缜功高不好驾驭，自己大权旁落，竟另立了能力平庸的更始将军刘玄为帝。

刘缜心中感伤，常常发牢骚对刘秀：“这些人真是小人啊，我今天才算是看透了。人说官场无友，不在此中厮混，又哪里能知道这里的无情呢？”刘秀每次都告诫哥哥说：“事已至此，哥哥就不要有所怨言了。若让他们知晓，岂不惹来杀身之祸？”

刘缜性格倔强，虽有刘秀劝告，可他还是忍不住经常向人诉苦。王凤、陈牧等人知道后怀恨在心，最终找了一个借口，唆使更始帝刘玄把刘缜除掉了。

刘缜死时，弟弟刘秀并不在他身边，而是正在指挥史上那场有名的以少胜多的“昆阳大战”，回到宛城后，才得知哥哥已经被害。面对如此剧变，刘秀痛不欲生，但却没有失去理智，这正是他的过人之处。他自知已身陷人手，若是此时冲动报复，只有死路一条。

出乎所有人的意料，刘秀见了更始帝刘玄，却自责说：“哥哥罪有应得，只恨我平日里没有好好劝导哥哥，让皇上忧心了。臣实在有罪，还请皇上纲正法纪，莫予宽贷。”

王凤、陈牧等人正想看看刘秀怎么说，料定刘秀必定会为哥哥讨个说法，这样他们就会借机把刘秀也杀了，斩草除根，以绝后患。谁知刘秀却是这般说法，又如此臣服，且态度诚恳，不像是装出来的，加上又刚立战功，他们反而是无以加罪了，不得不暂时放过了刘秀。

刘秀草草葬过哥哥刘缜，装作若无其事一般。白天里他和人谈笑风生，饮酒作乐，深夜里却是暗自哭泣，咬碎钢牙，发誓报仇。如此夜不能寐，刘秀消瘦了很多。他的手下冯异看破了他的心事，私下劝他说："将军忍辱负重，虽是暂时避祸，却不是根本之策啊。如若能脱离牢笼，另谋发展，不是更好吗？"

刘秀对冯异考察了一番，确信他是一片真心之后，才口吐真言道："我这般行事，正为此故啊。眼下暂无机会，自不可草率行事。"

刘秀苦苦忍耐，直到更始帝刘玄想派人到河北发展势力，刘秀经人举荐，借此离开宛城。从此刘秀以河北为根据地，招兵买马，搜罗贤士，广揽人心，势力一天天壮大起来，最终经过一番艰苦卓绝的努力，建立了东汉王朝。

这种"委曲求全"的谈判谋略，在现代谈判活动中也经常运用。俄国十月革命胜利后，列宁为了巩固新生的苏维埃政权，签署了《和平法令》，决定俄国退出第一次世界大战，交战双方签订和约。当时德国正大举进攻苏俄，列宁在此危急关头，力排众议，主张妥协，签订了有割地赔款内容的《布列斯特和约》，作出了极大的让步和牺牲，从而使德国终止了进攻，为苏维埃政权赢得了喘息和积蓄力量的时间。后来，德国在第一次世界大战中战败，苏俄乘机收复了被占领和割让的土地，壮大了自己的国力。应该承认，《布列斯特和约》正是"委曲求全"谈判谋略的胜利。

第四章

谈判的逻辑模式

毋庸置疑，谈判是通过人们的语言艺术来进行的。成功的谈判语言，不仅语言优美，引人入胜，而且具有严密的逻辑模式，有理有据，天衣无缝，征服人心。谈判谋略必须借助各种语言，而语言中的逻辑模式，则是实施谈判谋略的重要工具之一，二者不可分离，不可忽视。

一、类比推理

类比推理，是根据两个或两类对象在某些属性上的相同或相似性，推断出它们在其他属性上也相同或相似的结论的推理形式。

南北朝时，有个叫曾希颜的秀才剽窃了阮籍的诗句，阮籍一气之下，把他告到了官府。公堂之上，曾希颜狡辩道："文章是由字组成的，这些字是老祖宗发明的，谁都可以用，怎么会是你阮籍的呢？你犯得着生这么大的气么？"

阮籍听了，说："照你这么说，曾希颜一定是个无耻之徒了。"

曾希颜大怒："你怎么敢在公堂之上辱骂于我，真是欺人太甚！"

阮籍却说："我刚才说的那些话，那些字啊，都是老祖宗发明的，我可以随便使用，随便说的，你犯得着生气吗？"曾希颜顿时哑口无言。

所谓"花开两朵，各表一枝"，在谈判中，当对方提出对某事物的看法或举出例证来证明其观点时，反驳者可以从另一个角度来审视剖析，并从中推出有利于己方的结论。曾希颜剽窃阮籍诗句，却以"诗中的字句是前人发明，自己只是拿来一用而已"进行狡辩，而阮籍借此类推，将其反诘。由于这种反诘是从对方的前提推理出来的，即是从对方的"枝"上派生出来的另一朵"花"，对方往往难以置辩。

20 世纪 30 年代中期，香港有一起诉讼案子：英国商人威尔斯向中方茂隆皮箱行订购了 3 000 只皮箱。到取货时，威尔斯却说，皮箱内层有木材，不能算是皮箱，因此向法院起诉，要求赔偿他 15% 的损失。在威尔斯强词夺理，当时在法官偏袒威尔斯的情况下，中方请来了香港当时著名的大律师罗文锦辩护。

罗文锦站在律师席上，取出一只金怀表，请人呈给法官，然后问道："请问法官大人，这是一只什么表？"

法官说："哦，这是一只伦敦名牌金表，可是，这跟本案没有关系。"

罗文锦坚持说："不，这跟本案有关系。"他接着问："既然没有人怀疑这只表是金表，那么请问，这只表的内部机件都是纯金制作的吗？"

法官已经感觉到事情不妙了。罗文锦又接着说："既然没有人否认金表的内部机件可以不是金子做的，那么茂隆皮箱的内层也可以不是皮制的了，被告显然是无理取闹，存心敲诈而已。"

这样的类比推理，简洁明快，一下子就使对方无以应答。如果不这样，律师与被告展开正面论争，直接说皮箱的内层可以有木质成分，就很难使对方屈服。

二、归谬推理

所谓归谬推理，是为了驳倒对方的论点，先假定对方的命题是真的，然后再以此为依据，推导出荒谬的结论，达到反驳对方，为己方立论的目的。这种方式是采用了"以子之矛攻子之盾"的逻辑模式，使对方陷入自相矛盾、逻辑混乱的境地，从而一举取胜。

明代冯梦龙在《智囊》中记载了一则简雍说服刘备废刑故事（《白话智囊》辩才卷，第 381 页）：刘备在位时，有一年天下大旱，粮食歉收。刘备下令严禁百姓私自用粮食酿酒，官吏如果从老百姓家中搜出了酿酒的器具，就要罚款判刑。简雍年少时就与刘备交好，后拜为昭德将军，他性情简傲跌宕，善于精稽讽刺。一天，简雍与刘备一起出游，看见男男女女在道路上行走，简雍就对刘备说："他们欲行奸淫之事，陛下为什么不把他们都抓起来？"刘备问："你何以知之？"简雍回答："他们不是都有行奸淫之事的器具吗？"刘备放声大笑，于是停止了以酿酒器具治罪的做法。

归谬法反驳是极富逻辑论证力和语言说服力的，是谈判者应该掌握的不可或缺的谈判工具。

三、言言相悖、言实相悖

言言相悖，是指对事物的描述前后不一，自相矛盾；言实相悖，是指由于对事实的陈述与事实的本身相矛盾而出现的错误。这两者实质上都是逻辑学里关于不矛盾律的体现。

何谓“不矛盾律”，不矛盾律是一条逻辑基本规律，有的书上叫矛盾律。

不矛盾律的基本内容是：在同一思维过程中，不能同时肯定两个相互矛盾或相互反对的思想。如果出现了相互矛盾和相互反对的思想，那么这两个思想不能都是真的，其中必有一个是假的。

不矛盾律的逻辑要求是：人们在同一思维过程中，对于具有矛盾关系和反对关系的判断，不应该承认它们都是真的；思想应该首尾一贯，不能颠三倒四，出尔反尔，自相矛盾，自己打自己的嘴巴。

《儒林外史》中胡屠户对他的女婿——范进中举前后截然不同的态度及其对女婿相貌的不同描述：

范进想去考举人，由于家境贫寒，没有路费，只好硬着头皮去向丈人胡屠户借钱。胡屠户根本不把这个穷女婿放在眼里，听说女婿要向他借钱去应考，火冒三丈，把女婿骂得狗血喷头：“……你自己只觉得中了一个相公，就癞蛤蟆想吃天鹅肉来！……这些举人老爷的都是天上的文曲星！你不看见城里张府上那些老爷，都有万贯家私，一个个方面大耳？像你这尖嘴猴腮，也该撒泡尿自己照照！不三不四，就想天鹅屁吃！……”范进赴考心切，另想办法，还是进省城应考去了。

出乎人们的意料之外，这次范进竟然考中了。中举的喜报送到范进家，范进读完喜报，竟然欢喜疯了。为了救范进，经众人劝说，胡屠户开始说：“天上的文曲星打不得，”后又借酒壮胆，换了往日里一副嘴脸，先喝骂了女婿一句，又给了女婿一记耳光，范进这才清醒过来。此时，胡屠户又在众人面前，得意洋洋地说：“……我每常说，我的这个贤婿，才学又高，品貌又好，就是城里头那张府、周府这些老爷，也没有我女婿这样一个体面的相貌……”说完，众人都笑了。

众人为什么都笑呢？因为胡屠户说话前后矛盾。胡屠户是个势利小人，范进未中举前，他骂女婿是“尖嘴猴腮”，那相貌自然是很不体面的了；范进中举以后，胡屠户又夸女婿是“才学又高，品貌又好”，有“一个体面的相貌”。像胡屠户这样言言相悖、前后矛盾的说法，在逻辑上就是违反不矛盾律了。

在学习和工作中，我们有时可以听到这样的一些答话：开全校大会，校领导叫各个年级主任检查班级出勤情况。年级主任问某班班长说："你们班的同学到齐了没有?"班长回答说："我们班的同学基本上到齐了。"

这个班长的答话是不合逻辑的。既然说"基本上"，那就不是全部；既然不是全部，又怎么能说"到齐"呢?"基本上"和"到齐"这两个概念是矛盾的。

我们小时候就耳熟能详的阿凡提，有一天，他来到集市上，看到财主巴依正在逼穷苦百姓还债。于是，他想出了一个惩治财主的办法。

有一天，阿凡提借来几两金子，骑着毛驴到野外去，坐在沙滩上细细地筛起金子来。不一会儿，巴依打猎从这儿经过，看见阿凡提的举动很奇怪，便问道："喂，阿凡提，你这是干什么呐?"

"巴依，我正忙着种金子哩!"

巴依听了更加诧异，又问道："快告诉我，聪明的阿凡提，种了金子以后会有收成吗?"

"有的，到了做大礼拜的时候就可以来收割，把长出来的金子收回去。"

巴依一听就眼红了。他想：这么便宜的肥羊尾巴怎能不吃？于是，连忙赔着笑脸跟阿凡提商量起来：

"我的好阿凡提！你种这么点金子，能发多大的财呢？要种就多种点。要是种子不够，到我家里来拿好了！

要多少有多少。那就算咱俩合伙种的，长出金子来，十成里给我八成就行了!"

"那太好了，巴依!"阿凡提满口答应。

第二天，阿凡提就到巴依家拿了两斤金子。过了一星期，他给巴依送去十来斤金子。巴依打开口袋一看，金光闪闪，乐得合不拢嘴。随后他就把整箱的金子交给阿凡堤去种。

阿凡提把金子拿回家，全都分给了穷苦人。

过了一星期，阿凡提空着一双手，愁眉苦脸地去见巴依。巴依见阿凡提来了，笑得眼睛眯成一条缝，问道："你来啦！驮金子的牲口，拉金子的大车，也都来了吧?"

"真倒霉呀!"阿凡提忽然哭了起来，说道："您不见这几天一滴雨也没有下吗？咱们的金子全干死啦！别说收成，连种子也赔光了。"

巴依气得火冒三丈，大怒道："胡说八道！我才不信你的鬼话！你想骗谁？金子哪会干死?"

"咦，这就奇怪了!"阿凡提说："您要是不相信金子会干死，怎么又相信金子种上了能长呢？”

巴依听了，活像嘴里塞了一团泥巴，再也说不出话来。

为什么巴依再也说不出话来了呢？因为他发现自己已经陷入不能自圆其说的狼狈境地。既然相信金子种上了能长，那么按照不矛盾律的要求，就不能不相信金子会干死，因为不能既肯定金子具有农作物的性质，又否定金子具有农作物的性质。

应该注意的是，有的说法表面上似乎是矛盾的，但实际并不矛盾。如臧克家先生有一首诗叫《有的人》。诗的开头写道：“有的人活着，他已经死了；有的人死了，他还活着。”前一分句说的是有的人躯体活着，但是魂已经死了；后一分句说的是有的人躯体死了，但精神长存。这是从不同角度来写的，像这样的说法不违反不矛盾律。

四、假言推理

所谓“假言推理”，又称条件关系的推理，它是以假言判断为前提，推出一个直言判断结论的推理。谈判是一种追求利益最大化的活动，为了说服对方接受自己的主张，达成协议，往往会假设若干条件，然后以此为前提，推论出若干有利或不利于对方的结论，使对方权衡利弊，作出抉择，同意自己的观点，从而使谈判获得成功。

这种推论方法，客观冷静，理性思维水平较高，现实利害关系明显，容易被人们所接受，故而在谈判活动中被普遍采用。

《资治通鉴》中记载，赤壁大战前夕，孙权对抗曹、降曹两种对立的方案，一直犹豫不决，无法决断。孙权的心腹谋士、力主联刘抗曹的鲁肃，就是使用假言推理，从切身利益方面，指出孙权降曹，百害而无一利。

鲁肃见东吴文官纷纷主降，心中极为不满，一言不发。然后，他利用孙权更衣之机，独自追上孙权，孙权知道鲁肃有肺腑之言相告，便拉住他的手，亲切地问道：“你有什么话想说呢？”鲁肃见孙权如此真诚相待，便推心置腹，坦率地说出了自己的意见：

“向察众人之议，专欲误将军，不足与图大事。今肃可迎曹耳，如将军不可也。何以言之？今肃迎操，操当以还付乡党，品其名位，犹不失下曹从事，乘犊车，从吏卒，交游士林，累官故不失州郡也。将军迎操，欲安所归乎？愿早定大计，莫用众人之议也！”（《资治通鉴》卷六五汉纪献帝建安十三年）

鲁肃运用假言推理，从对比的角度，向孙权阐明了众人可以降曹，而唯独将军不能降曹。鲁肃以己为例，先说明如果降曹，自己仍然可以在曹操手下做官，出门有车，吏卒跟随，悠游自在，十分悠闲。随着年龄增长，政绩突出，一级一级最后还可以做到州郡的长官。而孙权一旦降曹，必然会被软禁在许昌，处处受监视，稍有不慎，必遭杀身之祸。所以结论是东吴的众臣可以降曹，而东吴的君主不可以降曹。孙权一听，豁然开朗，深以为然，知道鲁肃对自己是一片忠心，抗曹之心便坚定下来。

假言推理，可以有力地向对方证明采纳我方意见的好处，以及不接纳己方意见的害处，从而说服对方，寻求双赢，顺利达成共识和协议，因而在古今中外的谈判活动中频频使用，成功率甚高。

五、二难推理

二难推理（dilemma）是谈判时经常用到的、相当有用的一种推理。它的特点是：由一方说出具有两种可能的大前提，使对方不论肯定还是否定其中哪一种可能，其结果都会陷对方于进退维谷、左右为难的尴尬境地。

比如，以前基督教徒说：上帝是万能的。于是有人反驳说：上帝既然是万能的，那么，上帝能否可以造一个连他自己也举不起来的石头？如果上帝能造，说明存在他也举不起来的石头，因此，上帝不是万能的；如果上帝不能造，说明他不是万能的。这就是一个二难推理。

《世说新语》中记载，东方朔曾经偷饮了汉武帝求得的，据说饮了能够不死的酒，汉武帝要杀他，他说："如果这酒真能使人不死，那么你就杀不死我；如果这酒不能使人不死（你能杀得死我），那么它就没有什么用处。"这也是一个二难推理。汉武帝认为他说得有理，就放了他。

大家都知道《牡丹亭》的作者汤显祖是文学家，很少有人知道他还曾做过遂昌县县令，并有运用二难推理来断案的本领。有个放高利贷的人叫卜为仁，住在遂昌县隔壁的龙游县，有一次，同村的吕豆明向他借了2 000贯钱，借据上写明用房产和田地做抵押，借期一年。吕豆明最后用了8个月的时间就赚够了还债的钱，一天，他来到了卜为仁的家里提前还债务，掏出钱一数只有1 800贯，还差200贯，就说好第二天来还清剩下的，当时没有写收据，也没在原借据上注明。

第二天，吕豆明拿200贯去还钱，卜为仁却让他还2 000贯，不承认曾收过1 800贯。吕豆明告到县衙，可是没有证据，反而被判为诬告陷害罪。听说汤显祖清明，吕豆明便又到遂昌县去告，汤显祖立刻叫来差役，吩咐道："前天捕来的强盗供认，隔壁龙游县灵山村的卜为仁是窝主，你们去把他拿来，但不要惊动他的家属。”

差役把卜为仁捉来后，汤显祖在堂上厉声问道：“我们抓到的强盗已经招供，说把盗来的1 800贯钱藏在你家，你从实招来，否则以强盗同罪论处。”卜为仁眼见自己要牵扯到盗窃案中，便跪下说：“大人，我那1 800贯不是赃物，是我同村吕豆明还的债务，大人不信可以问他。”

其实强盗并不认识卜为仁，这只是汤显祖在二难推理上想出的谈判谋略：如果卜为仁供认的话，就等于承认自己没收过吕豆明1 800贯是撒谎；如果不供认的话，就会牵扯到盗窃案中并以同罪论处。最后，“两害相权取其轻”，在两难的迫使下，卜为仁宁可承认钱是吕豆明还的，也不愿意被牵扯到盗窃案中。

二难推理不仅能成为谈判中反驳对方的有力武器，而且还经常被用作解决实际思维中遇到难题的重要工具。

在清代，由中央政府发往全国各地的机密文件叫“钉角文书”，所谓订角文书，就是在文书封套的右上角打个洞，再穿上个纸捻儿，就算是机密而紧要的文件了。在传递途中，有的经手官吏就会拆开偷看。有个老知县，在他边抽烟边拆开偷看一份过境的机密文件时，一不小心竟把文书落在烟灯上烧掉一个角。这下可把老知县吓坏了，知道闯了大祸，赶紧招来师爷，请求解脱之法。

师爷沉思片刻，索性取过那被烧残的文书，放在烟灯上烧了个干干净净。然后找来一张同样的空白纸，封进原封套里，照旧钉了角，让县官派人发向下一站去。

县太爷看了个目瞪口呆，师爷解释道：“这份文件向下传，不外碰到两种情况：下一站经手官员如果是个不偷看机密文件的老实人，他自然会原封不动地向下站继续传递，这样您就安然无事；如果下一站经手官员也偷看，那么当他拆开后发现是一张白纸，也绝不敢声张，因为一声张，自己就得先担个“擅自偷看”的罪名，因此，文件也会平安地走过下一站并继续传递下去，这样县太爷您就安然无恙了。”

老知县大喜，忙传家人取过白银千两，谢过师爷。

这里，师爷对于事态发展前景的预测和分析，其思维过程就是一个典型的二难推理过程。师爷的机敏处理，使得不论下一站经手官员看不看机密文件，都可保县太爷平安无事。

第五章

凡事预则立：商务谈判的准备

5

古语有云："凡事预则立，不预则废。"谈判也是一样，你对谈判之前的准备充分与否，直接决定了你这场谈判的胜负。准备得越充分，掌握和搜集的各类信息越多，了解的情况越全面，在谈判中获得的优势就越大。

一、商务谈判背景调查

准确可靠的谈判信息是谈判能否获得成功的重要保障，也是制定谈判策略的重要依据，它包括双方的政治、法律信息、市场环境信息、科技与金融信息、谈判对手的重要信息等。谈判人员必须要广泛搜集信息，只有做到知己知彼，才能百战不殆。

在对谈判背景调查的内容上，主要有以下几个方面：

1. 对谈判内外部环境的调查

主要包括双方政治、经济情况、法律制度、宗教信仰、商业习惯、基础设施、地理位置、市场竞争环境等等所有尽可能有的客观因素。

在第 93 届广州交易会上，我方外贸部门与一客商洽谈出口业务。在第一轮谈判中，客商采取各种招数来摸我们的底，罗列过时行情，故意压低购货的数量。我方立即中止谈判，搜集相关的情报，了解到日本一家同类厂商发生重大事故停产，有了解到该产品可能有新用途。在仔细分析了这些情报以后，谈判继续开始。我方根据掌握的情报后发制人，告诉对方：我方的货源不多；我方产品的需求很大；日本厂商不能供货。对方立刻意识到我方对这场交易背景的了解程度，甘拜下风。经过一些小的交涉之后，乖乖就范，接受了我方的价格，购买了大量产品。

1987 年 6 月，济南市第一机床厂厂长在美国洛杉矶同美国卡尔曼公司进行推销机床的谈判。双方在价格问题的协商上陷入了僵持的状态，这时我方获得情报：卡尔曼公司原与台商签订的合同不能实现，因为美国对日、韩和我国台湾提高了关税的政策使得台商迟迟不肯发货。而卡尔曼公司又与自己的客户签订了供货合同，对方要货甚急，卡尔曼公司陷入了被动的境地。我方根据这个情报，在接下来的谈判中沉着应对，卡尔曼公司终于沉不住气，在订货合同上购买了 150 台机床。

2. 对谈判对手的调查

商务谈判者应该了解对手的身份、公司知名度、对手的资信及履约能力的情况。美国邓白氏商业调查公司曾提出忠告，即便是对老客户大公司的资信状况也要定期调查，特别是当对方突然下大订单或有异常举措时，尤其不能掉以轻心。除此之外，还要及时了解对方谈判人员的权限与时间限制等重要因素。

案例：王进喜照片泄密，日本揽得大生意。

“宁肯少活 20 年，拼命也要拿下大油田。有条件要上，没有条件创造条件也要上。”这是 1964 年《中国画报》封面刊登的一张铁人王进喜的照片及配文口号。

照片上的王进喜头戴狗皮帽子，身穿厚棉袄，顶着鹅毛大雪，握着钻机手柄眺望远方，在他身后散布着星星点点的高大井架。日本情报专家根据这张照片解开了大庆油田的秘密。

日本人曾占领过中国东三省，因此对东北的地理环境相当熟悉。他们根据照片上王进喜的衣着判断，只有在北纬 46 度至 48 度的区域内，冬季才有可能穿这样的衣服，因此推断大庆油田位于齐齐哈尔与哈尔滨之间。

照片画面上大庆炼油厂烟囱旁边有一道扶手栏杆，日本情报专家分析出扶手栏杆一般高度为一米多点，以扶手栏杆和烟囱的直径相比，得知烟囱内径是 5 米。因此推断该炼油厂的加工能力为每日 900 千升。如果以残留油为原油的 30% 计算，原油加工能力为每日 300 千升，一年以 330 个工作日计算，年产量为 100 万千升。而当时大庆油田已有 820 个井出油，年产量是 360 万吨，日商估计到 1971 年大庆油田的年产油量将有 1 200 万吨。

根据这个油田出油能力与炼油厂规模，日商推断：中国将在最近几年必然感到炼油设备不足。中国当时的产油能力远远超过炼油能力，要解决这个矛盾有两方案：一是出口原油；二是进口炼油设备。于是，日本很快就派出两个代表团到中国进行经济贸易洽谈：一个是谈判购买我国原油的经贸代表团，另一个是向我国出口炼油设备的经贸代表团。不出所料，洽谈一举成功，日本从而获得了很高的经济效益。（注释：中日两国于1972年建交）

3. 对自身情况的调查

知彼知己，百战不殆；只知彼不知己，一胜一负。古人云："欲胜人者，必先自胜；欲知人者，必先自知。"我们亦必须要客观地洞悉自身的谈判资源和筹码，以及自身的优劣势等情况。

二、背景调查的手段

1. 访谈法

调查者直接对访谈对象进行面对面问答，包括个别采访对象，也包括召集多人举行会谈。在访谈之前，应准备好一份调查提纲，有针对性地设计一些问题。访谈对象回答问题可以录音也可以记录，以便事后分析和整理。这种方法的特点是可以有针对性地抽样选择访谈对象，可以直接感受到对方的态度、心情和表述。

2. 问卷法

调查者事先印刷好问卷，发放给相关人士，填写好后搜集上来进行分析。问卷的设计要讲究科学性和针对性，既要有封闭式问题又要有开放式问题。这种方法的特点是可以广泛搜集相关信息，利于实现调查者的主导意向，易于分析整理，难点在于如何调动被调查者填写问卷的积极性和保证填写内容的真实性。

3. 文献法

文献法是用于搜集第二手资料的方法。既可以从公开出版的报纸、杂志、书籍中搜集，也可以从未公开的各种资料、文件、报告中搜集。文献法的特点是可以收集到比较权威、准确的信息，但是要注意信息是否陈旧过时。

4. 电子媒体收集法

电子媒体指电话、电脑、电视、广播等媒体。电子媒体收集信息的作用越来越重要，通过电子媒体收集信息有许多优点，它传播速度快，可以及时获取信息；它传播面广，可以毫不费力地收集到各个国家的重要信息；它表现力强，电脑、电视媒体可以提高声音、图像和文件，提供真实的现场情景，尤其是电脑，储存的信息量相当丰富。

5. 观察法

眼见为实。观察法就是指调查者亲临调查现场收集事物情景的动态信息。这种方法可以补充以上几种方法的不足。通过亲历观察得到的信息最为真实可靠，但是这种方法也有局限性，例如受交通条件限制，有些现场不能亲自去观察；受观察者自身条件限制，观察难免不全面，也难免受主观意识的影响而带有偏见。

6. 实验法

实验法即对调研内容进行现场实验的方法。这种方法比观察法又进了一步，可以发现一些在静态下不易发现的新信息。

三、商务谈判的准备

在一场重要的谈判开始之前，我们都必须要审视双方所看重的筹码，看看有哪些重要的谈判资源是我们所倚重的，也是对方所看重的。

一般来讲，我们将这些筹码分为以下 7 种：

1. 信息第一

可以这样说，古今中外，当今时代，谁掌握的不对称信息优势越多，谁就拥有更多的财富，也就拥有更多的谈判筹码。

1982 年，石家庄市第三印染厂准备与联邦德国卡佛公司以补偿贸易形式进行为期 15 年的合作生产，规定由外方提供黏合衬布的生产工艺和关键设备。该工艺包含了大量的专利。初次谈判对方要求我方支付专利转让费和商标费共 240 万马克。我方厂长马上派人对这些专利进行了专利情报调查。调查发现其中的主要技术——“双点涂料工艺”专利的有效期将于 1989 年失效。在第二轮的谈判中，我方摆出这个证据，并提出降低转让费的要求，外商只得将转让费降至 130 万马克。

我国某机械厂与美国某公司谈判设备购买生意时，美商报价 218 万美元，我方不同意，美方降至 128 万美元，我方仍不同意。美方诈怒，扬言再降 10 万美元，118 万美元不成交就回国。我方谈判代表因为掌握了美商交易的历史情报，所以不为美方的威胁所动，坚持再降。第二天，美商果真回国，我方毫不吃惊。果然，几天后美方代表又回到中国继续谈判。我方代表亮出在国外获取的情报——美方在两年前以 98 万美元将同样设备卖给以匈牙利客商。情报出示后，美方以物价上涨等理由狡辩了一番后将价格降至合理水平。

2. 专业知识

通常来说，我们只会尊重那些比我们在某方面更加专业的人才。这一点很容易理解，无须赘述。比如医生、律师，会计师从来都是这方面的高手，他们说话经常会夹杂不少专业术语，从而让你真正佩服他们。一个人越专业，他所拥有的谈话也就越有权威性，越具有说服力。

3. 人力架构

美国著名风险投资集团 IDG，2006 年融资 1 000 万美元给国内一家 IT 公司；继 IDG 之后，千橡互动集团又于 2012 年 2 月融资 2 亿元人民币继续给这家 IT 公司，到底是为什么？这到底是一家什么样的公司呢？

请注意，美国国际数据集团 IDG（International Data Group）是全世界最大的信息技术出版、研究、会展与风险投资公司，管理着总金额达 25 亿美元的风险基金。IDG 集团公司创建于 1964 年，总部设在美国波士顿。目前，在全世界 85 个国家和地区设有子公司和分公司，目前已经在中国投资了 100 多个优秀的创业公司，包括携程、百度、搜狐、腾讯、当当网、金蝶等公司，已有 30 多家所投公司公开上市。而千橡互动集团（China Interactive Corp）则成立于 2002 年，是中国第一的互动娱乐集团，集娱乐互动门户、移动增值业务、多媒体内容传输等多元化业务为一身的综合性互联网集团公司。集团已经拥有包括猫扑网（mop）、人人网（原校内网）、中国软件社区和魔兽世界等一批领先的在线互动娱乐资产。

这家公司名叫"北京图为先科技有限公司"，其中博士学历的员工队伍占了 40% 以上的比例。据知情人士透露，国内外两大知名风投公司之所以先后看上北京图为先（wwww. mapbar. com）公司，就是因为它的管理团队背景。总经理景慕寒是美国旧金山大学的双硕士（MBA 和计算机工程），副总戴东海是清华大学电子工程专业毕业，美国斯坦福大学计算机科学专业博士，正是因为该公司拥有雄厚和值得信任的人力资源架构，才赢得国内外风投公司的青睐得以持续注资。

4. 人脉资源

我有一个同学在西北民航机场建设集团，他想争取西北某机场的建设项目。

当时有三家公司在抢这个项目。我同学这家公司，有足够的专业技术以及过去一年在机场从事别的项目所积累的经验，但是大型项目的经验不足，资金也不够雄厚。在三家公司里面，它是规模最小的一家，也就是说，是 A、B、C 三家公司中的 C 公司。

因此要争取这个项目，势必要跟其中一家结盟。于是他们想找排名第二的 B 公司结盟，但是又怕这样去找 B 结盟，会不会被 B 反过来勒索？所以最好的方式，是布一个局，让 B 自己来找 C。

于是 C 公司利用它的人脉，说服机场举办一场关于这个项目的专家论证会，由 C 公司承办，负责跑腿筹备。

机场当然说好啦，于是 C 公司忙里忙外地筹备，请来了市里主要分管领导，也请了B的专家一起来。一场会议下来，B对C的人脉大为佩服，所以会议之后，主动来找C公司，问他："能让我参与吗？分成低点也可以。"态度非常诚恳。

我同学当然正中下怀，说："没问题，我们五五分!"

他告诉我，因为自己实力不如B，所以不妨这里做得漂亮一点，免得将来B进来后，发现实力相差那么多，而C还占它那么多便宜，那样的话，将来的合作关系将很难维持。

这里面C公司虽然实力不足，但是它的人脉资源则成为了谈判中很有利的筹码。

5. 渠道为王

2004年3月9日，拥有150家门店的家电专业连锁大卖场国美，向全国各地国美分部下发了"清理格力库存"的通知，这引发了连续8年夺冠的空调生产老大格力的抵制。3月10日，格力空调从成都国美家电卖场内全线撤柜，与此同时，格力电器珠海总部不排除格力空调从国美全国零售店全线撤柜的可能性。国美倾向于厂商与零售商之间点对点的直供模式，而格力采用的是"股份制区域性销售公司模式"，两者引发的纷争究其实质是两种迥异的销售模式的博弈。

纷争缘由起于2004年2月成都国美的一场促销活动，当时，成都国美把一款原本零售价为1 680元的1P挂机降为1 000元，原本零售价为3 650元的2P柜机降为2 650元。格力对被动卷入降价战相当恼火，要求成都国美立即终止低价销售行为。刚开始成都国美并没有理会，继续低价销售这两款格力空调，直至格力二度致函成都国美并正式停止供货为止。

在格力看来，应该对所有经销商、零售商一视同仁，应该平等互利、厂商共赢，这是合作的原则，而国美企图扰乱空调市场体系是双方在某些方面未达成共识的重要原因。在国美看来，其原则是薄利多销，坚持厂商直接供货，而格力仍然坚持着经销代理制，渠道中增加的3%~4%的成本不符合国美的低价策略。

"这是一个最好的年代，也是一个最坏的年代。"用狄更斯的这句话来形容今天市场上生产厂家的心声一点也不为过。回顾中国市场的发展，正是超级终端的出现，改写了企业与渠道之间的话语权，所以我们越来越多的听到的是，一方面是"渠道为王"、"终端制胜"的高调认识，一方面是"KA黑洞"、"终端陷阱"之类的过激言论。

这本身就是矛盾的表述。生意上没有永恒的敌人和朋友，无论是合作还是对抗，其实只是企业不同的策略选择而已。即使是发起战争，也是市场策略的另一种诉求。企业只有正确制订自身的市场战略，并且根据不同阶段的发展需要，选择或者合作、或者自建的渠道策略，才是正确和理性的决策。

没有任何生产企业敢于忽视这样的终端渠道商业力量，大家能做的只是根据自己的情况选择不同的合作模式，而渠道则成了优势大卖场谈判时所拥有的无可辩驳的最大筹码。

6. 能力为重

在海边长大的谭雪晶，很想知道海那边的世界是什么样子。中专毕业后她进入连云港港务局工作，由于工作关系每天都会接触各个国家的人，更让她萌生出国看看的念头。要出国就得过语言关，谭雪晶的性格非黑即白，很干脆。既然目标定了，马上就把工作辞掉，到北京进修英语去。没想到在北京她遇到了做船运生意的希腊富商罗克斯，邂逅了一段浪漫的爱情，还演绎了现代版的灰姑娘变公主的故事。

1998 年，谭雪晶生下了女儿，她整整做了三年的全职妈妈，直到她遇到了 Folli Follie 这个希腊品牌。

初次见到这个品牌是在伦敦一个店，谭雪晶就走进去了买一些饰品，特别喜欢，结果一看，哇！价格一点都不贵。这一点是让消费者最开心的事情，太物有所值了！平时逛惯了阿玛尼、迪奥那些名牌店的谭雪晶，像是突然间发现了宝藏。唉，女人啊。尤其是爱逛街的女人，就是喜欢又好又便宜的东西。谭雪晶一下就记住并喜欢上了这个品牌。让她怎么也没想到的是，这家店的大老板竟然就是她的邻居！

就这样，谭雪晶和她的邻居签订了独家代理协议。一个不懂零售业的人，从 2002 年到 2006 年的四年时间里，让一个外国品牌在中国境内主要城市开设了 40 多家专卖店。据谭雪晶后来回忆，当时一下就火起来了，而且当时她觉得，要做这件事情，一定要像燃一把火一样，要做就要一下子别人就会看到这个火焰，当时媒体的人对她的评价就是，好像她突然从天上掉下来一样，这个品牌也是从天上突然亮起来的感觉，因为在她之前没有见过，也没有在这个行业待过，突然这个人出现就很亮。

而正当谭雪晶的事业顺风顺水时，希腊邻居的一纸传真却将她的心顿时凉到谷底。原来希腊老板看见他的品牌在中国这么好卖，便想取消独家代理权，进而自己来卖。后来希腊老板亲自来到上海，当他看到谭雪晶准备的交接资料以及她这些年的出色业绩和过人能力时，终于意识到：没有了 Folli Follie，谭雪晶还可以再做出一个品牌，而没有了谭雪晶，中国不会有 Folli Follie。2006 年，在双方的合约到期之前，谭雪晶和迪米特里先生重新修订了合同文本，继续他们之间的合作。

7. 行为创造

还有两种行为是对方所看重的：

第一种是工作态度。敬业体现于细节，而细节决定成败。许多有跟日本人谈判经验的人都知道，日本人非常重视敬业精神。要成为日本公司的供应商，不能光靠便宜的价格，更重要的是工作的态度。有些日本人甚至会从对方吃东西的态度、餐桌的礼仪，来推测他的敬业精神与对完美的坚持，所以在和日本人谈判时，千万不能忽略这些细节。

第二种是用行为“创造”出来的权力。好莱坞有一部美国大片叫《王牌对王牌》（The Negotiators），这部片子讲的是一个芝加哥黑人警察被诬陷了，所以他就绑架了一些人质，要求同属芝加哥警方的另一位白人警察跟他谈判，想通过谈判找出陷害他的凶手，还他清白。由于两个警察都是芝加哥警方的谈判专家，所以片名就被译为“王牌对王牌”。

你如果看过这部片子，会发现在上半场，谈判的主动权几乎全操纵在黑人警察手中。他要谈就谈，要摔电话就摔电话，外面那些警察一点办法也没有。白人谈判专家来了以后，做了一件很重要的事：他先把电源切断了！黑人警察要打开计算机，寻找证明他清白的资料，电源没了，计算机怎么用呢？所以白人警察把电源切断以后，跑到黑人警察劫持人质的大楼中去找黑人警察。

黑人警察问他：“你能不能把电源恢复起来？”

白人警察回答：“喔，你现在有求于我啦？那先你放一个人质！”

黑人警察把人质放了。白人警察于是用对讲机通知外面：“把电源恢复。”大楼因此重见光明。

白人警察的谈判筹码是什么？把电源恢复起来。为什么白人警察会有这个筹码？因为他先把电源切掉了！这就是我们用行为“创造”出来的权力，这就是我们“创造”的谈判筹码。

第六章

谋势在人：营造谈判气氛

6

一、准备工作

（一）调整心理：心情很重要

商场上的谈判就是一场战争。一场战争，受士气影响极大。士气甚至决定了整场战争的胜负，正所谓“天时不如地利，地利不如人和”。商务谈判亦如此。谈判必须保持良好的心情，要有充分的心理准备。战争的胜负往往只是在最初的五分钟内就决定出的，而一天的情绪则受早上起床时心情的影响。心情不好，“士气”自然低落，谈判也就危险了。因此，必须在一天刚刚开始的早晨，就要努力调整自己的心情。

1. 首先应该注意保持心情愉快

早晨刚起床，也许正好遇到刮风下雨的坏天气，心里也许会想：“真倒霉，怎么偏偏遇到今天下雨（刮风）呢？谈判大概会不顺利。”或者“今天谈判说不定会失败”，进而还会产生懈怠心理：“干吗今天一定要谈呢？改日谈也没关系嘛。”这些情绪，只会对谈判起反面作用，而不会有丝毫积极的影响，应当坚决克服。凡事都往好的一面着想，如：“下雨算不了什么，重要的是今天我一定要去拜访他！”或“不经历风雨，哪会有彩虹！今天一定要谈成功！”

2. 对谈判充满自信和骄傲

若使自己充满自信，不妨多想想以前成功的谈判，客户对你的赞美与感谢，自己受到嘉奖时的荣耀等等。心中浮现出这些情景，你就会信心百倍。而在谈判之前一定要有“我会带给他利益”的骄傲——所谓战略上藐视，而战术上重视。

同时要使自己充满自信与骄傲，坚定的意志则是必可不少的。

意志力驱使人类一切征服自然与世界的活动。充满意志力的人，商场上定会坚持到底，令对手折服。一个人，如果连说服自己的意志力都没有，又如何去说服对方呢？

（二）重视着装：佛靠金装，人靠衣装

俗语说：人靠衣装，佛靠金装。同样，着装对谈判人员也很重要。应当注意以下几个方面：

1. 切忌服装不整

一般来说，有利于谈判成功的衣着打扮，应该做到“三个一致”：

首先，穿着应与身份一致。上至国家元首，下至公司的普通职员，都可能成为谈判者。谈判时要根据自己的身份来选择衣着。比如，作为一名总裁，在出席谈判时就不应穿着随便，起码得西装革履，与身份相配。而作为谈判助手，如果其衣着比首席代表还华贵，也是不可取的，有喧宾夺主之嫌。

其次，要与谈判的性质一致。如果是正式谈判，谈判者应当穿得正式一些；而在非正式谈判中，衣着则可非正式些。

再次，要与环境一致。超越环境氛围的穿着打扮，往往使对手感到你的做作；低于环境氛围的穿着打扮，会使你感到局促不安，甚至丧失自信，也使对手对你的实力产生怀疑。

最后，切记千万不要穿一些质地不好、做工粗糙的衣服，它会使你在对手心目中的形象一落千丈。

2. 注意个人卫生

除服装必须整洁外，还应该注意自身的清洁。经常洗浴，讲究卫生。头发一定要整齐，不要披头散发或满头油光与人交谈。肩头上布满头屑也叫人不敢靠近。此外，奇形怪状的发式也令人反感。手的卫生也不能不提：有人五指尖尖，指甲寸把长，指甲缝里满是泥垢，实在让人恶心，更不必说与其谈判。指甲应经常修剪，指甲缝要注意清理。手帕看似不算什么，但也影响到他人对你的印象，应当每天换洗。

总之，应该整洁大方，切忌邋遢，不修边幅。必须注意衬衫的领子、袖口是否干净。穿着领子、袖口黑乎乎的衬衫接待客人，是不会让人有好感的。裤子是否挺直也很重要。试想一个人上身穿着笔挺的西装，下身却着一条皱巴巴的裤子，会给人什么印象？鞋子也应注意保持光亮。尤其在雨天，最好在公文包里面准备一包纸巾或一支鞋刷，以防万一。袜子也不可不小心，有人穿着松松垮垮的袜子，都落到脚跟上了，实在是不雅观。有时，尤其是夏天，一天必须拜访好几个客户，跑了好几个地方，弄得汗流浃背，狼狈不堪，衣服的整洁就不大容易保持了，这时就需要准备替换的衬衫和裤子。

（三）带齐必需品：细节决定成败

有些业务人员去拜访客户，寒暄之后正要进入正题时才发现遗忘了某些文件、样品等重要物品，回去取已来不及，从而失去了对方的信赖。所以，离开公司或者家门之前，一定要慎重地检查一下这些东西是否齐全了。当然业务不同，商谈内容也有差异，必带物品也有很大出入，以下仅供参考。

1. 必备品

主要有：手帕、手表、钱包、钢笔、名片、眼镜、笔记本、钥匙、打火机、工作证、驾驶执照等必要证件。

2. 公文包中物品

业务员的公文包中，必须放一些必需的物品如：样品、文件、介绍信、产品说明书、价目表、发票及收据、计算器、印章、印泥、街道地图、小包卫生纸巾、零钱及给对方的赠品等。

下面我们来看一个真实的案例：一支雪茄是如何买下德国企业的。

20 世纪 90 年代中期，富二代主人公蒋洲，从国内一所大学毕业。他的父亲是上海的民营企业家。

不久，蒋洲成立了一家名为“华鹏”的贸易公司。

此时，商机开始出现，德国家庭普遍使用饮料机，内部有一个制造二氧化碳的小钢瓶，需求量非常大。

蒋洲发现上海企业有能力生产这种钢瓶，且造价低廉。他积极参与供货竞标，因为报价很低，他顺利地接到一笔价值 100 万马克的订单，折合 500 万元人民币。第一笔买卖就赢得如此大的订单，蒋洲有点飘飘然。

钢瓶运到德国，客户要求退货，因为钢瓶经过海上运输，发生一定程度的生锈现象。如果是东南亚或者俄罗斯客户，压压价，就可以卖了，但德国人坚决不要。这批货只好运回上海。

钱没赚到，反而背上沉重的 500 万元债务，蒋洲认真思考父亲的教诲：“这次失败，在于缺乏对德国市场的全面了解，再者就是对产品生产与运输难度估计不足，犯的都是低级错误。”

为解决钢瓶在运输途中受潮易锈的问题，蒋洲请了两名德国技术专家，到上海钢瓶工厂进行技术攻关。产品质量迅速提高，加上价格优惠，一年后，蒋洲在德国钢瓶压力容器行业里，越来越受关注，他从上海发到德国的钢瓶，被广泛用于当地的工业与商业中。

生意做大了，各类钢瓶订单纷至沓来。产品从上海运至汉堡，周期较长，往往满足不了顾客的需求。有了一定资本积累的蒋洲，决定在德国设立工厂。

柏林以西 80 公里的勃兰登堡有个拉符诺小镇，有一家德国著名钢瓶制造企业——威尔茨压力钢瓶厂曾是东德的国有企业，工人素质高，设备先进。2003年初，威尔茨公司因投资失误，无力还贷，申请破产。

蒋洲清楚地意识到，威尔茨将是自己登陆欧洲的桥头堡。盯上威尔茨这块“肥肉”的，还有美、日、德的同行。

根据当地法律规定，企业破产后，由有关机构指派破产管理人处理遗留问题。因此，取得破产管理人詹姆斯先生的信任，十分重要。

电气高级工程师出身的詹姆斯，不仅精通业务，而且擅长商业谈判。此人外表温文尔雅，待人彬彬有礼，却是公私分明，一丝不苟。

当时，美、日、德的商家代表，根本不把乳臭未干的蒋洲放在眼里。收购商务会一开始，美方代表仗着财大气粗，态度倨傲；德方代表凭着天时地利，口气逼人；日方代表步步为营，稳扎稳打。但是，脸带微笑、态度谦逊的蒋洲，引起了詹姆斯的注意。

蒋洲认为，成功并购威尔茨，有五大要素。一是知根知底，购并双方应该相互熟悉；二是要“善意收购”，德国法律制度比较完善，工会力量非常强大，政府对于就业等问题非常关注；三是扬长避短，充分发挥购并双方的优势，相互融合共生共赢；四是收购方案明确，详细清楚；五是管理到位，一定要有熟悉当地情况的人员管理，对德国失业人员的就业，应实施“小步走，不停步”策略。无论从哪方面说，中方都有能力、有条件收购威尔茨。

想到这里，蒋洲掏出一支雪茄，把密封的雪茄头慢慢剪开一个口，他并不急于抽烟，而是将雪茄放在鼻子下，轻轻嗅了一下。

詹姆斯一眼看出，这是一支价值 50 美元的古巴高级雪茄。蒋洲使用的雪茄剪，则是价值两万多美元的雪茄套具中的一件。詹姆斯暗吃一惊，为中国年轻人显现出的成熟和稳重而惊异。

谈判休息时间，詹姆斯主动走到蒋洲的面前，说：“给我一支雪茄，除此之外，我别无他求。”

“如果我没记错，这是拜伦写的一首雪茄赞美诗。”

詹姆斯瞪大眼睛，说：“蒋先生真是博学多才，佩服。”

经过三轮谈判，詹姆斯决定由蒋洲以 200 万欧元的价格收购威尔茨。

在合同签字仪式的酒会上，詹姆斯对蒋洲说：“小伙子，好好经营你的德国企业吧，你是用一支雪茄，从我手中买走威尔茨的。希望不久你能用在威尔茨赚到的钱，再次请我抽上等的雪茄。”

德国企业是以优质制造著称的，有着八十多年建厂历史的威尔茨，流水线也是全自动的，速度快、精度高，比国内以手工为主的生产工艺先进多了。

德国工人工资高，同样生产钢瓶的厂家，德国工人平均月薪两千多欧元，中国工人月薪在一千元人民币左右。从生产效率看，德国企业生产一个钢瓶，只要几十秒钟；中国企业则手工制作，至少要花三倍以上时间，德国人工成本高的劣势，被高效率生产的优势抵消。德国本土化生产贴近欧美市场，可以降低运输成本，德国高质量的产品，可以省去不少返修成本，综合成本占优，这是蒋洲立足于德国的关键。

二、接触对手

（一）迎送客人的乘车及电梯礼仪

1. 乘车礼仪

（1）送上司、客人坐轿车外出办事，应首先为上司或为客人打开右侧后门，并以手挡住车门上框，同时提醒上司或客人小心，等其坐好后再关门；

（2）如果你和你的上司同坐一辆车，座位由上司决定，待其坐定后，你再任意选个空位坐下，但注意不要去坐右排右席；

（3）抵达目的地后，你应首先下车，下车后，绕过去为上司或客人打开车门。并以手挡住车门上框，协助上司或客人下车。

2. 电梯礼仪

（1）乘坐电梯不要同时按上下行按钮；

（2）乘电梯应先下后上，千万不能堵在门口，应让出通道；

（3）伴随客人或长辈来到电梯厅门前时：先按电梯呼梯按钮。轿厢到达厅门打开时：若客人不止一人时，可先行进入电梯，一手按“开门”按钮，另一手按住电梯侧门，礼貌地说“请进”，请客人或长辈进入电梯轿厢；

（4）进入电梯后：按下客人或长辈要去的楼层按钮。若电梯行进间有其他人员进入，可主动询问要去几楼，帮忙按下。电梯内可视状况是否寒暄，例如没有其他人员时可略做寒暄，有陌生人或其他同事在时，可斟酌是否有必要寒暄。电梯内尽量侧身面对客人；

（5）到达目的楼层：一手按住“开门”按钮，另一手并做出请出的动作，可说：“到了，您先请！”客人走出电梯后，自己立刻步出电梯，并热诚地引导行进的方向；

（6）乘坐滚梯时应站在滚梯的右边，上旋转楼梯的注意细节；

（7）出入电梯应以方便为主，如有可能可要注意通常的礼仪，如女士优先、老人优先。

（二）介绍礼仪

从商务礼仪的角度来讲，什么是介绍呢？

介绍就是向外人说明情况。从礼仪的角度来讲，我们可以把介绍分为四类：

第一类，自我介绍。也就是说明个人的情况，说明本人的情况。

第二类，为他人作介绍。比如在你家，你遇到了其他的客人，客人之间不认识，而你跟他们都认识，你就是第三方。第三方出面为不认识的双方做介绍，说明情况，这叫为他人做介绍。

第三类，集体介绍。在大型活动社交场合，还需要把某一个单位或某一个集体的情况向其他人说明，这叫集体介绍。

第四类，业务介绍。

1. 自我介绍

（1）什么情况下需要做自我介绍？

分两种情况：

第一种，当你想了解对方的情况时，“来而不往非礼也”。

第二种，当你想让别人了解你的情况时，如面试官提问时。

其次，自我介绍的时机。

一般而言，在下面几种情况下做自我介绍比较容易成功。

第一，当你想认识的人这会正好闲着没忙别的事时；

第二，没有外人在场时；

第三，周围环境比较幽静，不嘈杂时；

第四，应该是在比较正式的场合，如写字楼、会议室，宴会厅等地。

（2）自我介绍的顺序

比如公司大型宴请，我在宴会厅门口负责迎接客人，我脖子上挂着胸牌，让别人一目了然，然后见到客人我会说：很高兴见到您，我是公司经理××，我代表我们公司董事长在这里迎候各位，欢迎各位光临。

这里要强调一下介绍礼仪的游戏规则：上级和下级之间，长辈和晚辈之间，男士和女士之间，都遵循——“尊者有权优先了解情况”的规则。

（3）自我介绍的时间

如没有规定多长时间，就礼仪而言，最长应控制在1分钟之内。

(4) 自我介绍的内容

一般而言，自我介绍可以分为3种模式：

第一种，寒暄式，也叫应酬式：

当双方或一方不想深入了解时，或出于自我保护的意识，介绍较为简洁，一般只说姓名，不报单位、电话等隐私内容。

第二种，公务式：

公务式自我介绍的四要素：单位+部门+职务+姓名。

第三种，社交式：

想交朋友，想了解对方的社交式自我介绍，一般包括下面几个内容：

姓名+职业+籍贯+爱好+共知的熟人

社交和公务不一样，公务讲究级别、单位、业务，社交则是要找私人话题，拉近距离。

最后，自我介绍时还要注意缩略语的使用，不能随便省略，以免引起不必要的误会。

2. 第三方介绍

这里需要注意两点：

(1) 谁来当介绍人

如果是社交场合，如家宴、私人酒会、舞会等，介绍人一般应是女主人；

如果是公务场合，那么应由以下3种人充当介绍人：

——专业人士（秘书、前台、礼仪、办公室主任）；

——对口人员；

——本单位身份最高者。

(2) 介绍的顺序

比如双方谈判小组到场了，谁先介绍谁？电视台请大学教授去做节目，到那了谁先介绍谁？请大家思考。

从商务谈判的角度讲，我们主要介绍经常用到的前两种，后面两种在此不做赘述。

(三) 见面礼仪

1. 握手：从掌心处开始的交流

握手是当今社会大多数国家相见时最常用的礼节，广泛运用于政要、商人和普通百姓之间。行握手礼时，一般要求主人主动，男士必须光手，女士则可以戴手套。

握手时双方距离一米为宜，双腿立正，上身略略前倾。

手掌和地面垂直，手尖稍稍向下，从身体的侧下方伸出右手。伸手时，手肘不要太弯曲，显出一副很害羞的样子，应该自然大方地尽量把右手向前伸，但伸出的手不宜抬得过高或太低，太高显得轻佻，太低又使对方不容易注意到。

（1）手位：伸手时，四指并拢，拇指适当张开，再以手掌与对方的手掌相握（拇指根部相抵），上下摇动1~3次。

（2）力度：握手时注意力度，过轻或过重都是失礼的。一般来说，职业外交官的最佳握手力度在两公斤左右，我们可以不必这么专业，只需稍微用力，表示热情友善就行了。

（3）时间：握手的时间一般以1~3秒为宜，如果是表示鼓励、慰问和热情，而且又是熟人的情况，时间可以稍微延长，但最长也不应长过30秒。

（4）寒暄：握手时双目应注视对方，微笑致意或问好。

几种不恰当的握手方式：

双手迎握：

有时为表示特别尊敬或老友重逢，可用双手迎握，即用双手握住对方的一只手。这种握手方式有一个非常形象的名字——“外交家的握手”，通常出现在领导人照相场合，它能让被握的人感觉受到特别的重视。但这也可能成为一种“社交自杀行为”，因为如果你和一个刚刚认识的人这样握手，往往会被对方认为你有些虚伪，或者引人怀疑——你都不了解我，怎么会知道自己喜欢我呢？而如果你与一个深入交谈过并互生好感的人在即将分开时这样握手，则会给对方留下非常深刻的印象（但对于异性，最好不要这样握手）。

轻微式或死鱼式握手：

有的人在与别人握手时只轻轻握住对方的手指部位，而不是把对方的整个手掌握住。这样的人性格往往比较软弱，缺乏活力，有时甚至表示一种敷衍，尤其是眼睛不注视对方，随便轻轻碰一下对方的指尖就松开，是一种不尊重对方的握手方式。

折筋断骨式握手：

在握手时，用力紧握住对方的指关节。这种握手方式带有一种威胁的意味，表示你已经做好了战斗的准备，而且一定要在气势上压倒对方，这种握手方式表露出专横、傲慢和盛气凌人的信息。当一个人采取这种方式与人握手时，他的双臂往往也是僵直的——这同样说明了他希望与对方保持一定距离。

用一只手扶住对方的肘部：

这个动作同样会让人感到有点虚情假意——因为这会让人觉得你是一个过分热情、神经紧张、热切希望自己的宾客们玩得愉快的。

什么时候不该与人握手？

> 如果遇到以下几种情况，则不适宜握手：对方手部有伤；对方手上提着重物；对方正在忙于他事，如打电话、用餐、喝饮料、主持会议、与他人交谈等；对方与自己距离较远；对方所处环境不适合握手。
>
> 如果自己的手是脏的，可以不与对方握手，但要及时向对方说明原因并诚恳表示歉意。

谁先发起握手礼？

社交场合，握手时谁该先伸出手是礼仪规范的重点，通常应该按照以下规则：

由职位或身份高者先伸出手；

女士先向男士伸手；

已婚者先向未婚者伸手；

年长者先向年幼者伸手；

长辈先向晚辈伸手；

上级先向下级伸手；

主人先向客人伸手；

客人告辞时，应先伸出手来与主人相握。

如果需要和多人握手，应该按照由尊至卑的次序来依次跟大家握手。有一个小规律可以遵循，如果是工作场合，握手时根据对方的职位、身份来依次握手；如果是社交场合的话，则可以根据对方的年龄、性别、婚否来判断自己握手的次序。

多人同时握手时应按顺序进行，切忌交叉握手。

握手礼仪有比较多的禁忌，如果有一个小细节没有注意到，会容易让人在第一印象中认为你很失礼。

在外交场合遇见身份高的领导人，应有礼貌地点头致意或表示欢迎，不要主动上前握手问候，只有在领导人主动伸手时，才能向前握手问候；

在任何情况下拒绝对方主动要求握手的举动都是失礼的；

如果在抽烟时需要与人握手，千万不要换手持烟去握手，而是应该把烟放下，再伸手相握；

与别人握手时不能三心二意、东张西望；

不要用左手与他人握手；

不要在握手时争先恐后；

不要在握手时戴着手套；

不要在握手时戴着墨镜；

不要在握手时将另外一只手插在衣袋里；

不要在握手时面无表情，不置一词；

不要在握手时长篇大论；

不要在握手时把对方的手拉过来，推过去；

不要以肮脏不洁或患有传染性疾病的手与他人相握；

不要在与人握手后，立即揩拭自己的手。

2. 拱手礼

拱手礼，又叫作揖礼，在我国至少已有两千多年的历史，是我国传统的礼节之一，常在人们相见时采用。即两手握拳，左手抱右手。行礼时，不分尊卑，拱手齐眉，上下加重摇动几下，重礼可作揖后鞠躬。

目前，它主要用于佳节团拜活动、元旦春节等节日的相互祝贺。也有时用在开订货会、产品鉴定会等业务会议时，厂长经理拱手致意。

3. 双手合十

合十礼又称合掌礼，流行于南亚（印度等）和东南亚（泰缅等）信奉佛教的国家。其行礼方法是：两个手掌在胸前对合，掌尖和鼻尖基本相对，手掌向外倾斜，头略低，面带微笑。

泰国人见面时往往低头问候，并将双手合十于胸前。小辈见长辈双手举到前额高度，平辈到鼻子高度，而长辈还礼则只需到胸前即可。另外，泰国认为头部是神圣的，不能随意摸别人的头。

4. 鞠躬礼

日本是一个极其注重礼节的国家，见面时一般都要互相问候，脱帽鞠躬，眼睛向下，表示诚恳的态度。日本妇女温柔体贴，每天鞠躬无数次，对男子亦十分尊重。除了日本之外，朝鲜人见面也行鞠躬礼。在我国，鞠躬常用于下级对上级、学生对老师、晚辈对长辈，亦常用于服务人员向宾客致意，演员向观众掌声致谢。

5. 吻手礼

吻手礼源于古代维京人用手向其日耳曼君主递礼物的风俗，流行于欧美上层社会，是一种仅对贵族已婚妇女实施的礼节。吻手礼一般在室内举行，并且仅限于手腕以下部位，一般是指背。如果女方先伸出手作下垂式，男方则可将指尖轻轻提起吻之；但如果女方不伸手表示，则不吻。如女方地位较高，男士要屈一膝作半跪式，再提手吻之。此礼在英法两国最流行。

6. 举手注目礼

举手、注目礼是专属于军人的礼节，举手礼比注目礼更庄重。军人行军礼时举右手，手指并拢，指尖触帽檐，两眼注视对方，直到对方答礼才可放下手。遇到长者或者长官时，军人必须行军礼。

7. 点头礼

点头礼一般用于平辈和同级别的人之间，属于比较生疏的礼节。一般两人在路上行走相遇可以在行进中继续施行点头礼，长官对部下、长者对晚辈答礼也可以用点头礼。

8. 接吻礼

多见于西方、东欧、阿拉伯国家，是亲人以及亲密的朋友间表示亲昵、慰问、爱抚的一种礼节，通常是在受礼者脸上或额上亲吻。亲吻方式为：父母与子女之间的亲脸，亲额头；兄弟姐妹、平辈亲友是贴面颊；亲人、熟人之间是拥抱，亲脸，贴面颊，在公共场合，关系亲近的妇女之间是亲脸，男女之间是贴面颊，长辈对晚辈一般是亲额头，只有情人或夫妻之间才吻嘴。

9. 碰鼻礼

新西兰的原住民毛利人（是新西兰的少数民族，属蒙古人种和澳大利亚人种的混合类型）中还保留着一种古老的见面礼仪，即碰鼻礼。毛利主人在初次见面时必须与客人鼻尖对鼻尖连碰两三次，碰的次数越多、时间越长，则说明客人越受他们尊敬。

10. 贴面礼

在阿拉伯国家，两个老朋友相见不仅仅会握手和拥抱，还会行贴面礼。行礼时，用右手扶着对方的左肩，左手搂住对方的腰，左—右—左贴面三次。如果两人关系亲密，还会在贴面的同时发出亲吻的声音。

（四）交换名片

第一次访问客户，一定要交换名片。即使在预约的电话中已经通过话，彼此也已通名报姓了，还是应当交换名片。交换名片不是随随便便的，胡乱塞进对方手里就完事，而应该讲究一定的规矩，有一定的礼数。

1. 递名片的方法

名片不能放在桌子上，或者放在桌子上推出去，这样是很不礼貌的。名片应该自上而下地递出，递出时名片的正面要正对着对方。名片递出时也不要上下、左右摇晃。递出的同时，自报一下姓名，因为有的名字很生僻，一般人往往不会读。如果对方叫不出你的名字，那是很尴尬的。

2. 接名片的方法

对方向你递出名片时，尽可能用双手去接，不要随随便便用两根手指一夹了事，态度应该谦恭、有礼、诚恳。如果对方的名字中有不认识的字，不妨直率地询问对方的读法，不必觉得不好意思。接过名片以后也不要随手放在哪个地方，应迅速看清内容，再收入口袋里。若需要当场将自己的名片递过去，最好在收好对方名片后再给，不要左右开弓，一来一往同时进行。

若接过他人的名片后在手上把玩，或随便放在桌上，或装入臀部后面的口袋，或交予他人，都是失礼的。

3. 注意保存名片

不管对方或自己的名片，都应该注意保存好。不要放在屁股后的口袋里或杂乱无章地堆放在皮箱里。自己的名片，应该每天带好，可以多准备几张，放在西装、衬衫口袋等能立刻拿到的地方，免得到时手忙脚乱，乱翻一气，找不到时只好讪讪地对对方说："对不起，名片刚好用完了！"

（五）重视小节

商谈的场所虽然有如战场，但并不需要真的冲杀，相反，温文尔雅、彬彬有礼是非常重要的。

如果在对方的接待室商谈，要坐在靠门地方等候。在对方到达之前，不要抽烟、喝茶。对方到达后，如果对方不抽烟，即使有烟灰缸也不要抽烟。没有烟灰缸就更不能抽了。只有对方开始抽烟，自己才能抽。对招待自己的接待人员要表示谢意，但不要马上端过茶来喝，等对方请你用茶时，再喝也不迟。接待人员给你送来毛巾，不要拿毛巾擦脸、擦脖子，使劲蹭了又蹭，应该只拿毛巾轻轻擦拭额头和手，用过以后轻轻折好放下。

在拜访客户之前，事先应该做好一切准备工作，如漱口，洗手，整理头发和脸颊，甚至先上个厕所。总之，使自己清爽舒适。在和人商谈的席上咳嗽、擦鼻涕、吃药都是非常失礼的行为。有体臭、口臭的人，自己往往不曾觉察到，应特别注意个人卫生，以免让人厌恶又不好开口。

有一些人对自己习惯性动作和举止习以为常，而对方却容易误会，从而使谈判进行得不愉快。小王是某公司的业务员，有一次去推销化妆品，客户看过样品之后问："这种化妆品比其他化妆品有什么显著优点吗？"小王情不自禁地去搔头，这下麻烦了，客户一见，以为小王本身也未必知道这种化妆品的优点，显然对它也没有什么信心，于是就打消了想买的念头。其实，小王并非不能回答，而是因为他有一个毛病：就是在别人问问题时喜欢搔头。而在旁人眼里，就是显得很为难的样子。无怪乎客户不愿意购买公司的化妆品了。搔头皮、抹鼻子、摸下巴、揪耳朵、摸脑门、搓手、双手抱胸、跷二郎腿、颤脚、擦鼻涕，都是在不自觉中做出来的动作，自己当然无所谓，而在客户看来，就别有意味了，所以应该时刻注意，小动作要不得。

在对方家中时，对其家人要有礼貌，不要东张西望，问东问西。如在公司外的某个场所约会，要注意不要把商谈搞成宴会。席间也不要喝太多的酒，更不能强迫对方也一同喝酒。

（六）装备决定实力

这里的装备是指汽车、手提电话、抽烟用的烟具如雪茄剪等象征财富与实力的各种工具和行头。虽然俗话说："人不可貌相"，但实际生活中，许多人都是在以貌取人，而在谈判桌上有时也真是"以车取人"，"以电话取人"，通过这些装备来判断你的实力。因此，有些谈判者为了出席会议，千方百计地借车、借电话也不足为奇了，甚至可以认为是聪明之举。记住，可别让你的装备告诉你的对手你实力不济。

三、造势

无论你是去访问对方，还是对方来访问你，谈判很少一开始就直奔主题，一般都需要一个前奏来进行铺垫。前奏的作用，也正如跳高、跳远前的助跑一样，有助于气氛的营造。前奏也不可拖得太久，要恰到好处，就像汽车引擎发动后，需要预热一样，热了就该开动汽车，驶上马路，时机适当时，就应把话题转入商谈的主题，不然时间一长，引擎就凉了，汽车也无法再发动起来。

因此谈判的计划、构思、运作、实施，必须具备一定的条件，才能使之顺利地付诸谈判实践。良好的开端是成功的一半，营造有利的谈判气氛，主要有以下几个方法：

（一）祥和融洽

参与谈判的各方，往往有着各自特殊的利益，要做到求同存异，不是一件简单的事，必须经过多次的磋商和对话。而磋商、对话就必须要有一定的谈判氛围，这种氛围，如果是祥和融洽的，就会消除双方可能剑拔弩张的局面或是一些误解和错误，使得谈判各方能够心平气和、情感交融地会谈，这样易于听取和接受对方的建议，从而达成各方都较为满意的协议。

（二）树立权威：借名扬名

尽管我们能都曾不止一次地告诫自己不被虚名所误，但在现实生活中我们还是常常爱用一个人的头衔、知名度来判断他的实力，衡量他的社会地位。

从某种意义来说，头衔就是一个人的标记，人们认识人往往就凭这个标记。因此，在谈判的过程中巧妙地运用头衔的作用，有时会收到很好的效果。

比如："这是我们公司的总经理，本次谈判我们的首席代表……"，总经理的头衔显示着与其本人相关的能力，他具有这样的称号，就说明他具有这方面的能力。因此，简单地一介绍，就使得对方对他的谈判实力高看一眼。而且总经理的亲自出席也显示出你方对谈判的高度重视和志在必得的决心。

但是，在介绍己方情况时，怎样把己方代表所具有的头衔巧妙地告诉对方，又避免自我抬高，自我吹捧，"王婆自夸"之嫌呢？

可以通过以下途径：

1. 利用名片（首席代表、董事、执行经理）

如果一见面就自我介绍："我是××公司董事长兼总经理，是××机构的理事长。"会给人一种居高临下，盛气凌人的感觉，可能会引起对手的反感。如果你把印着头衔的名片双手递给对方，不但能发挥头衔的影响力，而且还会给对方留下谦逊、礼貌的良好印象。

2. 让助手替你说

有了助手，你就可以免开尊口，由助手代为介绍："这是我们公司的总经理，工商管理学硕士，××机构理事长。"就显得很合适，不会给对方不好的感觉，反而使他可能肃然起敬。

而且大批助手的前呼后拥，本身就说明了你的头衔和地位，也显示出己方的实力，定能使对方更信赖你。

3. 经历炫耀

单纯地介绍你的头衔，有时还不够，因为在这个头衔满天飞的时代，人们已开始渐渐失去了对它的绝对信任。在介绍自己的头衔后，选择恰当的时机巧妙地炫耀自己的人生经历可以抬高自己的身份，增强头衔的影响力，使得对手更加信赖你。

比如在谈判的开始阶段，买方观看了卖方产品性能的展示。卖方问道："你觉得怎么样，符合你的要求吗？"

甲：不错，基本符合。

乙：还可以，与我们以前购买的产品相比有了一些改进。

丙：我参加过××巴黎世界博览会，你们的产品和博览会展示的世界最先进的××产品相比，还是有一定差距的，但基本上符合我们的要求。

借名扬名，是在利用普通人崇拜权威的心理。在普通人的思维中，通常有这样一种定势，名人推崇、赞赏的东西也一定是好东西，其质量、性能也一定过硬，无须去怀疑。因此，在谈判过程中介绍己方情况时，运用借名扬名的技巧可以直接而鲜明地体现己方的经济实力，经营理念和所处的社会地位。它是谈判者在谈判过程中为自身及产品扬威，显示己方实力，提高谈判价值的有效武器。

比如工厂买电机的例子，在一次谈判过程中，虽然供货商提供的各种资料均显示出他所提供的电子元器件的质量没有任何问题，但厂家由于第一次接触这种品牌的产品，所以始终拿不定主意。甚至想退出谈判，去购买质量虽不太过硬但自己十分熟悉的一种旧产品。

这时，供货商灵机一动："你知道美的空调吧，用的就是我厂生产的电机。(美的空调是国家免检的名优产品)?"

"你觉得这种空调的质量如何?"

"没问题，一点不比进口产品差。"

"我很荣幸地告诉你，生产美的牌空调的厂家一直都选用我们的产品。我们每年都有长期的供货协议。"

听了这样的介绍，厂家的顾虑消除了，很痛快地和供货商签订了协议。

这也是一个运用"借名扬名"技巧的例子。供货商巧妙地把美的牌空调的知名度转化为其产品在质量方面的实力，打消了厂家的顾虑，使谈判的局面峰回路转。如果供货商还是靠各种资料对其产品的质量进行介绍，恐怕很难收到这样的效果，可能厂家已经退出了谈判。

应当注意的是，当你精心策划，准备运用"借名扬名"技巧时，一定要考虑到它可能产生的负面影响。也就是你所借用的"名"会不会使对方产生认同的心理。如果不能起到这样的作用，就会适得其反，引起对方的反感，不但达不到显示本方实力的目的，还可能使谈判陷入僵局。

谈判成功是建立在实力的基础上的。因此，每个谈判者都应在谈判的各个阶段不遗余力地通过各种方式把你的实力最充分地展示给对方，这样才会使他们对你的信任与日俱增，才会使你在谈判中所处的地位更为有利，成功的机会才会越大。

（三）制造紧张：气势逼人

如果谈判双方的地位、实力悬殊，那么制造恐怖、紧张气氛，施以高压，逼迫对手谈判，使之接受有利于己方的条件，乃是强势者所惯用的手段和策略。

刘备兵败彝陵，病死白帝城后，蜀国内外交困，危急万分，诸葛亮遣邓芝出使东吴，希望修复吴蜀联盟，维系三国鼎立的局面。吴主孙权挟战胜之威武，接见西蜀使者邓芝的场面，就是一个典型制造紧张恐怖气氛的例子：

忽报西蜀遣邓芝为使入国。张昭进曰："此又是诸葛亮退兵之计，故遣邓芝为说客也。"权曰："当何以答之？"昭曰："先于殿前立一大鼎，贮油数百斤，下用炭烧。待其油沸，可选身长面大武士一千人，各执刀斧在手，从宫门直摆殿上，却唤芝入见，休等此人开言下说辞，责以郦食其说齐故事，效此例以烹之，看其人如何回答。"

权从其言，遂立油鼎，命武士立于左右，各执军器，召入邓芝。芝整衣冠而入。行至宫门前，只见两行武士，威风凛凛，杀气腾腾，各持钢刀大斧，长戟短剑，直列至殿上。芝晓其意，并无惧色，昂然前行，至殿前。又见鼎锅内热油正沸，左右武士以目视之，芝但微微而笑。近臣引至帘前，长揖不拜。权令卷起珠帘，大喝曰："尔乃何等匹夫，不拜何也？"

芝昂然答道："上国天使，不拜小邦之主。"

权大怒曰："汝不自料，欲掉三寸之舌，效郦生而说齐乎？尔便是随何再出，陆贾复生，亦不能动孤万分之一也！尔可速入油鼎！"

芝大笑曰："人皆言东吴多贤，谁想惧一儒也！"

权转怒曰："孤何惧尔一匹夫耶？"

芝曰："既不惧邓伯苗，何愁来说汝也？"

权曰："尔欲效诸葛亮作说客，来说孤绝魏向蜀，是否？"

芝曰："吾乃蜀中一儒生，特为吴国利害而来，何故陈兵设鼎，以拒一使，何其局量之不容物也！"

权被芝一说，叱退左右武士，命上殿赐座而问曰："吴、魏之利害若何？先生勿惜剖露。"芝曰："大王欲与蜀讲和，欲与魏和？"权曰："孤正欲与蜀主讲和，但恐幼主不能以全始终，被魏所欺尔。"芝曰："大王乃命世之英贤，诸葛亮亦一时之豪杰；蜀有三川之险峻，吴有三江之固守；若二国连和，共为唇齿，进则可以兼并天下，退则可以鼎足而立。今大王若称臣于魏，魏必望其朝觐，求东宫太子以为内侍，若不从时，则奉召讨伐；蜀亦顺流而取，如此，则江南之地，不复有于大王也。若大王以愚言为不然，且细思之。愚将就死于大王之前，以绝说客之名也。"

言毕，撩衣下殿，望油鼎中便跳。

权急命止之，请入后殿，以上宾待之。权曰："先生之言，正合孤意，欲与蜀主连和，先生肯主之乎？"芝曰："今早欲烹小臣，乃大王也；今欲使小臣，亦大王也。大王犹自狐疑未定，安能取信于人？"权曰："孤意已决，先生勿疑。"

（《三国演义》第86回）

本例中孙权制造的恐怖气氛，并没有吓住邓芝，反而被邓芝折服。这说明，恐怖、紧张的谈判气氛，其运用的限度和作用并不是万能的，它只能威慑无胆无识、无魄力、寡智谋的人，对于智勇双全、词锋犀利的谈判人士，可以说是苍白无力，黯然失色的。

一般而言，祥和、融洽的谈判气氛，是谈判谋略得以实施，谈判得以成功的“正”计；而恐怖、紧张的谈判气氛，乃是与之配合的“奇”策，二者相互配合，交替运用，方能奏效，决不可片面强调一方面而忽视另一方面。

（四）淡化谈判氛围：此时无招胜有招

上述两种祥和融洽与紧张的谈判氛围，显然是为了实施谈判谋略而刻意造作的。除此之外，中外一些杰出的谈判家，反其道而行之，有意淡化谈判氛围，谈笑间解除对方的心理戒备，使其在不知不觉中接受了己方条件。这种看似没有谈判氛围的谈判谋略，实质上是一种无形的谈判氛围，使得一方可以暗度陈仓，轻而易举的达到自己的目的。

《续资治通鉴长编》卷二中记载，北宋时期宋太祖赵匡胤的“杯酒释兵权”，便是其中有代表性的一例，细细咀嚼，回味无穷。

赵匡胤自“陈桥兵变”而“黄袍加身”，做了大宋王朝的开国皇帝之后，一方面剪除异己力量，一方面谋求结束五代十国的分裂局面，加强中央集权统治。他和宰相赵普商议，决定削弱藩镇的势力，夺回兵权，改变“君弱臣强”、尾大不掉的不利局面。但是怎样削藩，夺回藩镇的兵权、财权，则是历朝历代的一个非常棘手的问题。

赵匡胤经过深思熟虑，吸取了历史上因为削藩而激起兵变的教训，没有采取强硬手段，而是导演了一场“杯酒释兵权”的戏剧性场面，同手握重兵的故将举行了一场预设的没有谈判氛围的谈判，巧妙地解决了这一历史性难题。

首先，他举行宴会，邀约石守信、王审琦等大将参加。席上酒菜丰盛，场面豪华，鼓乐齐奏，热闹非凡，使得众将沉浸在一片喜悦的气氛之中，根本没有察觉到这里面还有什么计谋，解除了一切心理防线，为君臣共乐所陶醉。

其次，在宴会达到高潮时，众将处于酒酣耳热之际，赵匡胤突然大发感慨，说出了“为天子亦大艰难，殊不若为节度使之乐”的话，并道破石守信等人的部下亦难免有人重施“黄袍加身”、猎取富贵的故伎，使得石守信等人大为震撼，方知皇上已经猜忌已久，大祸即将来临，“兔死狗烹”的历史惨剧又将重演，即胆战心惊，惶恐不安，伏地哀怜，请赵匡胤指条生路。

最后，赵亮出谈判底牌，以富贵换兵权。赵匡胤见众将已被震慑，便开诚布公，晓谕众将，“视人生如白驹过隙，忽然而已”，不如珍惜生命，交出兵权，换取高官厚爵，“日饮酒相欢以终其天年”，君臣之间约为婚姻，两无猜疑，上下相安，不亦乐乎，终始众将乐于接受，顺利地达成了以富贵换兵权的协议，使得北宋王朝的专制集权得以加强和巩固。

赵匡胤精心策划的“杯酒释兵权”，是一场特殊形式的谈判。从表面上看，没有谈判的氛围和迹象，但实质上是将融洽与紧张的气氛交织在一起，同赋予无形的状态之中，取得了意外的成功，赵匡胤在谈判谋略的氛围营造中，可谓是匠心独运，这种谈判水平不但在后世统治者很难达到，亦令后世愧叹不如。

第七章

谈判的开场乾坤

报价是商务谈判的核心问题之一，但是如何进行报价呢？是让对方先报价还是我方先报价，这是一个很有讲究而且是很微妙的问题。

一、报价的艺术

一般来讲，开场的报价可以分为两种，谁先谁后各有利弊：

1. 要求对方先报价

（1）先报价易暴露意图和预算；

（2）对方报价后，我方可及时从容调整和修改计划。

2. 如果我方先报价

（1）先报价等于首先为谈判划定了一个基本框架；

（2）如果先报价能够出其不意，可以打乱对方阵脚。

3. 到底是先报价还是后报价，要视谈判的具体情况而定

（1）如果你对谈判的准备比较充分时，我方可以先报；

（2）如果对谈判准备不足，行情不熟时，宜让对方先报；

（3）如果是在高度冲突的谈判场合，宜让对方先报；

（4）如果是在高度合作的谈判场合，谁先谁后无所谓；

（5）如果对手是行家，你也是行家时，谁先谁后无所谓；

（6）如果对手是行家，而你是门外汉时，宜让对方先报；

（7）如果对手是外行，则自己不论是内行还是外行，都应先报。

报价时应注意，要坚定果断，给对方留下认真和诚实的好印象。不要欲言又

止，吞吞吐吐。报价时，必须把关于报价的每一个问题说清楚，明确各自立场。注意使用概念的准确性，不会产生歧义。另外开场时不要一下子把弓拉得太满，使自己没有退路。谈判时要表现出冷静，神态自若，报价时要经过深思熟虑，不要随意表态、轻率出价。

二、谈判的开场策略

首先要搞清这场谈判，我们想要达到什么样的结果，然后再决定怎么开场。

关于谈判的结果或结局，无外乎有下面几种：赢、和、输、破、拖。

赢，是按照我方的意思达成协议。一锤子买卖决胜负的谈判，我们会选择赢。

和，是双方各让一步（不是要你很精准地去算，大家拿的是不是一样多，只要自己心里觉得自在，愿意签字接受这个合同就可以了）。如果放眼长期的伙伴关系，我们会选择和。

输，是按照对方的意思达成协议。通常放长线钓大鱼的时候，我们会选择输；或者我们没本钱赢的时候，也会选择先输，以后想办法扳回来。很多公司选择先签约，进去以后，再想办法从别的项目里面赚回来，就是这种方法。（比如北京策划公司接受三一重工，在德策划为展销彩石案例）

破，就是破局。表示谈崩了，身为谈判高手，绝对不能怕破局，那只是游戏的一部分而已，别担心。

拖，就是拖时间。中国有句老话：凡事缓则圆。有些时候把这个谈判拖一拖，拖到下周或拖到政府公布哪一个新的政策，或者拖到形势发生变化，可能对我们会比较有利。

1. 开高（欧式报价）

何为欧式报价？

这是世界上广为应用的经典报价方式之一。

即：一方首先开出较高且留有较大空间的条件（或价格），然后通过给予对方各种优惠（如数量折扣、价格折扣、支付方式优惠等），逐步接近另一方的条件，最终达到成交的目的。

要点是稳住对方，使之就各项条件与我方磋商，最后的结果往往会利于开高方。

为什么要开出高于自己预期的条件？

原因有三：

（1）因为你对对方可能了解得不够，试探对方反应；

（2）可以提高产品在对方心目中的价格，又让对方赢了面子，使其有种胜利感；

（3）可以为自己预留谈判空间。

1975 年 12 月，在柏林召开的欧洲共同体各国首脑会议上，举行了削减英国支付共同体经费的谈判。

各国首脑们原来以为英国政府可能希望削减 3 亿英镑，从谈判的惯例出发，撒切尔夫人会提出削减 3.5 亿英镑，所以，他们就在谈判中，提议可以考虑同意削减 2.5 亿英镑。这样讨价还价谈判下来，会在 3 亿英镑左右的数目上达成协议。

可是，完全出乎各国首脑们的意料之外，撒切尔夫人狮子大开口，报出了 10 亿英镑的高价，使首脑们瞠目结舌，一致加以坚决地反对。

可撒切尔夫人坚持己见，在谈判不桌上始终表现出不与他国妥协的姿态，共同体各国首脑——这些绅士们，简直拿这位"铁娘子"没有任何办法。

最后，不得不迁就撒切尔夫人。

结果不是在 3.5 亿英镑，也不是在 2.5 和 10 亿英镑的中间数——6.25 亿英镑，而是在 8 亿英镑的数目上达成一致，即同意英国对欧洲共同体每年负担的经费削减 8 亿英镑。

撒切尔夫人用报高价的手法获得了谈判的巨大成就。

我们平时在旅行购物的时候，也会经常碰到这种情况。

贴士： *如果对方开高时，我方应如何反制？*

（1）先发制人

造成既成事实，对外宣布不管对方出什么价格，我方都是这样的条件，断了对方的念头，让对方根本不敢提出那么高的要求。

我曾经在西安有一个商铺对外出租，商户在初期尚按时交纳房租，时间长了就开始拖，过期一段时间后我多次催缴未果，我警告他准备采取行动时，商户最后保证第二天一定付，结果第二天他未经同意，先付了我一半房租，这就叫先发制人，造成既成事实，怎么办，我总不能把这钱退回去，告诉他等你凑齐了再一并付给我吧。

汉文帝时，宦官赵谈受宠，常和文帝出入同车，赵谈曾向文帝讲过袁盎的坏话，袁盎对此耿耿于怀，企图报复。一次，袁盎见文帝又与赵谈同车外出，即伏车前向文帝进谏说："今汉朝虽缺乏人才，但陛下为什么非同一个受过阉割的人共坐一辆车呢？"文帝一听，只好让赵谈下车。赵谈当众受辱，气愤难当，痛哭流涕地下了车。

这是一种很高明的谈判，一种具有很高政治智慧的谈判。袁盎先发制人，故意在公众场合得罪赵谈，使得众人皆以为二人有矛盾，这种谈判策略很高明，事后果然赵谈找机会给汉文帝进谗言，说袁盎的坏话，但是汉文帝已经认为他们二人之间有矛盾了，因此当赵谈再说些不利于袁盎的事情时，汉文帝便一笑而过，不再相信了。

（2）永远不接受对方的第一次报价

试想一下，换位思考，如果对手接受了你的第一次报价，那么通常你是不是会有下面两种反应：

A. 有点后悔，说不定报再高点，对方也能接受；

B. 是不是有什么地方出问题了？

谈判高手总是会在别人推销产品时表现得不那么情愿。通过这种方式，在谈判还没有开始之前，他就已经成功地将对方的谈判空间挤压到最低限度。

下面我们换个角度，从买方的立场看一看。不妨假设你如今已经转到了谈判桌的另一边。比如说你现在负责为你的公司采购一些新的电脑设备，你该怎样让电脑公司的推销员把价格降到最低呢？首先我会让她来到我的办公室，完成整个产品演示。然后我会提出自己能想到的各种各样的问题。最后，当实在没有问题要问时，我会告诉她："非常感谢你花了那么多时间向我介绍。你显然为这场演示投入了许多精力，可不幸的是，情况和我们想象的还是不太一样；但不管怎么说，我还是要祝你好运。"

然后我会暂停一下，仔细观察推销员脸上那稍带失落的表情。我会看着她慢慢地带着一颗沉重的心收起自己的演示资料。在最后一刻，就在她把手放到门把手上，准备离开时，我会换回一副奇妙的表情。那是一种谈判时特有的奇妙表情。如果能够恰如其分地运用这些表情，对方的反应通常不会出乎你的意料。

我会告诉她："你知道，我真的很感谢你用了这么长时间向我介绍你们的产品。这样吧，你们能接受的最低价格是多少？"

即便在这个时候，这位推销员给出的报价也未必是最低报价，是吧？一点没错。通常情况下，这时推销员所给出的第一次报价应该是我所说的"理想数字"。也就是她希望对方可以接受的数字。如果对方表示同意，她可能就会一溜烟跑回自己的办公室，大声叫道："你们简直不会相信。我刚刚去过 XYZ 公司，为他们公司即将为总部采购的一批电脑设备竞标。他们问我，'你们的最低报价是多少？'我告诉他，'我们的底限是 22.5 万元'，然后就闭嘴了。对方的总裁居然说，'这听起来有点高，不过如果这的确是你们的最低报价，那我们就接受吧。’我简直不敢相信。咱们关上大门，好好庆祝一下吧。”所以，我们通常把对方的第一次报价称为“理想价格”。

可事实上，正像一首歌里唱到的那样，所有的推销员心目中都有一个“走开”价格，一旦买方把价格压到这个水平，她就会立刻走开。买方通常并不知道推销员的“走开”价格究竟是多少，所以他必须通过试探的方式找出对方的这一价格底线。也就是说，买方必须运用一些谈判技巧来找出推销员的“走开”价格。

可即便是显得不情愿，推销员也不会直接从理想价格降到“走开”价格。一般情况下，当你显得不情愿购买时，对方推销员通常会放弃一半的谈判空间。如果这位电脑推销员知道自己的底线是17.5万元，比她的第一次报价低5万元，她就会告诉对方：“说实话，现在是季末，大家都在比销售额。如果你今天就下订单，我可以给你一个难以置信的最低价20万元。”这就意味着她已经放弃了一半的谈判空间。

一般情况下，当人们这么说时，他们通常只是在要把戏而已。可谈判高手并不在乎这个。他们会比对方做得更好。当对方说完之后，你可以告诉对方：“我想价格方面已经没什么好谈的了，但如果你能告诉我具体的交易方式（让对方首先作出承诺），我就会请示一下我们领导，然后再告诉你我们最终的决定。”

（3）学会感到很意外

这是一种心理战，如果你表现的一点也不吃惊，对方会觉得自己还可以继续加码；如果你显得很意外，对方会觉得自己也许报的确实有点高，通常会做出一些让步，因为他们并没有指望你会接受他们的第一次报价。

如果是面对面的谈判（不是在电话中），一定要让对方看到你吃惊的表情和肢体语言，让对方眼见为实。

研究表明，在商务会谈中，谈判桌上60%~80%的决定都是在肢体语言的影响下做出的。

美国前总统克林顿首席谈判顾问罗杰·道森，现在是一位金牌职业谈判演讲师，他曾经参加过在加利福尼亚州奥林吉市举办的一次讲座。讲座结束之后，他发现自己完全可以使用讲到的谈判技巧来提高自己的收费。当时他的业务还刚刚开始，每次演讲的收费也只有1 500美元。参加完讲座之后不久，他来到一家公司，询问对方是否需要做一次内部培训。这家公司的培训主管告诉他：“我们很想聘请你为我们做一次培训，可我们最多只能付给你1 500美元。”要是在以前，他肯定会说：“这正是我想要的。”可现在不同了，只见他吃惊得倒抽了一口冷气，然后说：“1 500美元？我简直不敢相信，1 500美元可不行！”

只见培训主管皱着眉头沉默了半天说："我们最多只能付给你 2 500 美元。"这也就意味着罗杰·道森每场演讲可以多赚 1 000 美元，而他一共只用了 15 分钟。这可是不错的回报。

（4）沉默是金

这是一种非常有效的谈判策略。

在向对方发出需要其"调整"价格的指令后，然后就保持沉默，不要说出具体价格怎么改。

我们来看看美国前国务卿亨利·基辛格如何使用沉默是金策略的：

越南战争期间，时任美国国务卿亨利·基辛格曾经让一位副国务卿准备一份关于东南亚政治形势的报告。那位副国务卿非常认真地完成了自己的工作，拿出了一份让自己非常自豪的报告。报告内容全面，并对报告做了精心包装，用皮革做封面，还烫上了金字。

可结果呢？基辛格很快把报告打了回去，上面写道："你应该做得更好一些。"于是副国务卿又补充修正，搜集了更多信息，添加了更多表格，然后再次呈交给基辛格。这次他相信自己的报告应该会让基辛格满意了。可基辛格的批复仍旧是："你应该做得更好一些。"

这下可麻烦了。副国务卿感觉自己遇到了一个很大的挑战。他召集手下人加班加点地工作，决心要呈上一份基辛格迄今为止见过的最好的报告。当报告最终完成时，他决定亲自把报告交到基辛格手上："基辛格先生，这份报告被你否决了 2 次。我的全部人马加班加点地忙了两个星期。这次可千万不要再打回来了。我不可能做得更好了。这已经是我的最高水平了。"基辛格冷静地把报告放到自己的办公桌上，说道："好吧，既然这样，我会看这份报告的。

（5）巴尔扎克式还价

有一次，法国大文豪巴尔扎克在巴黎大街的一家古董店里，发现了一个他非常喜爱的艺术品花瓶。他托在手上，仔细端详，爱不释手。老板在一旁看出来了，报了 1 500 法郎的高价，巴尔扎克只有 800 法郎，最后从店里出来，他找来了自己的几个朋友，分别给他们交代了一番，然后巴尔扎克的第一个朋友进店，问这个花瓶 700 法郎卖不卖，结果当然是不行，第二个朋友再次进店，同样问这个花瓶 600 法郎卖不卖，第三个朋友进店问 500 法郎卖不卖，第四个朋友进店问 400 法郎卖不卖，最后老板自己也怀疑卖价可能确实报得太高了，不然怎么会顾客进门要的一个比一个低，所以当巴尔扎克再次登门表示愿意 800 法郎购买时，老板毫不犹豫地卖给了他。这位大文豪用自己的方式得到了他想要的东西。

（6）因粮于敌（让对手教我们）

如果对方是内行，而我们是外行，或者说对行情不太了解，这个时候对方开价高不高，全凭我们自己的感觉。

也可能对方是真的开价很高，也许不是，这就需要向对方（必须是 2 个以上）发问，让对方教我们，了解我们需要知道的情况。

1999 年 4 月 5 日，美国谈判专家史蒂芬斯决定建个家庭游泳池，建筑设计的要求很简单：长 30 英尺、宽 15 英尺，有温水过滤设备，并且在 6 月 1 日前竣工。

隔行如隔山。虽然谈判专家史蒂芬斯在游泳池的造价及建筑质量方面是个彻头彻尾的外行，但是这并没有难倒他。史蒂芬斯首先在报纸上登了个建造游泳池的招商广告，具体写明了建造要求。很快有 A、B、C 三位承包商前来投标，各自报上了承包详细标单，里面有各项工程费用及总费用。史蒂芬斯仔细地看了这三张标单，发现所提供的抽水设备、温水设备、过滤网标准和付钱条件等都不一样，总费用也有不小的差距。

于是 4 月 15 日，史蒂芬斯约请这三位承包商到自己家里商谈。第一个约定在上午 9 点钟，第二个约定在 9 点钟 15 分，第三个约定在 9 点钟 30 分。三位承包商如约准时到来，但史蒂芬斯客气地说，自己有件急事要处理，一会儿一定尽快与他们商谈。三位承包商人只得坐在客厅里一边彼此交谈，一边耐心地候。10 点钟的时候，史蒂芬斯出来与承包商 A 先生进到书房去商谈。A 先生一进门就介绍自己干的游泳池工程一向是最好的，建史蒂芬斯家庭游泳池实在是胸有成竹、小菜一碟。同时，还顺便告诉史蒂芬斯，B 先生曾经丢下许多未完的工程，现在正处于破产的边缘。

接着，史蒂芬斯出来请第二个承包商 B 先生进行商谈。史蒂芬斯从 B 先生那里又了解到，其他人提供的水管都是塑料管，只有 B 先生所提供的才是真正的钢管。

后来，史蒂芬斯出来请第三个承包商 C 先生进行商谈。C 先生告诉史蒂芬斯其他人所使用的过滤网都是品质低劣的，并且往往不能彻底做完，而自己则绝对能做到保质、保量、保工期。

不怕不识货，就怕货比货，有比较就好鉴别。史蒂芬斯通过耐心地倾听和旁敲侧击的提问，基本上弄清了游泳池的建筑设计要求，特别是掌握了三位承包商的基本情况：A 先生的要价最高，B 先生的建筑设计质量最好，C 先生的价格最低。经过权衡利弊，史蒂芬斯最后选中了 B 先生来建造游泳池，但只给 C 先生提出的标价。经过一番讨价还价之后，谈判终于达成一致。就这样，三个精明的商人，没斗过一个谈判专家。史蒂芬斯在极短的时间内，不仅使自己从外行变成了内行，而且还找到了质量好、价格便宜的建造者。

这个质优价廉的游泳池建好之后，亲朋好友对其赞不绝口，对史蒂芬斯的谈判能力也佩服得五体投地。史蒂芬斯却说出了下面发人深省的话："与其说我的谈判能力强，倒不如说用的竞争机制好。我之所以成功，主要是设计了一个公开竞争的舞台，通过不同的发问，了解各个承包商的不同底细，并请三位商人在竞争的舞台上做了充分的表演。一句话，我选承包商，不是靠相马，而是靠赛马。"

2. 非常高（条件极苛刻）

谈判的一个重要原则就是：如果你不能确定买家是否想做这笔买卖，即便你给了他一个最低价也不会产生任何意义。

对此，我们采取这种策略有三个目的：

（1）借此引出对方上级（拍板者）出面；

（2）为了拖时间，或者因我们根本不想和对方谈，借此使其知难而退；

（3）先黑脸，为后面白脸出来唱戏而搭台。

当然也要警惕对方是否在故意使用谈判策略，声称自己要请示（并不存在的）上级，我们可通过其肢体语言，来辨别对手是否在撒谎（见第十章详述）。

贴士： 如果对方开价非常高时，我方如何应对？

（1）闻之色变

大吃一惊（肢体辨真假），声色俱厉，指责对方。

（2）用各种办法"拖"

德国有名的犹太富翁休·蒙克，想兴办一座高尔夫球场来作为他事业的开端。经过多方努力，他终于看中了一块场地，这块场地竞争者很多，市值2亿马克。如果相互抬价，价格就会相应抬高。如何才能得到这块场地，并且使价格不至于提高呢？蒙克在思考。他先找到了地主的经纪人，向他表明了自己想购买这块场地的意愿。经纪人知道蒙克十分有钱，便想从中大捞一笔，于是对他说："这块场地的优越性是无可比拟的，建造高尔夫球场保证赚钱，要买的人很多，如果蒙克先生肯出5亿马克的话，我将优先给予考虑。"经纪人首先来了个狮子大张口。

"5亿马克？不算贵，我愿意购买。"蒙克表现出对地价行情一无所知的样子。这一招果然有效，经纪人高兴地将这个情况汇报给了地主。地主也很高兴，觉得5亿马克的价格已经相当高了，所以回绝了其他的竞争者。所有想购买这块场地的人听说自己的竞争对手是大富翁蒙克，也就纷纷退出了竞争。布好了陷阱以后，就等有人掉入。

蒙克从此以后再也没有找过经纪人，经纪人多次找上门去，他不是推三托四，就是避而不见，说买地之事还需要考虑一下，总之始终在拖延时间。

这可把经纪人急坏了，不得不磨破嘴皮，希望蒙克将买地之事赶快定夺下来。稳坐钓鱼台，你急我不急。蒙克还是不理不睬，最后才说："场地我当然要买的，不过价钱怎么样呢？"经纪人赶紧提醒道："您答应出5亿马克买下这块地的啊。"

蒙克笑着说道："这可是你开的价钱，你难道没听出我说'不贵，不贵'的讥讽意味吗？你怎么把一句笑话当真了呢？事实上地价最多只值2亿马克。"经纪人这才发现已经中了蒙克的圈套，只好照实说："地价确实只值2亿马克，蒙克先生就按这个数目付款也行。"

"说得倒容易，要是按这个价格付款，我就不需要考虑了。"蒙克回答说。这可让经纪人进退两难，其他人已退出竞争，如果蒙克不买就没有人来购买了，最后只好以1.5亿马克成交。

有时候，我们必须要明白一点，拖延反而就是高效率。

在这方面的应用技巧上，当首推晚清第一谈判高手李鸿章。

话说李鸿章到了南京，处理一桩当地教案，史称"南京堂址案"。李鸿章仔细一看这个案子，顿时痛苦的闭上了眼睛。难怪这个案子闹得沸沸扬扬，原来是一起历史遗案，其源头大概要上溯到康熙年间。

那时候，南京城中有一座天主教堂。后来朝廷禁止洋教，就宣布教堂收归朝廷所有。当时洋人的坚船利炮还没有打过来，只有几个传教士，手持十字架不停地央求上帝，但没有任何效果。而今洋人的势力大举入侵，传教士们顿时凶了起来，强烈要求当地官员归还教堂。

当地官员哪有胆子惹洋人？可是老教堂已经为居民所占据，如果把民房强拆了给洋人，南京城铁定发生暴乱，到时只怕地方官全家老小，都得被活活打死。所以地方官想出了个折中方案，老教堂这事就算了，另外找块地给洋人，如何？

对此建议，洋人断然拒绝。

洋人称，他们只要属于自己的合法权益，不属于自己的，绝不伸手。实际上洋人真正的理由，有可能是老教堂地处居民中心，把老教堂要回来易于传教布道。如果听了地方官的话，把新教堂建在荒无人烟的深山老林里，那是洋人绝对不肯接受的。

因此洋人的大队人马入京，在总理衙门前吵闹不休。朝廷又气又怕，传旨给李鸿章：毋任地方官借辞迁延，致该国有所借口，呶呶不休。要求李鸿章一切听从洋人的要求，迅速了结此案，免得洋人动了真火，拿出洋枪洋炮来对朝廷乱打。

对于总理衙门的要求，李鸿章开始了他老辣谈判技巧的第一步，做出了一个与众不同的决定：断然拒绝上级领导的要求。

朝廷惧怕洋人，迁怒于南京地方官，并要求李鸿章立即向洋人屈膝投降，委曲求全。但这种工作精神可不符合李鸿章的胃口，他上疏说：

即明知辩争无益，而入手之初，彼气过盛，而欲太奢，几莫测其所底止。况舆情不顾，公论沸然，趋亦未可以勉强，则不能不辩争，不能不缓宕，以折其气而逆制其无厌之心。

在这里，李鸿章谆谆教导上级，说：洋人是占了理的，所以吵得极凶，而且在气头上，越吵越觉得自己委屈，越觉得自己委屈，提出来的补偿要求就越高。现在你已经无法预测洋人的补偿底线了，你要满足他，那就得大幅让步。

但如果你满足了洋人，老百姓们铁定不依。所以最好的办法莫过于“拖延”二字，拖到洋人两眼发黑，拖到老百姓的关注点早已经转移到其他地方，这时候洋人已被拖得半死不活，对于解决方案的期望值越降越低，这时候你就可以顺利结案了。

朝廷见奏，大喜，立即瞪大眼珠子，仔细看看李鸿章如何一个拖法。

李鸿章的拖延计，由三个子程序精巧构成。

第一个子程序叫破势，他一到南京城，遇事就严肃认真地处理，日看百户，夜走百家，访贫问苦，深入群众，却坚决不理会这桩案子，就假装没这回事的样子。传教士们等得急了，就怒气冲冲地来找李鸿章，可是李鸿章摆架子，说：抱歉，本大人今天心情不好，不见外客。把洋人拒之于门外。

洋人起初被拒门外，更加怒不可遏，在门外大吵大闹。吵闹了多日，洋人累得半死，锐气受挫，终于知道李鸿章是不吃这一套的，只好强忍怒气，改由好言好语，央求李鸿章出面支持公道。

李鸿章再拖延了几日，看看差不多了，这才将工作转入第二个子程序：夺理。

南京教址案的相关洋人见到李鸿章，还没等洋人开口说话，李鸿章已经火冒三丈，跳到他们面前大吼大叫起来，并愤怒地把许多状子扔到洋人面前。

原来，李鸿章虽然拒见教案的相关洋人，却派人私底下秘密搜集这些洋人的不法证据，待搜集到了足够的资料，李鸿章这才发难，撇开教案不谈，现在只说这些事，让洋人顿时目瞪口呆。

洋人气焰一再受挫，顿时一蹶不振，这时候李鸿章就得了理，反过来找洋人闹个不停。

而此时，他的工作就进入了第三个子程序：压价。

所谓压价，就是那些让李鸿章骂得没脾气的洋人，自己提出补偿方案。因为你不摸洋人的底，万一开高了，岂不是要让洋人笑掉大牙？现在由洋人来开价，我便不紧不慢地压下去，无论是从气势上还是效果上，都压制得洋人抬不起头来。

这三个子程序运作下来，时间已经过去了两年之久。任洋人再能折腾，两年的官司，也搞得精疲力尽，心力交瘁。这时候洋人考虑的已经不再是打赢官司，而是尽快结案了，经年累月地陷入到漫长的诉讼周期里，洋人伤不起啊。

最终的处理结果，就是以地方官起初的建议，另外找个僻静地方补偿给洋人，让他们自己建教堂去。

开始时洋人坚决不接受这个方案，甚至连朝廷都觉得这个建议太欺负洋人了，可让李鸿章这个谈判高手使出拖延之必杀技，洋人也立刻没怨言了。

南京堂址案，是历史上诸多教案中不起眼的一案。之所以不起眼，是因为负责处理的谈判高手李鸿章办法太过于精妙。如果晚清所有的教案，都按照李鸿章的处理法，或许中国历史上，压根儿就不会有“教案”这个专有名词。

(3) 顺其自然

有时，对一些确实有诚意但却开价离谱的买家，我们可以采取顺其自然的策略，我们不能逼他们认同我们的意图，因为当他们找不到比我们更合适的价格时，最后还得回头。

佛祖释迦牟尼点化比丘尼例：

有一个妇女，丈夫抛弃了她，她唯一的一个孩子又得病死了。这个妇女痛不欲生，抱着死去的孩子来到佛陀面前，请求佛陀大发慈悲，无论如何要救活她的孩子，否则她也不要活在人世上了。

佛陀说：要救活你的孩子，你必须去找到一户从来没有死过一个人的家庭，向这家人讨来一粒芥菜籽，就能救活这孩子。这妇女走了无数的家庭，但没有一个家庭是从来没有死过一个人的。最后这妇女明白了：人总是要死的，每个家庭都经历了死去亲人的痛苦。佛陀教导这个妇女说：死是人生最大的痛苦，要想解脱生死的烦恼，唯皈依佛门，达到正觉涅槃境地。于是这位妇女皈依佛陀，成为比丘尼。

(4) 反其道而行之：接招

前提是这么做是值得的，而且你要足够了解自己，足够自信，想超越自己。

美国著名表演导师托尼·罗宾斯的话：“如果你想成就一番事业，就必须推动自己超越自身的极限。你必须把自己不断向上提升，进入一个超常的精神境界。要实现这一切必须靠自己，没有人能代替你。”

下面先介绍两个人：

唐纳德·特朗普：美国人尽人皆知的地产大王、亿万富豪、媒体巨人，毕业于沃顿商学院。

比尔·赞克：1980 年靠 5 000 美元起家，创办北美最大继续教育机构 The Learning Annex（LA）。现在 The Learning Annex 年营业额达到 1 亿美元，连续两年登上了《Inc》杂志的发展最快企业名单。这个小企业的发展，源自赞克与特朗普的合作，也因为他学会了特朗普胸怀大志的战略。

犹太地产大亨唐纳德·特朗普有一个谈判心得：

如果你不能确定买家想做这笔买卖，即便你给了他一个最低价也不会产生任何意义。所以，你不妨开个高价给他。而买主出价较低，则常常能以较低的价格成交；如果卖方喊价较高，则往往也能以较高的价格成交；如果卖主喊价出人意料地高，只要他能坚持到底，就可以在谈判不中止的情况下，取得很好的收获。

故事发生在 1979 年，一位名叫比尔·赞克的年轻人，拿着 5 000 美元创立了一个只有 1 个员工的培训机构“LA 公司”。（当时比尔是 LA 公司唯一的员工，是个光杆司令。）比尔·赞克是个聪明的犹太人，他笼络名流来为他讲课，几乎不花任何报酬。他的策略是让名流们产生“负疚感”。他对大人物说：“现在你已经功成名就了，为什么不回馈一下社会呢?”“难道你就不能抽出一个小时给 LA 的学生吗，就当是慈善事业好了。”从此，比尔就有了一个心得，“这些名人，他们来讲课完全不是为了钱。”这是比尔最初成功谈判的秘诀。

但是，唐纳德可不吃比尔的这一套，他甚至根本不接比尔的电话。一天比尔接通了特朗普的私人秘书诺尔玛的电话，他决定用钱来投其所好，比尔开出的酬劳是 1 万美金。不料，他的秘书听到这个价格之后，只是冷冷地问了一句：“就这么点儿?”然后就断然拒绝，似乎这 1 万美金还不够打发叫花子。接着，她又傲慢地加上一句：“我觉得你的做法很不对路，没戏”，就挂了电话。

秘书的话，对于自命不凡的比尔来说是“严重的冒犯”。比尔很沮丧，他花了好几天时间进行心态调适，然后再次鼓足勇气给秘书诺尔玛打了一次电话。他说：“这次，我把价码开到了 25 000 美元。”但是，诺尔玛第二次断然拒绝：“不行，他没兴趣。”比尔被秘书的话惊得目瞪口呆。于是，他来到教堂请拉比（犹太人教的传教士）开导自己，3 天后，他再次鼓起勇气开出了一个史无前例的冒险价格——10 万美元。但是，诺尔玛依然丝毫不为所动，她斩钉截铁地说：“唐纳德还是不会去的。”

面对巨大考验，比尔决定先静下心来，冥思苦想到底该怎么办。比尔知道自己遇到了一个人生的槛，跨过这道槛，就意味着超越了自我。

他想起表演导师托尼·罗宾斯的话："如果你想成就一番事业，就必须推动自己超越自身的极限。你必须把自己不断向上提升，进入一个超常的精神境界。要实现这一切必须靠自己，没有人能代替你。"在挫折面前，比尔还是选择了迎难而上，他把与唐纳德·特朗普的合作当成终极目标。他想如果要达到特朗普那样的成就，就必须把自己推向一个崭新的境界。

一周后，比尔挺起了胸膛，做深呼吸，鼓足了身体所有的能量，给特朗普的秘书诺尔玛打了个电话，比尔给出了一个不可能被拒绝的价格，他缓慢地告诉秘书："我愿意出 100 万美元，请特朗普到 LA 讲 1 个小时的课。"那时候，LA 全年的收入不过 350 万美元，他却打算付出 100 万美元。可见，他是被凶狠的犹太同胞特朗普的谈判术给逼急了。当时，LA 一个班才几百个学生，这 100 万美元怎样才能收回呢？关于这一点，当时比尔甚至连想都没有去想，他只知道自己必须这么干。这次，诺尔玛的反应截然不同，她说："这听起来还不错，让我来和唐纳德谈一谈。"

不到一个小时，唐纳德就亲自给比尔回了电话，恍惚中他听到唐纳德说："比尔，我很欣赏 LA，你给了我一个很棒的邀请。那么我想问问，你打算找多少人来听我的讲座呢？"那时候，LA 的听课人数大多在 500~700 人之间。比尔说："我打算找 1 000 个人。"在他看来，1 000 人已经是天文数字。特朗普立刻反驳说："那不行，除非你承诺找来一万人，否则我是不会去的。"

一万人？但比尔眼都不眨地一口应承下来："好的，我会找一万人来，没问题。"特朗普这才说道："太好了，我的律师会把合同文本发给你。"就这样，他们生意成交了。那一刻，改变了比尔的一生，唐纳德·特朗普把他带到了一个全新的境界，带到了一个史无前例的大事业当中。比尔开始做那些自己从未做过的事情，他的思维开始跃上一个更加广阔的舞台，他必须找到一万人来一睹唐纳德·特朗普的风采。猜猜结果怎么样？每个人都想学到唐纳德·特朗普的秘诀，比尔的学校注册人数开始突飞猛进。

结果，LA 公司组织到的人数远远超出了一万人。2004 年，参加了第一届 LA 财富论坛的人数超过了 5.5 万人，这个结果令人震惊。因为有了这么多人，支付特朗普的那 100 万美元讲课费也就轻而易举。自从比尔战胜自我，大胆出价并且征服特朗普以后，LA 公司每年增长 400%，从一个年营业额只有 550 万美元的小公司变成了 2006 年全球销售额达到 1.02 亿美元的大企业。因为美国前总统、英国前首相以及华尔街的大老板都是比尔的特聘讲师，唐纳德·特朗普交给比尔·赞克的成功秘诀是——乐观进取、赶尽杀绝，而后绝地反击，并取得辉煌成功。

（5）转身走开

如果你碰到这样一个凶狠出价的谈判对手，你该怎么办？

答案是：运用请示上级领导策略。你应该立刻对他说——我得回去找领导商量，然后才能给您答复。

其实你并不打算把这件事情捅给上司，只有傻瓜才会这么干。你可以运用探子策略来揭开对手的底牌，就是雇用第三方探子开出一个奇低的价钱或者报出一个奇高的价钱，来试探对方的反应，然后你自己作为真正的谈判方，利用探子得来的底钱，决定如何谈判。

那么，我们如何赢得这场谈判呢？面对这种情况，犹太人的方法是：“时刻准备离开”。就是让对方知道，如果你得不到你想得到的东西，你就会终止谈判，转身离开。实际上，使谈判效率提高10倍的方法就是：该离开时就离开。因为世界上根本就没有什么买卖需要你去做出不惜一切代价的决定。如果你在谈判中有不惜代价的想法，那么这场谈判还没有开始你就已经输掉了。如果你懂得运用“随时准备离开”策略，你就成了第一流的谈判高手。我敢保证，在你威胁离开之前，你已经激起了对方强烈的成交愿望。请记住，威胁离开的目的是得到你想得到的东西，离开本身不是目的。

（6）反邀

有一次，我们与一个大型软件零售商谈判，他们的策略是：要求我们将广告投入提高到10万元，他们认为，这样最后能够对他们由此产生100万元销售额。但是10万元对我们来说，已经是我们能够承受的极限，我就像是热锅上的蚂蚁，急得团团转。

突然，我想起自己在截拳道训练课上的经历，如果我的反击管用的话，那么这一次也一定管用。即使对方能够击败我，他也必须付出一定的代价。因此当我回答：“没问题，如果我们承诺20万元的广告投入，你们能够保证将销售额提高到200万元吗？”对方惊呆了，他们没有料到我们会来这一手，一下子把对方将住了，而且我们可是认真的。

虽然那时我们并没有足够的钱，但是，我们有一整年的时间完成这个目标。如果他们对自己的销售能力那么确定无疑的话，这根本就不成问题。现在，轮到他们成热锅上的蚂蚁了。我们成功通过了考验，而对手也郑重地将我们列入可以合作的供应商名单中。那一年，我们实际投入的广告费用达到了12.5万元。

3. 开低（日式报价）

何为日式报价？

这也是目前业界广为使用的经典报价方式之一。

即：卖方报出最低价格，并列出对卖方最为有利的相关条件，如果买方要求改变其中的有关条件，则卖方就会相应地提高报价。

要点：能够吸引对方，击败其他参与竞争的同行对手；然后在与被吸引上钩的卖方进行真正的谈判，迫使其让步，最终达到自己的目的。

下面是一个典型的日式报价，先软后硬的实例：

众所周知，印度对航母的痴迷，是几乎到了不惜代价、不计成本的地步。不过，印度的前两艘航母都是英国淘汰下来的处理品，进入21世纪后愈发老迈而不中用。

2000年10月，俄罗斯总统普京突然提出，将本国闲置的“戈尔什科夫”号航母赠送给印度。得知有此等“天上掉馅饼”的好事，印度国内舆论欢呼雀跃，军方也迅速将该舰命名为“维克拉玛蒂亚”号，孰料就此跌进了俄罗斯布下的“军购陷阱”。

到21世纪初，“维拉特”号服役时间超过四十年，其配套的“海鹞”战斗机也日趋老化。在此情况下，印度海军必须寻求购入新的航空母舰，以维持其在印度洋的地位。

早在20世纪90年代末，印度海军就开始寻求更新其航母舰队。最初试图设法从英、法、俄三国寻求退役航母。毕竟，印度用过的两艘航母全部来自英国。

不幸的是，皇家海军早已不是维多利亚时代的海上霸主，只有三艘同样采用“海鹞”轻型战斗机的“无敌”极轻型航母，其航母舰队的规模水平与印度已是半斤八两，因此，英国既没有向印度提供航母的能力，印度方面也已经看不上英国货了。至于从法国引进航母，也因为法制航母上的弹射器无法弹射中型战机而被印度放弃。

相比之下，俄罗斯则有一艘现成的退役航母适合印度。这就是1987年加入前苏联海军，1995年正式退役的“戈尔什科夫”号航母。

这艘拥有8年舰龄的航母比当时市面上可以考虑的退役航母都要短得多，而其吨位则达到了4.5万吨，并具有进一步增加吨位的潜力。而且，俄罗斯在前苏联解体后严重缺钱，非常乐于向印度出售，开始频繁对印度军备决策部门领导人进行公关。

实际上，俄罗斯从一开始就知道印度引进航母别无他途。找准了这个要害，从2004年开始，双方有关航母交易的谈判就变成了俄罗斯一方不断加价的吹风会。

2004年，俄罗斯承诺将退役的“戈尔什科夫”号航空母舰免费赠予印度。印度只需支付有限改装费用时，印度欣喜非常。2004年1月，印度同意以8亿美元的价格向俄罗斯购买1982年下水的前苏联时代航母“戈尔什科夫海军元帅”号，这一价格包括修复费用。印度本准备将其改装后作为本国未来的舰队核心。

事实上，印度人对这艘航母充满期待。以航母的名字“维克拉马蒂亚”为例，其在梵语中的意思是像太阳一样勇敢。在古印度的历史中，很多勇敢的国王都以“维克拉马蒂亚”为自己的封号。

按照俄方的最初承诺，改建完成后的“维克拉马蒂亚”号航母满载排水量约4.4万吨，可配载大约30架作战飞机，其中16架为喷气式战斗机，将成为印度海军序列中战斗力最强的航空母舰。

这时候，俄罗斯采用日式报价的效果就显现出来了。改装施工开始后，俄罗斯人以工作量增加为由多次要求加价，8年后，这艘航母的改造费用已经飙升至29亿美元。一时间，该航母成为印度辛格政府公布的数额最大的防务采购项目之一。

印度一个独立审计机构惊呼，这艘二手航母的维修费用甚至超过了新航母的造价，而且，与之相伴随的是航母交付日期的一再推迟，印度人后悔也没用，真是有苦说不出。

贴士：对方开低时，我方如何应对？

当对方采取开低策略时，我们所要做的就是：

验证和市场考察，确认它是否真实的，还是另有他图。

4. 非常低

这样做有2个战略目的：

要么扰乱市场，要么诱敌深入。

陶朱公范蠡在陶邑定居后，他知道吴越地区急需大量马匹，就从北方贩来了一批马，这些马野性十足，需要驯养，陶朱公就在白土山下修建了马场，来驯养这些马匹。

经过两年的驯养，这些马的野性没了，个个长得膘肥体壮，陶朱公范蠡就要将这些马转卖到吴越地区去。

到了启程的日子，朱公又犯了难。陶邑距吴越有千里之遥，且沿途又有强人出没，如果处理不好，这趟生意不但赚不了钱，恐怕还会有生命之忧。

朱公犹豫再三，不得不将启程的日子往后推迟。

这天，朱公正在客厅坐着喝茶，一仆人上来禀说：陶邑一布商刚从吴越地区回来。当朱公听说这一布商经营多年，且与沿途的强人都搞得挺熟，心里马上有了主意。他立即吩咐下人贴出一则告示，说是朱公新近组建了一支马帮，前往吴越地区，于近期开张，头单生意，免费大酬宾，免费为客商运载货物，有意者请与朱公联系。

布商听说陶朱公组建了一支马帮，在开业之际免费搭载货物，就马上组织货源，并与朱公联系载货事宜。

陶地是中原地区商业都会，且是纺织中心，生产的“陶缣”与“齐纨”、“鲁缟”齐名，在缣上书画最是难得。越国夫人王氏“以墨写竹，整整斜斜，曲尽其态，见者疑其影落缣素”。（夏文彦《图绘宝鉴》卷三）由此可见陶缣在当时的影响。至明清时期，定陶生产的“陶布”还进贡过朝廷。定陶县马集镇织纱刘村就是以善于纺纱织布命名的村庄。

布商很快组织好了货源，陶朱公的马帮驮着布商的布匹很快就出发了。因有布商在沿途各地的关系，马帮很顺利地到达了吴越地区。布商很是感激陶朱公，认为陶朱公此人很够义气，他还特意在旅店盛情款待了朱公马帮的伙计，从此二人成为至交。

这趟生意，陶朱公赚了大把的金银，又交到一个好朋友，可谓一举两得。

5. 避免对抗式谈判

在谈判中你要知道，越是争辩，对方就越会拼命捍卫自己的立场。

如果你想取得建设性成果，那么在谈判一开始如果发生争执，那你就需要及时调整策略。从你的言谈举止中，对方就可以很快判断你是想双赢，还是想全力只为己方争取最大利益，人质危机谈判时尤其如此。

在谈判刚开始时，说话一定要十分小心。即使你完全不同意对方的说法，也千万不要立刻反驳。反驳在通常的情况下只会强化对方的立场。所以你最好先表示同意，然后再慢慢地使用“先同意，表示理解，再反驳”的方式来表达自己的意见，这是一种前文提到的以退为进的辩证思维。

刚开始时，你不妨告诉对方：“我完全理解你的感受。很多人都有和你相同的感觉。（这样你就可以成功地淡化对方的竞争心态。你完全同意对方的观点，并不是要进行反驳。

某高校要建设新的家属楼，按规划局要求，必须征得相邻大学的同意签字才能开始施工。由于此前两校存在历史矛盾，前任基建处长为此协调了三年，但相邻大学一直拒绝签字。期间两校领导也分别找了相关的高层关系协调，但事情最后还是僵持不下。

王处长上任后，只用了两周时间便把拖延三年的事情解决了。原来他在和对方商谈之前，首先仔细研究了两个学校各自的规划图，发现了对方的规划缺陷，然后王处长找到该大学相关负责人，说："这个事情已经僵持这么长时间了，大家都是邻里邻居的，我提个建议你们参考，我看你们大学的发展规划，学校幼儿园位置刚好在你们大学门口，始终是个发展瓶颈，多年来因为家长每天接送儿童上下学，经常造成拥堵瘫痪，而现在我们两栋楼之间的楼间距规划是30米，我们不如把他们放在一起作为一栋楼规划，这样省出来的空间，我们可以多盖一个单元，你们可以用来解决你们幼儿园的迁移问题，把幼儿园搬过来，刚好在你校北门大道上，这样你们的瓶颈就解决了。"

该大学考虑后觉得很不错，解决了困扰该校多年的问题，于是同意签字，决定采纳王处长的建议，把幼儿园迁过去。然后双方相约一起到市规划局更改规划方案，规划局也表示赞赏，最后该大学首先签字，然后追问王处长，你什么时候来签，赶紧签。

从本案中我们可以看出，王处长在这次谈判中，选择了避免对抗性的谈判，先说明了由于历史矛盾，对该大学拒绝签字的事情也表示理解，然后提出大家都是邻里邻居的，以淡化对方立场。接着王处长又提出一个对双方都有利的建议，尤其是在困扰该大学多年的一个瓶颈上给出了一个相当不错的解决办法，如对方接受此建议，则该大学可以一举两得。

谈判到了这个时候，本来是要求对方帮忙的问题，变成了帮助对方解决发展瓶颈的问题。站在对方的角度，变被动为主动，最后该大学很愉快地接受了这个建议。这里王处长的谈判方法，就很好地遵循了书中"先同意，表示理解，再反驳"的原则。

6. 开平（哈佛大学之原则式谈判法）

1980年由美国哈佛大学教授荣格·费舍尔提出。

原则式谈判是一种不偏不废，既注重理性又注重感情，既关心利益也关心关系的谈判风格，在谈判活动中的应用范围很广泛。

实践证明，这种谈判风格达成的协议，在履行过程中比较顺利，毁约、索赔的情况也比较少。双方利益发生冲突时，坚持根据客观标准来做决定，而不是搞"意志力竞赛"。

原则式谈判法的基本原则：

（1）人：谈判者要将谈判过程人的因素与谈判的具体问题区别开。

（2）利益：谈判者应关注不是表面的立场，而是背后实质性的利益。

（3）方案：为了共同的利益，谈判者要努力创造各种可供双方选择的解决方案。

（4）标准：如果遇到利益冲突，谈判者应该采用客观标准来衡量彼此的利益范围。

1995年，经国家批准，上海汽车制造厂（上汽）开始与通用、福特进行“一对二”的择优谈判。

当时担任上汽集团副总裁的胡茂元说，择优是个好办法，这等于是学生选老师，谈判比较主动。经过比对，上汽作出了选择通用的决定。

1995年10月31日，上汽与通用草签了技术转让与合资意向书。通用别克“新世纪”等三个车型技术转让费4 800万美元。工厂，包括泛亚研发中心的总投资达15.2亿美元。随后，上汽组织了一个谈判团队，取名为“浦东轿车项目组”，由胡茂元担任组长，通用派出了有国际工作背景的墨菲，双方继续开展谈判。

胡茂元说，谈判中难度最大的是“产品责任条款”。

按照中国的规定，在技术转让协议中必须包括“产品责任条款”。在世界范围内，美国的“产品责任”最为严厉，包括两种赔偿，即产品责任的直接损失，需要直接赔偿；如明知产品有缺陷还要生产，这个损失要追溯母公司责任，还要有惩罚性赔偿。通用的谈判代表说：为这个15亿美元的项目，我们不能把美国通用那么庞大的资产全部压上，而承担无限风险。

为了打破这个僵局，胡茂元走访了经贸委的条法司，他们说：世界难题啊，谈不下去，你们只能放弃此条款了。而经贸委技术司的反馈是：这个条款一定要坚持，这是对中方利益的保护。

为此，胡茂元夜不能寐，心想不管怎样，这个条款是保护上汽作为技术购买方的利益，我们一定要争取。他冷静地分析了通用的顾虑：今后发生问题的责任如果在通用，它不是不愿赔，而是怕把整个公司都赔上。

胡茂元站在对方的立场上想问题，思路豁然开朗。随后提出一个变通的方案，将赔偿限定在4 800万美元以内。通用消除了顾虑，双方很快就达成一致。经贸委有关人士称赞胡茂元：你创造性地解决了这个世界难题。

第八章

逐鹿中原：谈判的中场策略

8

一、何谓中场策略

所谓中场策略，是指对方在谈判开场时所采取的六种不同的策略，主要表现为三种态度：强硬、不偏不倚、温和。进入中场后，我们将针对对方这三种不同的态度，给出不同的应对策略。

假设，面对对方延续开场时策略的三种态度：

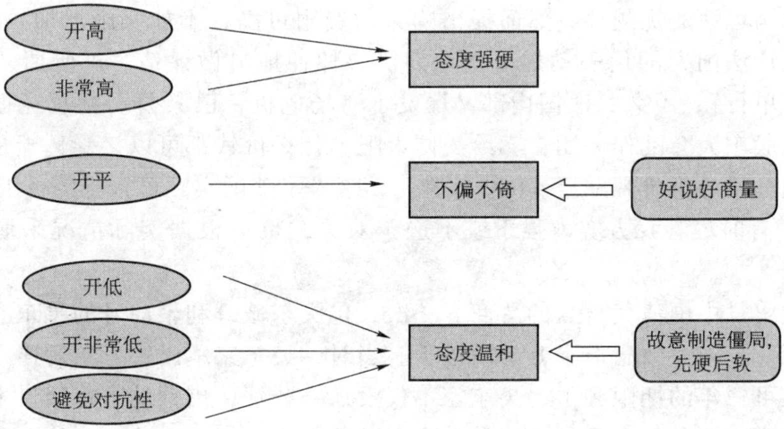

二、中场策略

1. 如果对方态度强硬，我方应如何应对？

（1）一般情况下，如果我方实力强于对方，或势均力敌时，则可采取先强硬，后谋之的态度来回应。

美国开凿巴拿马运河的初期谈判，其谈判谋略是典型的“先强硬，后谋之”，而且谈判双方都是如此。

谈判的一方是美国，另一方是法国巴拿马运河公司。谈判的焦点是美国应该付给这家法国公司多少钱才能取得开凿巴拿马运河的权利。这家法国公司虽然已开凿失败，但它在巴拿马运河却拥有一笔数量可观的资产，其中包括：3 万英亩土地、巴拿马铁路、2 000 幢建筑物、大量的机械设备、医院等。法国人估价 1 亿多美元，开价 1.4 亿美元，而美国人的开价仅为 2 000 万美元，二者相距甚远，经过双方磋商，分别让步到 1 亿和 3 000 万美元，但谈判到此就停下来了。

美国人的战略是声称另找一块地方挖运河，他们选中了尼加拉瓜，美国众议院宣布考虑支援开凿尼加拉瓜运河。精明的法国人摸透了对方想要一条运河来沟通两大洋的迫切心理，而且也料到了美国会用尼加拉瓜运河来与巴拿马竞争，于是也要了一个花招，暗示对方他们也同时与英国和俄国人谈判，以争取英俄的贷款继续运河的开凿。双方相持不下。

不久，法国人获得了一份美国有关委员会给总统的秘密报告，报告中虽然肯定了巴拿马运河的优越性，然而提出购买的费用过高，不如实施尼加拉瓜方案。这份情报让法国人的信心动摇了，他们忧心忡忡地另做评估。正所谓“福无双至，祸不单行”，不久，法国内部又爆发了一场危机，巴黎公司的总经理因故辞职不干，股东大会乱作一团：卖给美国人吧，什么价钱都可以接受！于是一夜之间，法国公司的报价骤跌至 4 000 万美元，落入了美国实际可接受的范围。

（2）有时尽管我方实力强于或不逊于对方，也可根据实际情况采取先软后硬的策略。

乔致庸是中国清代著名的晋商。一次，包头东城万利聚商号的吴东家，因资金周转不开，向乔致庸借了 8 万两银子。当时，吴东家承诺：三年后连本带息全部还清。可三年的期限到了，吴东家不仅没还一分钱，借钱的事也闭口不提。

乔致庸正准备派人去催款，吴东家主动找上门来。他可怜巴巴地向乔致庸哭诉：“我现在是穷得叮当响，家里仅剩下一只用来卖花生的破箩筐了。”乔致庸心里明白，吴东家这么做无非是想赖账。他看了看吴东家，安慰道：“既然你已到了这步田地，我也不能逼你，就把那只破箩筐拿来抵债吧！”吴东家一听，心里顿时乐开了花，立刻送来了破箩筐。

吴东家走后，伙计急切地问：“一个破箩筐怎么能值8万两银子？”乔致庸笑了笑说：“你照我吩咐的去做。”随后，乔致庸便让伙计把那破箩筐挂在店里最显眼的地方，标价8万两银子出售。人们听说后，都跑来看热闹，一传十，十传百，整个包头的人们都知道了破箩筐这件事。很多生意人知道包头有个老赖是吴东家，就都不愿意跟吴东家做生意了。这时，吴东家才意识到问题的严重性，连自己的掌柜和伙计也离开了他，最后没有办法，只得乖乖地把欠款还清，赎回了那只破箩筐。这正是“小胜凭智，大胜靠德”。

（3）如果我方实力确实弱于对方，且不能破局时，宜采取“以退为进”的策略，即先同意，然后按对方的想法引出必然的结果，再以此为契机，阐明此结果反而陷对方于不利的策略。

国事不当家事办，袁盎智说窦太后。

窦太后一直想立自己的小儿子梁王为太子，所以当汉景帝原来的太子因故被废时，窦太后再一次跳出来，要为他的小儿子奔走呼告。这次“储君之争”，又换了角色。一个是窦太后，为她的幼子梁王刘武争权；另一个是王姑王美人，要为自己的独子胶东王刘彘夺位。

但是这两个人的对决，并没有走上擂台，公然叫阵对决。窦太后在明处，王美人在暗处。王美人一直做的就是悄悄建仓，积累资本。所以，当太子之位再次空缺，王美人就被窦太后突然甩到了后面。

窦太后卷土重来，再次给汉景帝出了道难题。上一次，汉景帝是怎么破解的？以迅雷不及掩耳之势马上立了一皇长子，封住了梁王的路。这一次，汉景帝还有什么杀伤性武器？

汉景帝做了两方面工作。一个方面，对母亲窦太后，他表示同意。另一个方面，他又提出，事关重大，他要和朝中大臣商议。就是所谓的“朝议”，在朝中大臣中讨论一下这件事怎么处理。朝议的结果肯定是窦太后的建议被搁浅，大臣们一致反对。其中一个人担当了主角，就是主张杀晁错的袁盎。本来，直言不讳的晁错最适合这个角色，但晁错在吴楚七国之乱时被错杀了。否则，哪里轮到袁盎来做男一号？汉景帝要用朝臣之口封太后之想。

紧接着，以袁盎为首的一批大臣，到宫中见窦太后。窦太后对群臣毫不掩饰，马上把自己的观点亮出来，建议马上立梁王为储君！袁盎循循善诱，问道：“您立梁王为储君，将来梁王下世了，您打算把这个帝位再传给谁？”窦太后不知其中有套，想都没想说：“那就再传给他哥哥的儿子呗！”哥哥死了弟弟当皇上，弟弟死了又传回他哥哥的儿子，就是汉景帝的儿子。

好！要的就是您这句话！袁盎不紧不慢，跟太后拉起了家常："不知太后有没有听说过这样一桩家庭惨案啊？"老人家眼里还是女儿最重要，一听是"家庭惨案"，马上竖起耳朵。袁盎说，春秋时期有个宋国，宋宣公在临死的时候，把王位传给了他弟弟。弟弟做了几年国君，临终的时候非常感激哥哥，就留下遗诏，要把这王位还给哥哥的儿子，并让自己的儿子到郑国居住。由于存在两个可以继承王位的血脉，宋国的权臣便不断在两兄弟的后代中拥立一个，打压另一个，搞得宋国几代血雨腥风不得安宁！

袁盎故事一讲完，窦太后就愣住了。窦太后从未听说过春秋宋宣公的故事，经袁盎一讲，她觉得事关重大。王位可以传给梁王，梁王死了怎么办，再传给景帝的儿子，那要是梁王的儿子不同意，那景帝的儿子和梁王的儿子之间不就要杀将起来了？所以，从那以后，窦太后再不提立梁王为储君的事儿了。

清末的股肱之臣李鸿章实际上就是一个善用"以退为进"思想的谈判高手。在我们的印象中，李鸿章似乎就是一个卖国的反面形象，其实如果放在李鸿章所处的腐朽清末来看，李鸿章作为一个时代的谈判高手是完全有资格的。

1901 年，八国联军入侵，清政府的腐败导致清军不堪一击，最后八国联军占领了京城，慈禧和光绪狼狈逃往陕西西安。留在京城的只有年近八旬的李鸿章和几个大臣等，因此和清军谈判的重任就落在了李鸿章肩上。

以瓦德西为首的八国联军提出了赔款十亿两白银、割地、惩处祸首慈禧等一系列严重损害中国人民的不平等条约。当时中国国力薄弱，政权腐败，八国联军甚至宣布在京城只有李鸿章和一个王爷所处的两个四合院清政府拥有主权，李鸿章谈判的难度压力可想而知。当时，就是在这样的情况下，李鸿章仍然把中国的损失尽可能地降到了最低。

在瓦德西为首的八国联军咄咄逼人的气势下，李鸿章并没有被压倒，他的谈判主要是从两点来论述的。

第一，如果八国联军索要赔款太多，那么将导致义和团运动再起。八国联军入侵的直接原因就是因为义和团进攻各国使馆所致，而各国对义和团也是心有余悸。这一点正击中了八国联军的要害，如果中国的所有民众都变成义和团，那么八国联军也不会得到好处。如果八国联军要继续入侵中国，那么就会导致更多的义和团，这一点虽然与事实有出入，但对八国联军还是有震慑力的。对当时的谈判来说，这是一个可以与八国联军谈判的砝码。

第二，是从大清的经济来谈。李鸿章给八国联军算了一笔账：中国一年的收入是八千八百万，而支出是一亿零一百万，中国经济严重赤字。很显然如果八国联军强制勒索，那么必将导致大清经济的崩溃，经济的崩溃必将导致政权的倒台，如果那样八国联军连一两银子都拿不走。这一点从中国经济来分析，有理有据，八国联军也明白，如果太过分，真会像李鸿章说的那样，连一两银子也拿不到手了。

"我大清国民连活着都不怕，还怕死吗？如果你们非要把我大清逼进死境，那么你们就来吧，我大清四万万臣民必将奉陪到底！"李鸿章以这句话来结束整个谈判，即表明了如果非要把大清逼近死境，那么只有血战到底。在1895年中日《马关条约》谈判时，李鸿章苦苦哀求对方减少五千万，甚至哀求给留些回国的费用。可是，在这一次谈判的时候，李鸿章知道哀求是没有用的，因此只有拼死一搏。

虽然李鸿章处于绝对的劣势，可是能把十亿赔款减少到四亿五千万，没有割地，而且列强还除去了惩处祸首慈禧这一条。可以说，在那样强弱悬殊的情况下，能谈判到这样一种地步，李鸿章称得上是一个谈判高手。

（4）如果我方弱于对方时，是不能硬碰硬的，当然，有时也有可以采取强硬姿态：

一种办法是虚张声势，以弱搏强：

清朝时沙俄一直想染指新疆，并在阿古柏叛乱的时候，浑水摸鱼占领北疆重镇伊犁。左宗棠平定了阿古柏叛乱，但因为伊犁的驻军是俄国人，所以暂时不好开战。这时候，清朝就派了一个叫崇厚的满族大臣到俄国去谈判，想把伊犁要回来。

这个崇厚是个胆小鬼，他一到圣彼得堡，俄国人就把两样东西摆在他面前。一样是俄国人自己拟定的、迫使清政府割让伊犁的《里瓦几亚条约》，另一样是一把火枪。他们告诉崇厚两个选择，一个是签这份卖国条约，一个是掉脑袋。

崇厚怕得要命，可他居然还自作聪明，说签条约没问题，但我一来就签，显得我们工作不认真。这样吧，我在你们这儿住一阵子再签。结果，他在俄国人那儿好吃好喝好玩了将近一年，最后签了这个割让伊犁的条约。

消息传到国内，举国震惊。后来，曾纪泽了解到崇厚在签约之前，没有汇报给清政府，也就是说签约前没有朝廷的授意，从国际法的角度上看，这份条约应该无效。于是，他主动请缨到俄国去重新谈判。

慈禧看国内群情汹涌，人人都恨不得杀了崇厚，就答应让曾纪泽去试试。事实上，当时主政的人，对能要回伊犁不抱多大希望。

曾纪泽虽然匆匆赴任，却已经下足了功夫，对沙俄当时的内忧外困了解得一清二楚。沙俄刚结束了一场旷日持久的土耳其战争，国力消耗殆尽，根本无力再战，而沙皇亚历山大二世性情虽然暴躁，却是典型的软的欺、硬的怕。这一下，曾纪泽心里有底了。

到了圣彼得堡之后，他接触了当时俄国的外交大臣格尔斯和俄国驻华公使布策之后，对这些人的背景、特长、性格就摸得一清二楚。中俄谈判虽然艰难，甚至所有人都认为希望非常渺茫，曾纪泽却信心十足。

俄国人说崇厚已经签订条约，伊犁就是俄国的了。曾纪泽则根据国际法据理力争，并使得英法等国公使都认可了他的国际法见解。

俄国人一开始非常傲慢，曾纪泽就用绅士文化与文明礼节这些小节，来批评俄国的外交人员。格尔斯不得不客客气气地坐下来跟他谈。

后来，谈来谈去谈不拢，有一次，俄驻华公使布策猛拍桌子，说不行就开战。

曾纪泽很了解这个布策，知道他就是个拉大旗做虎皮的空壳子。曾纪泽先是微笑着说："我们中国人从来都不喜欢打仗。"可突然，曾纪泽一拍桌子，猛然站起来，说："但是，我们中国人从来都不怕打仗。"

这一下把布策吓了一大跳。布策憋红了脸，大叫说："我们的海军元帅明天就会带二十艘铁甲战舰，打到你们北京去。"

结果，曾纪泽又笑笑说："好啊，我们刚跟法国人买了很多鱼雷，正好看看管不管用。"

鱼雷在当时的海战中可算撒手锏，格尔斯一听赶快打圆场。

其实，李鸿章是找过法国人想买鱼雷，但慈禧舍不得花钱，当时清朝的海军根本没有鱼雷。曾纪泽不是不知道，但他摸透了俄国人色厉内荏的脾性。

曾纪泽在俄国经历了漫长而艰苦的谈判，终于在极其被动的情况下，凭着过人的胆识和外交功夫，把伊犁从俄国人手里夺了回来。

中俄重签有关伊犁的改定条约后，全世界为之震惊。

英国驻俄国公使向英国外交部电告此事的时候说："简直是个奇迹。中国的曾纪泽居然迫使俄国做出了它从未做过的事，即把已经吞下去的领土又吐了出来。"

法国驻俄国公使也给国内发电报评论此事说："无论从哪方面看，中国的曾纪泽都创造了一个奇迹。"

毛泽东上演现代版空城计，5篇新闻吓退10万偷袭之敌。

在西柏坡纪念馆里，珍藏着几封毛泽东为新华社亲自撰写的手稿。"三大战役期间，党的新闻宣传工作还有力地推动了战事进程。"刘利平称，由于交通不便，党中央在西柏坡指挥三大战役完全是靠电报发出指示。三大战役中，从西柏坡共发出408封电报。这些电报除了大量军事行动和作战命令外，几乎都是新华社的新闻稿。因此，三大战役在很大程度上是一场新闻战。其中，毛泽东还巧用广播唱了一出“空城计”，智退傅作义十万大军，演绎出一段用笔如神的佳话。

1948年9月，辽沈战役爆发。10月，蒋介石飞抵北平与傅作义密商，拟趁我冀中解放区兵力空虚之际，偷袭已被我解放的石家庄。当时石家庄除少量守城部队外，没有别的战斗部队，几乎是一座空城。石家庄处境艰险，西柏坡危在旦夕。

获此消息后，毛泽东在1948年10月22日我军解放郑州当天为新华社写下《我军解放郑州》的消息。随后，毛泽东每隔一天为新华社撰写一篇（或两篇）新闻，7天内共写了5篇新闻。

第一篇消息是新华社25日播发的：《动员一切力量歼灭可能向石家庄进扰之敌》，毛泽东把蒋介石要偷袭石家庄的消息公之于众，使其阴谋昭然若揭。第二篇消息是27日播发的：《华北解放军正举行全线进攻》；同日播发的第三篇消息是：《东北我军全线进攻，辽西蒋军五个军被我包围击溃》。毛泽东把我军的战斗情况明明白白地告诉敌人：我解放区人民已做好充分准备，蒋、傅军胆敢来犯，必将有来无回。第四篇消息是29日播发的：《蒋傅军已进至保定以南之方顺桥》（口播稿），将敌军的行动告诉人民群众，一是让我军民一致抗敌，二是告诉蒋、傅，你们的行动我军了如指掌，我已做好战斗准备。第五篇是31日播发的述评：《评蒋傅军梦想偷袭石家庄》。一篇仅600字的述评，把敌人偷袭石家庄的真实企图，具体部署和后顾之忧，讲得清清楚楚。字里行间无不透出似有千军万马严阵以待，聚而歼之的气势和决心。

新闻播发后，立见成效。傅作义收听广播后，大为震惊，认为自己的作战意图已被识破，取胜已无多大希望。他怕“中计”，因此只好作罢。毛泽东善用新闻舆论击退敌军千军万马，成功地执导了一场现代军事史上的“空城计”，成就了中国现代军事史上的一段佳话。

斯蒂芬·永利，首席赌城的首席赌王，这个一生充满传奇的人物，曾经单打独斗把西部荒蛮的沙漠小镇拉斯维加斯变成了今天令人兴奋的现代化赌城。

拉斯维加斯排名世界四大赌城之首，是美国最老的赌城。拉斯维加斯所在的内华达州曾是一片热气灼人、草木稀疏的大沙漠，没有什么自然资源和地理优势。州政府财政拮据，便立法允许赌博。

赌博业使这个沙漠小镇财源滚滚、兴旺发达，成为世界著名的沙漠花园城市。当你置身于绿树芳草之中，你难以置信这里曾是不毛之地。夜幕下的赌城是灯的海洋，光怪陆离的灯光像珍珠、像玛瑙、像繁星、像瀑布，流金溢彩，如梦如幻，美不胜收。赌城灯光的造型与气势，堪称世界之最。赌城的标志建筑当然是赌场酒店。此类建筑一座比一座豪华气派，一座比一座奇特怪异。如金殿酒店（The Mirage）赌场门口，有一座巨大的活火山模型，每隔 15 分钟自动喷发一次，喷出熊熊的火焰，成为赌城一大奇景。赌场内还饲养了老虎和鲨鱼等猛兽，供游人赌客观赏。金殿赌场的当年的老板就是斯蒂芬·永利。

永利早年毕业于宾夕法尼亚大学沃顿学院，后来随父亲在故乡马里兰州经营扑克赌场，学到不少经营博彩的知识。当他宣布要涉足拉斯维加斯发展时，亲戚朋友都认为他发疯了：赌城强手如林，哪有小赌商的立锥之地？然而，永利不仅站住了脚，还成为这个全球首席赌城的首席赌王。

在 20 世纪 70 年代，凯撒酒店是拉斯维加斯很有影响力的酒店，它坐落在弗莱明戈大道和拉斯维加斯林荫路交界的转弯处，那是个十分繁华的地段，凭借这个地段凯撒酒店赚得金银满钵。然而，紧邻凯撒酒店，在弗莱明戈大道上有一块很窄的地块，那块地归一个叫侯活的亿万富翁所有。不知通过什么方法，永利得知了这个消息，一个计划悄悄展开了。

永利通过贷款和特殊关系买下了侯活看中的一块地，与侯活作了一个桌面下的交易：永利要求侯活把那块窄地卖给他，交换条件是把他买的那块地卖给侯活，并为侯活保守一个不可告人的敛财秘密。买卖成交！

随后，永利又放出风，制造紧张空气，要在那块窄地上建一个世界上最窄最高的五星级酒店，并且目的就是要遮挡住凯撒酒店并与之竞争，永利的这一招，果然引起了凯撒酒店的极大恐慌，最终永利顺理成章地把那块地高价卖给了凯撒。

这不是一场对等的交易，虽然不怎么见得了光，可永利却倒手却赚了他的第一个 100 万美元。

另一种办法是：坚持硬到底，积弱胜强，这需要见机行事。

蛇毒女王卢桦 10 年苦战美国客商，赢得 50 亿身家，积弱胜强案。

卢桦，一个相貌平平的弱女子，十几年与大洋彼岸的美国商人斗智斗勇，最后不仅拥有了近 50 亿的身家，也赢得了美国对手的尊敬——为了与她合作，美国商人终于不得不低下了头，还送给她一辆价值 200 万的悍马车！

卢桦出生于广西桂平市中沙镇农村。1986 年，她从中山大学毕业后，分配到广州市外贸局工作。她身高不到 1.6 米，相貌也不出众，当时单位里美女众多，她似乎成了一个例外。

1988 年 10 月，卢桦负责服务广州交易会上的一个外商展区，只见一位名叫 Noah 的美国客商举着牌子收购蛇毒，500 克竟然标价 300 万元！要知道，那时即便像卢桦这样的高级白领，月薪也就几百元，因此她惊讶地用英语问美国客商："这东西怎么这么贵呢？"Noah 打趣道："你有吗？有多少我收多少！"

卢桦从小在农村长大，对蛇并不陌生，小时候在田间和山上常见，因此她觉得蛇毒（即毒蛇从毒腺中分泌出来的一种液体）应该不难采集到。蛇毒昂贵的价格吸引了她，于是她在展会上留心观察，几天后，她刚好认识了一个前来展会上卖蛇毒的广西玉林老乡。他名叫陈生，是一个养蛇专业户，没啥文化，更不懂英语，她便给陈生与 Noah 当翻译，促成了两人的交易。

本来陈生与 Noah 完成交易后，按现在的市场规则，陈生与 Noah 完全可以直接成为合作伙伴。可当时通讯工具落后，联系方式主要是写信。而陈生无法用英文写信，在乡下更不可能有电话，所以散会后 Noah 就再也无法与他取得联系，卢桦就聪明地利用自己的工作便利和英语能力，当起了中间商。

不久，卢桦向同事借钱凑了 2 万元定金，亲自送到广西玉林市的陈生家里，承诺长期收购他的蛇毒，然后再卖给 Noah。由于蛇毒售价高达 100 克 60 万元，一年不到她就轻松淘到了人生中的第一桶金——108 万元！为了方便做蛇毒生意，她在单位里第一个用上了手机，还在广州买了房。这自然引起了别人的猜疑，后来她干脆辞掉工作，专心做起了蛇毒外贸。

就这样，卢桦初步搭建起了自己的生意框架：她先在广西乡下收购蛇毒，然后带到广州，经过交易会等形式卖给美国客商。开始，她不懂蛇毒的稀缺性，以为能像蜂蜜一样大量地采集。一次，她专门跑到玉林市陈生的毒蛇养殖场，向他发牢骚："你能不能给我多提供些呀？几个月才这么一点点！"陈生听了大倒苦水："大小姐，一条蛇每个月只能取毒一次，每次只有 200 毫克，采够 100 克的杯子需要 500 条蛇，我只养了 200 多条，也就是说采集一杯蛇毒最少得两个月！"

卢桦不信，非要进室内看工作人员如何采集蛇毒。陈生连忙劝阻："真的非常危险！前不久我们这儿就有一个人被蛇咬死了，干我们这行，成天都要担惊受怕……"卢桦听了，摆摆手："没事，我只是看看！"说罢，她大胆地走进养殖室，只见工作人员将蛇先放在工作台上，用一只手提住蛇颈，另一只手将一个玻璃器皿送入蛇口，让蛇咬住玻璃器皿口壁后，毒液就流了出来。采集毒液时，蛇缠来绕去，确实很恐怖。陈生告诉她，像金环蛇、银环蛇等，虽然咬人就像蚊子叮一样，可是一旦被咬，发现再快都已没什么用了，死亡率达到 98% 以上！

亲眼目睹蛇毒的稀缺性和危险性后，卢桦心里着实难以平静，这时她才明白美国人为什么愿意出那么高的价钱收购。她对陈生说："你放心地干吧，我保证你有多少，就帮你卖多少，有钱大家一起赚！"此后的几年时间里，卢桦靠当中间商，挣到了 980 多万元！

然而，到了1999年，国家对蛇毒的出口有了严格的限制，蛇毒不再归类于农产品，而是属于特殊商品，手续变得异常繁杂起来。卢桦每年卖给美国客商的蛇毒少了很多，钱自然没有过去那么好赚了。不久，她特意去了趟美国考察市场，发现蛇毒在美国得到了广泛应用，不仅用于治癌、止血镇痛、降血压、科学研究等，而且还能被加工成一种治疗艾滋病的药物，利润比过去增加了几十倍。

回国后，卢桦心有不甘，觉得祖国的稀缺资源如此出口，太低廉了，利润大部分都被美国人赚取了。了解到蛇毒的种种用处后，她不禁心动：如果自己也能深加工，就能创造出更多的财富。可她对蛇毒加工技术一无所知，于是，她琢磨出了一个办法——以出口有限制为由，一次次地减少供应，然后提出与美国客商合作办厂。

没想到美国客商根本就不同意，而且看出了卢桦的真正意图。2001年秋，在广交会上，Noah面对她的"威胁"，傲慢地说："没有我们的技术支持，你的蛇毒根本就没有用！再说了，中国马上就加入WTO了，以后我们来中国做生意更方便，现在的信息又越来越发达，没有你，我同样能从别人手中买到蛇毒！"几句话说得卢桦无言以对。

第一次与美国客商交锋，就败下阵来，卢桦觉得自己好没面子。但她不愿意就此妥协，没多久，她进一步向Noah减少了蛇毒供应量，并发誓：一定要让美国客商上门来找我！

卢桦之所以这么坚定，是因为她精心制定了一个"降服"美国客商的计划。当时她发现了蛇毒行业的一个秘密：在全世界范围内，只有中国、印度、泰国以及越南等少数国家人工养殖毒蛇，而从中采集蛇毒的都在中国；蛇毒量少，采蛇毒的人也少，如果能和采蛇毒的人建立稳定的关系，"垄断"蛇毒资源，她便有了和美国人谈判的资本。因此，她决定秘密制定一个交易规则，即与取蛇毒的人达成协议，蛇毒价格、卖到哪里、在哪交易都不能向外人透露。

卢桦真的能如愿以偿吗？2001年冬，卢桦得知有个名叫杨延建的小收购商取蛇毒很厉害，便找上门去说："你手上有多少货？我全要了。"由于她给的价格不菲，杨延建十分高兴，全卖给了她。但是，她提出了一个必须遵守的条件："我从你手上收购蛇毒的价格，你不能告诉别人；你把蛇毒卖给了我，也不能告诉别人。"杨延建一听，大喜过望，因为遵守这个规定，他就可以做起独门生意，而且在发展"下线"时，他同样可以如法炮制。就这样，每一次蛇毒交易都是由收购商向供应商下达指令，这种单线联系的交易方法，使得蛇毒市场变得异常神秘，也成了蛇毒行业里的"潜规则"。

卢桦通过这种方式，用了三年时间发展了数十名取蛇毒的人，逐渐控制了大量蛇毒资源，并把蛇毒的交易方式神秘化，从而切断了美国客商从别的地方收购蛇毒的渠道。即便是现在，很多养蛇人都不知道蛇毒市场在哪里，更不用说外行人了。毫无疑问，这种状况与卢桦制定的特殊交易规则密不可分。

2004 年底，在“垄断”了蛇毒资源后，卢桦第二次跟美国客商谈判：“从明年起，我的蛇毒不卖给你了！”Noah 惊讶而急切地问道：“为什么？”她说：“我可以在自己的国家建一个药厂，把蛇毒变成产品。”Noah 当时不屑地说：“你又在威胁我！”她认真地回了一句：“我是说真的，除非你们跟我合作办厂！”

美国客商照样不买账，而卢桦真的停止了蛇毒供应，双方就这样僵持着。这时的她在蛇毒行业已奠定了“大姐大”的地位，很多地方的蛇毒最终都到了她的手里，她家里收藏了 400 多公斤蛇毒，当时价值高达 40 多亿元。由于蛇毒用瓶瓶罐罐装着，放在家里的几个冰柜里，外人根本不知道那些都是无价之宝。

可卢桦没有想到，接下来的两三年时间里，她差点精神崩溃。2005 年，她在家乡建了幢别墅，然后又开办了两个厂。这让邻居们纷纷猜测：从没见过她做什么大生意，哪来这么多钱？难道她在搞白粉？后来谣言传得越来越逼真，可为了不破坏自己制定的行业“潜规则”，卢桦又不便解释。接下来更恐怖的事情发生了。从 2006 年年初起，卢桦就感觉每天出去都有人在跟踪自己，无论走到哪里，她总感觉背后有一双眼睛在盯着她。莫非是有人盯上了家里的蛇毒？那又是谁呢？是曾跟她打过交道的收购商？还是美国人派过来的“间谍”？

2006 年 12 月底，精神几近崩溃的她实在扛不住了，便到当地公安机关报案。听说她家里存放的蛇毒价值高达几十亿元时，接待她的民警大吃一惊，亲自来到她家进行调查。在得到证实后，第二天，派出所就为她的蛇毒储藏室安装了监控设备，并与 110 报警系统联网。自那以后，她每次带蛇毒去广西医科大学做化验，都请公安人员“保驾护航”，而她被人跟踪长达 1 年之久的恐怖事情也再没有出现过。

这是一场漫长的较量，比的就是双方的耐心。到 2007 年年初，卢桦已经两年没有出口蛇毒了，这两年里，她只收蛇毒，不卖蛇毒，经济上渐渐入不敷出，家人和朋友都劝她：“卖一点蛇毒吧！你跟美国人过不去，但总不能跟钱过不去啊！”卢桦虽然很着急，但是她很清楚，这时向美国客商妥协，就意味着前功尽弃。唯有坚持才可能取得最终的胜利。

2007 年 8 月，卢桦找到广西医科大学蛇毒研究所，提出跟他们合作用蛇毒生产药品。蛇毒研究所所长张学荣听后十分高兴：“我们已经研究出了不少成果，你的蛇毒资源，结合我们掌握的一些技术，共同开发一定能够成功！”

与此同时，卢桦又有意把这个消息透露给美国客商。因为她真正的目的是

“声东击西”，引美国客商过来跟她合作——她知道，她与广西医科大学在资金方面都很有限，一起合作也只能小打小闹。可是，美国客商好像看穿了她似的，仍然是一副毫不在乎的样子。卢桦明白，不来点真家伙是征服不了美国人的。于是，2008年年底，她竟真的在桂平市中沙工业区竞标了一块200多亩的土地，然后修建起厂房来。

这个“样子”确实做得有点大，而且是一次极大的冒险，差点让她倾家荡产。为了竞标土地，她把自己其他的实业都卖了，可还是杯水车薪，她又想到了用蛇毒抵押向银行贷款。当时，经权威机构鉴定，她储藏的424公斤蛇毒，价值高达47亿多元。然而，得到大片土地、成立公司后，她的资金链很快面临断裂，到了连工资都发不出的地步。许多人都劝她卖点蛇毒应急，卢桦却顽固到底：“不卖，一点都不能卖！否则我们就制约不了美国人！”她觉得，谁顶住了，谁就将取得最后的胜利。

2009年10月，广西医科大学蛇毒研究所终于用蛇毒研制出了治疗脑血栓和肿瘤的药品，并且拿到了生产批文。这让她十分高兴，因为即便美国人不合作，她也可以把药厂办起来。

这次，卢桦终于有了底气，她马上把这个结果告诉了美国客商。她清楚，用蛇毒生产艾滋病疫苗创造的价值更大，而广西医科大学还没有这个技术，如果能与美国人合作，她的事业就能够获得更大的发展。

卢桦的这一招终于让美国客商低下了高傲的头颅。Noah接到她的电话后，起码有30秒时间没吭声，最后才说：“请容我们再想一想，你真是一个可怕的女人！”Noah的语气，明显妥协了，卢桦暗自窃喜。

几天后，卢桦就接到了Noah的来电，他说：“卢总，我想送一台车给你。你要什么车？”卢桦当时十分震惊，但很快知道了对方的意图，便笑而不语。Noah竟又替她做主：“还是送你一台比较特别的吧，因为我们这个行业很特别，来一台悍马车怎样？悍马车是我们美国指挥官打仗时坐的车……”卢桦立即开心得哈哈大笑起来：“行啊，我就想要那种！”不久，Noah竟真的送来了一辆悍马！

原来，得知卢桦真的跟别人合作后，美国客商再也坐不住了，觉得她那么多蛇毒资源，如果用于生产普通药品，实在太“浪费”了，因为生产治疗艾滋病的疫苗，价值要翻几十倍。为了表示诚意，美国客商这才不得不决定免费送给卢桦一辆200多万元的悍马车。而卢桦经过10年与美国客商的“智斗”，终于大获全胜。

2010年，双方多次谈判后决定，卢桦用蛇毒和土地入股，美国商人出技术、资金，与广西医科大学等国内知名科研单位合作开发项目，共同成立制药公司，卢桦担任董事长。

就这样，年仅40多岁的卢桦，成了全国最大的“蛇毒女王”，创造了近50亿元的财富。

(5) 如果双方态度都很强硬，陷入僵局（经常出现）

此时应如何破解？

——办法：暂搁争议，转移话题。

当遇到僵局时，可以考虑使用此策略：我们先把这个问题放一放，讨论一下其他问题，可以吗？

可以首先通过解决其他一些问题，以便为双方创造契机，千万不要把谈判的焦点只集中在一个问题上。

2. 如果对方态度不偏不倚，采用原则式谈判法（开平），我方应如何应对？

由于采取的是原则式谈判法，对方关心的是双方的利益，同时也会关注我方的利益和关系，因此只要在保障我方利益不受损害的前提下，则有话好好说，有商有量。

3. 如果对方态度比较温和（开低/非常低）时，我方应如何应对？

(1) 真有诚意

注意此时不能直接接受，得了便宜一定要卖乖。

在对方开低或非常低时，也要先态度强硬（前提是对方其他出路都被堵死），故意制造僵局，最后一刻才勉为其难地接受或提出可行性建议。

(2) 没有诚意

下面是前NBA最佳后卫艾弗森回忆自己追讨200万美元薪水的故事。

我是艾弗森，属于篮球的艾弗森。我属于篮球，但并不意味着属于NBA。尽管人生最美好的时光在这里面度过，但我始终认为，那并不是生命的全部，NBA对我而言，仅仅是回眸的那一笑。在密西西比流域，在遥远的太平洋彼岸，很多朋友都在问我，离开NBA，我还会做什么。

我认为，这本身就是一种很外行的问题，他们看似很关心篮球，其实丝毫不懂篮球的真谛。既然已经提到NBA，那么，我想从NBA说起。

我不想再提那些所谓的最佳后卫、最佳突破、全明星阵容等字眼。我想，我做过什么，给NBA带来过什么，知者已然清楚，不知者也再无知道的必要。我相信，大家真正关心的是我离开NBA之后的是是非非，又或者说何去何从。既然如此，我也不再避讳。篮球是我的生命，这是一种高雅的说法，我更愿把它说得实在点：篮球，其实就是我的饭碗。

离开 NBA 一个月后，我并未完全脱离这个组织。当然，并不是我有意赖着不走，而是有关组织还欠我 200 万美元薪水。我不便透露其真实姓名，你只要明白一点，欠债还钱。

在过去的两个星期里，我通过各种方式催促对方付给属于我的薪水，但每次都被各种理由一拖再拖。或许你不信，在公众眼里，那是一个资金雄厚的组织，怎么会缺我那么点薪水呢！我也想不通，想起当年乔丹说过，绝不让任何一位 NBA 球员受半点委屈。如今看来，时过境迁，这个世界变化太大了。

在球场需要不折不挠、坚持不懈的篮球精神，在球场下同样需要。我奔赴对方的办公室，同时给对方打电话，很简单，我要薪水。但对方躲躲闪闪，说在开会，下午才回办公室。我不想白走一趟，但也万般无奈。幸运的是，我遇到昔日的搭档。他告诉我，昨天薪水刚发下来，老板就在隔壁。

我想，有些礼貌已经显得非常多余，所以，对方看见我时很尴尬，良久才冒出一句话：还差多少钱？我说 200 万美元。对方一顿，又开始谈公司近来运作的诸多困难。当然，我是不会买账的。我告诉他，听说昨天刚发薪水，对所有球员。

在篮球场上，更多的是身体对抗；在篮球场下，则更需要意志斗争。对方还要解释，我已经打断他。我说，一句话，今天不能白来，哪怕先给一点也好。对方一愣，大概觉得这不像我的风格。是的，我并不缺钱花，但我必须这样做，就像在球场上，必须得分。

对方问我要拿多少，我笑笑，说：一美元。

对方眼睛睁得很大，以为听错了，再次问我要拿多少。我只给了他三个字：一美元。

沉默许久，对方问我为什么，为什么是一美元。我说，其实自己并不缺少什么，别人可以拖欠自己很多东西，但有一样东西必须得还，那就是尊严。

他打开电脑，轻轻地点了几下，然后告诉我，200 万美元已经打过去了。他还说，对不起，这样做，也是为了他的一份尊严。

坦白地说，我有点舍不得 NBA，但对我来说，如今的 NBA 已经不是一个时空概念，它是一种精神。你问我离开后会做什么，这是废话，我会做很多事。当然，我还会打篮球，只不过，地点或许变了，目标或许变了，但做人的那份尊严永远不会变。

4. 在中场价格谈判时，尽量不要折中

千万不要陷入误区，认为只有价格折中才是公平的做法。

千万不要主动对价格进行折中，但是要鼓励对方首先提出来。

当双方价格出现差距时，假如对方先提出折取中间价，那么你一定要力争将折取后的中间价再次进行折中。

通过让对方主动对价格进行折中，实际上你是在鼓励对方做出妥协；然后你可以假装不情愿地接受，让对方有胜利感。

一般而言，人们已经形成了这样一种根深蒂固的公平观念：双方都应该作出同样的让步，只有这样才是公平的。如果甲方要出售一处房子，他的最初报价是20万元，乙方的报价是19万元，如果甲乙双方要达成交易的话，他们就可能会想："19.5万元应该是一个比较公平的价格，因为那样就等于一人让一半。"在这种情况下，最终的价格就完全取决于甲方和乙方最初报价的差距。如果这处房子价值19万元，而甲方却因为发现乙方喜欢这套房子而抬高价格，那就不太公平了。反过来，如果这房子价值20万元，乙方也愿意支付20万，可他却因为发现甲方急需用钱而拼命压价，那显然也不太公平。

所以你可能会想，当双方之间无法解决价格问题时，折中不也是一个很好的解决方案吗？还是先抛开这种错误的观念吧。下面我将告诉你，在优势谈判高手看来，讨价还价并不意味着要折中双方的报价。只要将报价折中2次，你就可以把双方价格的差距变成75%/25%的分配，而如果再多分配几次，你或许还可以得到更好的价格。

该策略的运作方式如下：你要记住，千万不要主动提出对双方差价进行折中，一定要鼓励对方首先提出来。

打个比方，如果你是一位建筑承包商，你一直在努力争取一笔翻修生意。你的报价是8.6万元，而对方给出的价格是7.5万元。随着谈判的进行，对方同意把价格提高到8万元，而这时你也把价格降到了8.4万元。接下来该怎么办呢？你可以很清楚地感觉到，如果这时你提出对双方报价进行折中，对方一定会接受，也就是说，按照这种方式，成交的价格将是8.2万元。

千万不要这么做，这时你应该告诉对方："好吧，我想这恐怕行不通。（在后面的内容中，我将详细讨论为什么谈判时间越长，谈判者就越容易变得更加灵活。）唉，我们花了这么长的时间进行谈判，而且只差一点点就可以达成交易了，这个时候停止合作，真是让人感到难为情，要知道，我们之间的分歧只是区区4 000元。"

如果你不断强调双方在这笔生意上已经投入了大量时间，而且双方的价格分歧只是一个很小的数目，最后对方很可能就会说："既然这样，为什么不各让一步呢？"

然后你不妨愣一下，然后告诉对方："嗯，各让一步，让我们看看结果会是怎样吧。我现在的报价是8.4万元，你给的价格是8万元。如果各让一步的话，那就是8.2万元，是吗？你是说你可以把价格提高到8.2万元吗？"

"是的，"对方回答道："如果你能够接受8.2万元的价格，我们就没问题了。"就这样，刚才双方的报价还是8万/8.4万，可转眼之间，你就在没让一分的情况下把价格范围变成了8.2万/8.4万。

这时你可以告诉对方："8.2万元听起来比8万元好多了。好吧，我会和我的合伙人商量一下（或者任何其他你杜撰出来的更高权威），看看他们觉得如何。我会告诉他们你的报价是8.2万元，看看我们明天能否达成交易吧。我明天来找你。"

第二天，你来到对方的办公室，告诉他们："哎呀，现在的合伙人真是不好应付。我本来非常肯定他们会接受8.2万元的价格，可我们昨天晚上花了2个小时讨论了详细的数据，他们坚持认为，如果价格低于8.4万元的话，我们就是在做赔本生意。我们现在只差2 000元了。难道就因为这2 000元而让一笔生意泡汤吗？"只要你的表演到位，坚持的时间足够长，最终对方都会同意再次对价格进行折中。

只要能够让对方再次折中，你就多赚了1 000元。事实上，即便对方不愿意折中，坚持支付8.2万元，你也可以得到一样非常宝贵的东西。是什么呢？没错，他们会感觉自己赢得了这场谈判，因为你最终接受了他们8.2万元的报价。相反，如果这个价格是你提出来的，对方就会感觉是你在强迫他们接受你提出的报价，这样他们就会感觉自己输掉了这场谈判。

你可能会觉得这是一件非常微妙的事情，可谈判过程中双方的感受却是非常重要的。记住，谈判的关键就是，在谈判结束时，一定要让对方感觉自己是这场谈判的赢家。所以，要想做到这一点，就千万不要在谈判的过程中主动提出价格折中，要鼓励对方提出来。

要学会巧妙牵引和诱导，让对方说出你想说的话。

在一次访谈中，杨澜问新一届"白玉兰"视帝吴秀波："这演员要是火了会是什么状态？"

"那可麻烦了，会有很多商家和企业拿钱砸你。"

"有这么好的事？"杨澜故作惊讶道。

吴秀波说："是呀，最有代表性的是剪彩，有的出钱，有的给礼物。最高开价到了一剪子50万元。"

杨澜故意问："那你为什么不去呢？"

吴秀波很有智慧，他并没有直接回答，而是说："我读过一个故事，说某大公司准备以高薪雇用一名小客车司机，经过层层筛选和考试之后，只剩下三名技术最优良的竞争者。主考者问他们：悬崖边有盒金子，你们开着车去拿，觉得能将车停在距离悬崖多近而又不至于掉落呢？“二公尺。”第一个说。“半公尺。”第二个很有把握地说。“我会尽量远离悬崖，越远越好。”第三位说。结果这家公司录取了第三位。

杨澜接着说：“嗯，在诱惑面前，每个人都不堪一击。所以最好的方法就是远离。”

5. 在商言商，一定要索取回报

记住，在谈判过程中，无论在什么情况下，只要你按照对方的要求作出了一些让步，你就一定要学会索取回报。

注意措辞：如果我让给（答应）你这个……，那么我有什么好处呢（或你总得为我做点什么吧）？

千万不要随意改变措辞，也不要索取任何具体的回报，因为那样很可能使双方产生一种对立情绪。

6. 让谈判的另一方投入精力

想要有所收获，就必须要设法——让对方投入大量的时间和精力。

对方投入的时间和精力越多，就会越不甘心谈判失败或没有成交。

这样对方就会被迫做出更多更大的让步。

比如你在星期一下午两点去一家大型的家电商场随便逛逛，因为这个时候不会有太多的人对家电商场感兴趣。你对这里的家电表现出极大的兴趣，要求售货员介绍所有的冰箱产品，并且详细介绍每款冰箱的性能，从两点到四点，一共花了两个小时的时间。

两个小时后，你竟然说：“我现在还不能决定买不买，等明天我太太看了后再说。”

这个售货员已经在你的身上花费了两小时的时间。

星期二下午，同样是在两点，你和太太来到了商店。找到那个售货员后，他又将昨天的情况向你太太做了一遍演示。最后你对销售人员说：“在决定之前，我还要带一位冰箱专家来替我拿主意，那就是我的岳母，她对很多种冰箱的性能比较熟悉，我想我应该让她明天过来看一下。”到目前为止，售货员已经花了4个小时在你身上了。

星期三下午，在你约定好的时间，你陪着岳母、夫人又走了一遍。销售人员只好又重复着以前的工作。可在这之后，你还是不能做出决定，你咕哝着：“嗯，我还想知道得更多，不能立刻做出决定！”

而这时这位售货员已花了他生命中 6 个小时的宝贵时间了。到了星期四下午，正如所预期的那样，你独自走到售货员面前："嘿！记得我吗？我想要买台冰箱。"

售货员皱着眉头道："我当然记得。"

你接着说："看，我除了一摞书、一支钢笔和八分零钱外，只能付出 450 美元，我想要这个款式的冰箱，是不是可以商量商量。"如果他不是立刻回答的话，你就耸一耸肩，即刻转身朝店外走。

售货员会在后面追吗？当然了。他对这笔生意已经耗尽心血，自然希望从自己所耗费的精力中得到回报，也许他会在后面追着你并且喊道："好啦！好啦！可以，就这样成交了。"

7. 关注对手背后的真实诉求或第三方利益

一场谈判产生僵局，可能是我们没有搞清对手背后的真实诉求或掌控局面的第三方利益所在。

对手背后的第三方通常指的是，他们可能是对方的老板、配偶、同事或朋友，了解这些人真正关心的利益是什么。

解决问题的关键是，你要想实现你的谈判目标或更多，你就必须要首先弄清对手背后的真实诉求及对手背后的这些人。

阿南德·艾耶在美国一家公司从事销售货币兑换技术的工作。一位客户说他的公司认为阿南德收费偏高。"我对他说，我们是和人谈判，而不是和公司谈判。"阿南德说。他现在在旧金山当货币和股票交易员。阿南德告诉这位客户，自己很乐意和那些认为费用过高的人谈一谈。原来，那些认为费用过高的人只是想让阿南德改进货币兑换前台的服务质量。于是双方达成了一个涉及公共关系和一些额外工作在内的协议，费用依然保持不变。

几乎在任何一场谈判中都至少会有三个人，即使有时只有两个人在场。第三个人或第三方通常指的就是这样的人，无论是真实存在的或想象中的，即谈判者认为自己必须以某种方式遵从的人。这些人也许是谈判者告之以谈判的对象配偶、同事、朋友，在这些人面前，谈判者需要保持面子。他也有可能是老板。问题的关键是，要想实现你的目标并获得更多，你必须对这些人负责。

例如，就谈判对方个人而言，他/她也许会同意你的意见，但他/她有一个不讲道理的顶头上司。在这种情况下，你可以和对方联手找出理由去说服对方的顶头上司。

斯科特·布罗德曼是一家大化学公司的一名销售经理。有一件事令他十分费解，一个新账户的采购代表不停地提要求，尽管那笔交易已经十分诱人。于是斯科特提了一些问题，想看看幕后是否存在第三方。"我发现，原来他的老板正在监视他，而且经常在事后批评他。"斯科特说。

在斯科特的帮助下，这位采购代表让其老板看到了行业标准以及他们的需求得到满足的过程。"他告诉他的老板，这是他所能达成的最有利的交易。"斯科特说。最后对方同意了协议。

美国谈判大师荷伯·科恩代表一家公司去购买一座煤矿。公司给荷伯一个可以接受的心理价位是 2 400 万美元，但矿主长期经营煤矿，对自己苦心经营多年的煤矿有着深厚的感情，而且为人十分固执，开口要价便是 2 600 万美元。荷伯还价 1 500 万美元。

矿主坚持 2 600 万美元不变，谈判陷入僵局。在以后几个月的时间里，荷伯的出价逐渐提高：1 800 万、2 000 万、2 100 万、2 150 万。但卖主毫不心动。

荷伯想，如果只就价格问题僵持下去，而不从对方的需要去考虑，肯定不会有所进展。"那么，卖主为什么固执己见，不接受任何还价呢？"荷伯开始研究对方的诉求。

后来他了解到，矿主的一个朋友的煤矿卖了 2 550 万美元，还获得一些附加利益。这就是问题的症结所在。于是，荷伯马上跟公司联系并建议，首要一点是要搞清楚矿主的朋友究竟得到多少，然后才能以此为基点商议可实施的方案。也就是说，要先弄清对方的真正诉求，这跟市场价格其实并没有什么关系。

公司按照荷伯的思路开始了走访，最终发现矿主的另外一些需求：

矿主对他经营的煤矿有着很深的感情，他不希望将煤矿卖掉后就和煤矿没有丝毫关系。这是从和他一同创业的一个同事那里了解到的。部分工人在这里工作了很久，他们和矿主的关系很好。矿主担心煤矿卖掉后，这些老兄弟丢掉饭碗。这是从一位老工人那里了解到的。矿主的那位朋友是他一直以来的竞争对手，他一直都不想输给对方。这是荷伯和他一起吃饭时了解到的。

针对这些需求，荷伯与矿主又对交易的额外条件进行商谈，并达成以下几个附加条件：

收购后，煤矿仍旧沿用老名称，并且聘请煤矿主担任技术顾问。事实上，公司正缺乏一个经验丰富的人来把关。

80% 的工人与新东家签订劳动合同，继续为煤矿服务。其实公司也正为招聘人手而发愁，这只是顺水推舟。

公司一次性付清款项。这比他那位朋友"五年之内付清"的条件要好得多。

双方就煤矿收购达成了协议，最终以 2 250 万美元的价格成交。一方面，荷伯没有超过公司的预算；另一方面，附加条件使矿主感到自己干得比他的朋友强。问题的实质是，正是这些附加条件使矿主得到了更大的满足，而公司却没有多付出什么。

很少有人会忽视对自己很重要的第三方的意见。当你需要对某人施加影响，而又自认为没有足够的影响力的时候，想一想对对方而言很重要的人还有谁，以及更容易受你影响的人又是谁。这就是第三方的重要性。

第九章

临门一脚：谈判的终场策略

一场谈判经过讨价还价，谈完全部议题后，就开始进入到谈判的最后终局阶段。为了最后能够促使对方达成协议，就需要使用终场策略了。

一、终场策略的目的

对任何一位优秀的谈判高手而言，终场策略其实只能达到一个目的：就是让对方更快地做出决定。如果踢好这临门一脚，是需要一定的技巧和策略的。

有些销售人员曾参加公司或其他机构举办的一些 ABC 谈判培训，也就是人们常说的“绝对成交”（Always Be Closing)，所以他们总是一开始接触客户时就直奔主题。这种做法太急于求成，还有一些人在发现客户可能会拒绝时才使用终场策略，这时又太晚了，因为你还没有学会如何把握时机。

根据本章内容里讲到的 80/20 法则，即谈判的大部分让步都是在谈判最后 20% 的时间里完成的。如果在这段时间里，你能够让对手做出决定的速度越快，你就越有可能得到自己想要的东西。反之，你给对方的思考时间越长，你如愿以偿的几率就越小。

二、终场策略

1. 求同存异，适当妥协

谈判双方的共同目标，在于基于各自的利益需要求同存异，经过协商达成双方都能满意的方案。反对固守僵死的原则寸步不让，毫厘必争。

适当适时的妥协和让步，是达成共识、成功谈判的必由之路。

1978 年，刚刚从一场浩劫中挣脱出来的中国，准备在北京举办一场法国绘画作品展，并将题材限定为农村风景画。但按照这个标准，这些作品都是在法国排不上号的二三流作品。此时，法国人面临三种选择：拒绝，你们不懂艺术，不跟你玩了；妥协，就照你们的要求办；继续谈判，最终结果是双方各让一步。第一种选择无疑将放弃一次展示自己的机会；第二种，法国人不甘心；第三种，他们已经从中国人的态度看出来了，行不通。是不是还有更好的办法？法国人相信，肯定有。终于，他们提出了第四套方案：把他们最想向中国人推荐的现代派作品制成照片，作为附录呈现。附录嘛，无关紧要，可有可无。中国方面欣然接受。

1978 年 3 月，改革开放之后的第一次西方画展——“法国 19 世纪农村风景画展”在中国美术馆开幕。这是一次注定要载入中国美术史的大事件。为了看画展，各地美术爱好者想尽办法来到北京。一双双渴望的眼睛，一张张激动的面孔，每一幅画都是那么让人震撼。画家的名字是陌生的，甚至有些拗口，但那些麦田、原野、劳作的人们，却是我们再熟悉不过的。看来，当初中国方面的坚持是正确的，甚至超出主办者的预料。不过，细心的人还是发现，看照片的观众并不比看画的少，虽然这些“附录”和我们的生活似乎没什么关系，如果用我们以前的那套美学体系去衡量，甚至让人觉得是在胡闹。但总有那么一些东西，让人在似懂非懂中，给人的心灵带来更加巨大的冲击。而在随后的岁月中，随着改革开放的逐步深入，最终我们不仅接受了这些“附录”，而且还在不知不觉中把它吸纳到了我们的主流美学体系之中。

法国人是智慧的，他们懂得，如果没有机会，就要寻找机会，创造机会，哪怕让自己暂时受些“委屈”也是值得的，而只要自己足够优秀，即使以附录的方式呈现，也会成为一道风景。不过，仔细想想，这何尝又不是我们中国人的智慧？我们需要的可能正是法国作为附录呈现的那部分，但囿于当时的政治、社会环境，我们还不可能把步子迈得更大，否则会遇到种种不必要的阻力，于是我们“求同存异”，与法国人进行了一场完美的智慧联动。

贴士：妥协时的让步技巧

7 种让步方式图（以 100 元为让步空间）

	第一次	第二次	第三次	第四次
第一种	25	25	25	25
第二种	50	50		
第三种	0	0	0	100
第四种	100	0	0	0
第五种	10	20	30	40
第六种	40	30	20	10
第七种	50	35	20	

2. 巧用共识演绎法

共识演绎法是一种在谈判中善于发现，并及时抓住对方谈判中与我方具有共识的某一观点，加以强调，并以此为基础，推出对我方有利的必然性结论，从而实现谈判目标的逻辑方法。

运用要点：

（1）作为逻辑推理的观点，必须是双方取得共识的；

（2）在对方确认上述观点时，一定不要让对方察觉；

（3）共识的推理观点必须要与结论有必然联系。

1978 年，我国用 10 亿人民币巨款从美国引进三套生产化肥的大型设备。其中有一套在调试运行期间，透平机转子叶片三次断裂，每次停机就要损失万元。中方与美方专家对事故各有不同的解释，美方认为是偶然事故，而中方专家经过仔细推算分析，认为转子叶片三次断裂是因为它的强度不够，属于设计的问题。依据这个判断，事故的责任在美方，美方不仅应更换设备，还应承担由此造成的一切经济损失。因为数额巨大，要使美方接受并不容易，这将是一场艰难的谈判。

为了说明他们产品没有质量问题，美方技术代表 S 总工程师强调，产品是严格依据世界著名透平权威特莱贝尔教授的理论进行设计的。中方技术代表孟庆集教授听到特莱贝尔这个名字，心头一亮，但表面上却非常平静，乘机插话说："我们赞同特莱贝尔教授的理论，它应当成为我们双方共同接受的准则。"他说这话时，由于是不动声色地说出的，所以对方没有引起警觉，没有产生危机感，反而认为中方在全局上赞同了他们的观点，S 总工程师显得非常得意。

孟教授说完以后，再强调一次："我们要尊重特莱贝尔教授的理论，钦佩他的才识。”然后停下来等待对方的反应，看到S总工程师频频点头后，孟教授才放了心。双方取得了共识。

但S总工程师点头之后，马上意识到危机，声明“不要再谈这些了”。孟教授岂肯放过，紧追不舍，他顺着S总工程师的话说下去：“特莱贝尔教授的理论是我们谈判的共同基础。你们的设计依据是特莱贝尔教授的理论，可教授在他的著作中一再强调‘激振力系数是很难取准、很难确定’的，那么你们依据教授的理论所设计的转子叶片的系数便是很难取准、很难确定。叶片三次断裂，并不在同一部位，其原因就不言自明了。”

最后通过四天谈判，以中方取得完全胜利而告终。其中，孟教授在双方的共识点上做文章，为谈判铺平了道路，发挥了至关重要的作用。

3. 关心对方所关心的事

想要别人关心我们，就必须先要关心别人。

——（罗马著名诗人）希拉斯

沟通一定要源自于真心，如果你想别人对你产生兴趣，就要谨记：对于对方的一切，要真挚地、发自内心地去关心，体现出兴趣来。

纽约某大银行主任查尔斯·华特，奉命调查一家公司的业务情况。华特知道有家实业公司的经理，对这情形最清楚，可以提供他所需要的资料，华特就去拜访那位经理。正当华特被引进经理室时，一个年轻女子由门外探头进来，告诉那位经理说，她那天没什么好邮票给他。

经理向那女郎点点头后，接着向华特解释说：“我在替我那十二岁的孩子收集邮票。”

华特坐下说明他的来意，就提出他的问题。可是那位经理却是含糊其词，概括笼统，不着边际地应付了一阵，很明显，他不愿意说。华特用尽了办法，也无法使他多说些，这次谈话简短枯燥，得不到一点要领。

华特说：“说实在的，我真不知该怎么办才好……后来，我突然想起他那个女秘书对他说的话，邮票、十二岁的小孩，同时我又想到，我们银行的国外汇兑部，常和世界各地通信，有不少平时少见的外国邮票，现在正可以派到用处。”

“第二天的下午，我再去拜访那位经理，同时传话进去，我有很多邮票，特地带来给他的儿子……你说，我是不是受到热烈的欢迎？那是当然的事，他紧握我的手，脸上满是喜悦的笑容。他看了看邮票，一再地说：“我的乔琪一定喜欢这一张……嗯，这一张更好，那是少有见到的。”

“我们谈了半个小时的邮票，还看他儿子的相片……随后，不需要我再开口了。他费了一个小时以上的时间，提供出各项我所需要的资料。他说完自己所知道的情形后，又把公司里的职员叫来问，接着还打了几个电话问他的朋友……而且还指出那家公司财产状况的各项报告、函件，使我得到一个极大的收获。”

只有你先关心客户，客户才会关心你！

克纳夫是费城一家煤厂的推销员，多年来他一直想把厂里的煤推销给一家连锁公司，但那家公司总是从市郊购煤，从来没买过他的煤。而且每次运煤，恰好都路过他的办公室，这实在令他气愤不已。为了这件事，克纳夫曾痛骂这个连锁公司，说它对国家有百害而无一利。

他嘴里这样说着，但心里还是很纳闷，为何那个公司死活都不肯买他的煤？于是，卡内基劝他尝试另一种方法，展开了一场辩论会，正方观点是：连锁公司的发展，对国家弊多利少。

根据卡内基的建议，克纳夫加入了反方，为那家连锁公司辩护。然后，卡内基鼓励他直接去找那家公司的负责人。

卡内基建议他见到那负责人后对他说：“我这回不是来推销煤的，我有别的事想请您帮忙。”讲明因辩论会的事而来后，他接着说：“没有人能比您对我方的题目更有发言权。我很想在辩论会中获胜，希望能够获得一些相关资料。”

接下来的情形，克纳夫这样叙述道：“我只要那个负责人给我 1 分钟的谈话时间，而他也终于肯见我。我说明来意后，他请我坐下。结果我们谈了 1 小时又 47 分钟。他给另外一家连锁机构的人打了电话，那人曾写过一本关于连锁商店的书。他甚至写信给全国连锁商店联合会，替我找来不少有助于辩论的文件。他觉得连锁商店真正做到了服务于社会，他对自己的工作深感自豪。谈话的时候，他两眼闪耀着兴奋的光芒。而对我来说，我必须承认我大开了眼界，使我进入了一个我从未曾想到去了解的领域。这一切改变了我对连锁商店的成见。”

“我要告辞时，他亲自送我，一手搭在我肩膀上，预祝我能在辩论会上获得胜利。还说记得把辩论情形和辩论结果告诉他。”

“最后，他对我说：到春末的时候，你再来看我，我愿意订购你们的煤。”

“这简直就是个奇迹，这么多年来，这次我只字未提煤的事，可是他却要买我的煤了。”

“由于我真诚地对他，在这两个小时内所得的成绩，竟比这 10 年来的努力所得还多。原因是我现在关心到他的切身问题，而以前我只是在使他注意我和我的煤。”

克纳夫所发现的，并不是一项新的真理，远在公元前 100 年，罗马的著名诗人希拉斯，就曾讲过：“要别人关心我们，我们先要关心别人。”所以如果你希望别人喜欢你，必须遵守的第一条守则是：对别人的一切，要真挚地、发自内心去关心，体会出兴趣来。

4. 黑脸—白脸策略

对你来说，父母亲是这个策略最早的示范者。

黑白脸策略在中外历史上由来已久，人们使用的频率远比你想象的要高。所以当你面对两个谈判对手时，一定要小心。这种策略会帮助你在不会导致任何对抗情绪的情况下，成功地给对方施加以压力。

应对黑脸白脸策略的最佳方式就是识破它。一旦对方发现被识破，就会因为尴尬而放弃。

美国商人霍华·休斯为了大量购买飞机而与飞机制造商的代表进行谈判。休斯要求在条约上写明他所提出的34项要求（其中11项要求是没有退让余地的，这对谈判对手是保留的）。对方不同意，双方各不相让，谈判中冲突激烈，硝烟四起，竟然发展到把休斯赶出了会场的地步。之后，休斯派他的谈判代表出面继续与对方磋商。他告诉自己的代理人，只要争取到34项中的11项没有退让余地的条款就心满意足了。这位代理人在经过了一番唇枪舌剑之后，竟然争取到了包括休斯所说的那11条在内的30项。休斯惊奇地问这位代理人，他是如何争取到如此辉煌的胜利的。这位代理人回答说："道理很简单，每当我同对手谈不到一块时，我就问对方：'您到底是希望同我解决这个问题，还是要留着这个问题等霍华·休斯同您解决？'结果，对方每次都同意了我的要求。"

其实，休斯和他的私人代表的出发点是一样的，但使用的手段不同，产生的效果就截然不同，这就是通常意义上的软硬兼施，黑脸与白脸效应。这种策略的做法是，先由黑脸上场，采取咄咄逼人的攻势，提出过分要求，长时间地在谈判桌上表演，而且还毫无让步的余地。他的傲慢无理，强硬态度，令对方产生反感。随后，由白脸出场，以温文尔雅的态度，诚恳的表情，合理的谈吐，获取对手的信任，从而取得谈判的最终胜利。

美国总统克林顿前谈判顾问罗杰·道森，当他在加利福尼亚那家大型房地产公司担任总裁时，曾有一家分店一直在赔钱。那家分店当时大约开张了一年时间，但与房东签订的租约是3年，也就是说，即便是赔钱，罗杰还要继续租两年时间。可无论如何努力，罗杰都没办法增加这家分店的收入，也没办法减少它的开支。按照合约，租金是每月1 700美元，这项开销几乎耗尽了这家分店的全部利润。

于是罗杰给房东打电话，向他解释了情况，希望他能够把房租降到每月1 400美元，这样还可以有些薄利。房东回答道："合约规定，你们还要续租两年，我也没办法。”罗杰用尽了所知道的各种谈判策略，还是没能让房东改变主意，似乎只能认命了。

最后，罗杰决定尝试使用黑脸—白脸策略，同时还要在时间上给对方施加压力。几个星期之后，罗杰在早晨五点半给他打了个电话：“关于租约，”罗杰说道，“我要告诉你的是，我非常同意你的观点。我签了3年的租约，到现在还有2年时间，毫无疑问，我们必须按租约办事。可现在出了点问题。再过半个小时我就要和董事会碰面了，他们想让我问你是否愿意把租金减少到1 400美元。如果你不答应，他们就会让我关掉这家分店。”

房东立刻表示抗议：“那样我会把你们告上法庭。”“我知道。我完全同意你的做法。”罗杰说，“而且我也完全支持你。可问题是，我必须向董事会交差。如果你威胁说要起诉，他们就会说，‘好吧，让他告吧。这可是洛杉矶，即使他起诉，恐怕要两年时间才能立案。

从他的反应看来，罗杰的黑脸—白脸策略立即产生了效果。只听他说道：“你愿意和他们交涉一下吗？我愿意把价格降到1 550美元，如果他们还是不能接受，1 500美元也可以。”

看看，这种方法是多么有效，它可以在不导致任何对抗情绪的情况下给对方施加压力。如果罗杰当初告诉他“去告我吧。恐怕要两年时间才能立案”的话，结果又会怎样？他很可能会大发雷霆，双方很可能会在今后两年纠缠个没完没了。通过使用一个模糊的更高权威作为己方的黑脸，这样就可以在不惹怒对方的情况下给他制造巨大的压力。

5. 中途变卦策略

许多善于谈判的人，常常会在双方已经商定好的基础上，又反悔变卦，抬高（或砍低）价格，而且往往能够如愿以偿。

中途变卦策略的作用还在于：变卦一方能够较好地遏制对手的进一步要求，从而更好地维护己方利益。

美国商人马科·麦克有一次代表公司交涉一项购买协议，对方起初开价50万元，他和公司 的成本分析人员都深信，只要用44万元就可以完成这笔交易。1个月后，他开始和对方谈判，但对方却又声明原先的报价有误，现在开价60万元，这反倒使马科·麦克先生怀疑自己原先的估计是否正确。直到最后，当他以50万元的价格与对方成交时，竟然感到非常满意。这是因为，他认为是以低于对手要价10万之差达成了交易，而对方则成功地遏制了他的进一步要求。

再举个例子，比如你的邻居说他最近家里有一台进口钢琴想转让，知道你家里的小孩喜欢乐器，所以前来问你有没有兴趣。你的第一反应是：“这听起来很好。我想我可以接受。”可你是一个非常聪明的谈判高手，所以你懂得这时应该扮演一位不情愿的买家。

于是你告诉自己的邻居：“非常感谢你给我这个机会，不过我这段时间太忙了，根本没有时间考虑买钢琴这事，我的小孩也许对小提琴感兴趣。不过没关系，你不妨说来听听，如果要的话，你们所能接受的最低价格是多少？”

可问题是，你的邻居最近也在学习谈判技巧，他知道不应该由自己提出价格。所以他说：“这个我们要商量一下，我也不知道家里想卖一个什么价格。我可以向他们建议一下，可我也不敢确定他们会怎么决定。”当你再次要求对方给出一个价格时，他最后会说：“我想他们很可能会要价 1 万元。”

这个价格比你预期的低多了，这可是名牌钢琴，你本来愿意付 1.5 万元，所以你的第一反应很可能是立刻高兴得跳起来。可你是一个很聪明的人，懂得对这个报价表现得大为吃惊（景老师以前讲过，还要加上肢体语言）：“1 万元！哦，不，我可出不了那么多钱。太贵了。说实话，8 000 元还差不多。如果他们能够接受这个价格，请告诉我，我们可以接着谈。”

第二天，邻居又来了，他开始使用中途变卦的策略：“非常抱歉，真是不好意思。我知道我们昨天讨论的价格是 1 万元，可我们家里人商量决定他们所能接受的最低价格不能少于 1.2 万元。”

这时候你会在心理上感到一种毁灭性的打击，主要有以下两个原因：

第一，因为你感觉是自己制造了这个麻烦。你会说：“天哪，我要是没听那个景楠老师的话就好了，要知道，我昨天本来可以用 1 万元买下来的。”

第二，你已经把这个消息告诉了你的家人和小孩，他们都很兴奋。而当你急于结束谈判时，你已经犯了谈判中的一个大忌。

于是你告诉对方：“哥们，你到底在说什么？你昨天说是 1 万元，可今天却又改成 1.2 万元，明天是不是该 1.4 万元了？这到底是怎么回事？”

对方说：“我也很不好意思，可是家里人（更高权威）是这么决定的。”你说：“帮帮忙吧，哥们。”于是他说：“我真的很不好意思。不如这样吧，我再去和他们商量商量，看看能怎么样（配合典型的黑脸—白脸策略，对吧？）要是我能给你把价格争取还是回到 1 万元，你能接受吗？”你说：“当然，我能接受。我想我会答应的。”然后双方就以 1 万元成交。因为这个策略确实非常有效。

注意事项：

如果对方在谈判过程中始终抱有善意，那么建议你不妨用其他方式来结束谈判。

只有当你觉得，对方一直在通过谈判来榨取你所有利润，直到把你逼到最底线，或者对方虽然想与你成交，但是总想多占你一点便宜的时候，就可以考虑采用此策略。

当然中途变卦策略有时也像一场赌博，所以使用时一定要选择好对象和时机。一旦有人对你使用这种策略，一定要立刻给予反击。你可以说，你先解决好你们自己内部的问题吧，然后双方再展开真正的谈判。

6. 善用时间压力，发出最后通牒

谈判学中的“帕累托法则”：在谈判中，双方所作出的80%的让步都是在最后20%的时间里完成的。

维尔弗雷多·帕累托（Vilfredo Pareto）从来没有研究过时间在谈判过程中所发挥的作用，但帕累托法则（简称80/20法则）却告诉我们，时间可以在谈判过程中给对方带来难以置信的压力。帕累托是19世纪的一名经济学家。他出生在巴黎，但一生中的大部分时间都是在意大利度过的。在意大利，他研究了财富在社会上的分布状况。在他所著的《政治经济学教程》一书当中，他指出，社会上80%的财富都集中在20%的人手中。

80/20法则，在许多不同的领域当中也都能得到体现。许多销售经理告诉我，80%的销售额都是由20%的销售人员完成的。于是他们想到自己应当解雇80%的销售人员，只留下那能够带来80%销售额的20%的销售人员。可问题是，当销售人员的人数只有以前的20%时，80/20法则仍然存在，在剩下的销售人员当中，仍然是20%名的销售人员带来80%的销售额，于是你只好继续裁员。学校老师告诉我，工作中80%的麻烦都是由20%的学生带来的。在我所举办的培训班当中，80%的问题都是由20%的学生提出来的。

在谈判过程中我们也可以看到，双方所作出的80%的让步都是在最后20%的谈判时间当中完成的。谈判双方在谈判初期很少会作出任何让步，如果其中一方在刚开始谈判时提出太多要求，对方很少可能会作出让步。

有些不道德的谈判者会利用时间压力来对付你。他们往往会在最后1分钟才同意你所提出的某些条件，即便是他们在刚开始谈判时就可以这样做。可即使如此，当你以为谈判已经结束，准备起草最终合同时，对方又会提出一些新的要求。因为他们知道，迫于时间压力，这时候你往往会更加灵活一些。

由于在谈判初期双方很少会作出任何让步，因此只有在谈判最后20%的时间里提出要求时，对方才更容易作出让步。

要想成功使用最后通牒，必须遵循以下4条原则：

（1）最后使用原则

要在对方必须别无选择的情况下使用，或者说他们必须有所投入才不会在游戏中收牌走人。对方应该毫无选择地按照你的要求来进行，这就好比蛋糕必须先送进烤箱进行焙烤成型后，然后才能在上面涂抹奶油一样。因此，最后通牒只有在谈判即将结束时才能使用，而不是刚刚开始就贸然摊牌。

（2）和声细语原则

绝不能使用轻蔑或强硬的语气来侵犯对方，婉转的语气总是比较容易接受的。强硬式的最后通牒，例如："卖，还是不卖！"是非常不可取的。轻柔的最后通牒往往是令人愉悦的，简单、轻松地就陈述了你目前的现状。比如，"我非常相信你的看法，也知道你目前的处境困难，当然你所有的要求都是正当的，但是你看，目前我就只有这么多。"

（3）真凭实据原则

捍卫你最后立场的比较聪明的做法，通常是使用书面的文件规定，或者是引用法律上的明确条款。这需要你预先准备好一些资料和证据，以支持你的立场。比如，"你是应该得到这个利润，我也希望我能付出，但是，我的预算就只有这么多。"

再比如："这么做会违反法定的工资缴税规定"，"组织上不允许我这么做"，"这和公司规定的不符啊"等，都是一些非常有效的招数。即使没有凭据支持，像下面的对话，也常常能够听到，它也影响着我们，比如："可是，我所有的朋友都同意啊！"，"我要是答应了，所有人都会向我要求同样的做法的！"

（4）有限范围选择原则

千万不要将对方逼入毫无选择的死胡同。决不要用"要，还是不要！"的口吻，至少，应该向对方提供两种选择，但其中一种选择明显是不可取的，而另一种选择看上去是合情合理的，要尽量让两种选择之间产生鲜明的对比。

在 1977 年 8 月，环球航空公司飞机遭劫机时有限范围选择原则曾起到过巨大作用。一伙克罗地亚暴徒劫持了一架从纽约飞往芝加哥的航班，劫机犯更改了飞行的航线，飞机转而经由蒙特利尔、纽芬兰、沙内、伦敦，最后停在了巴黎郊外的一个机场。在等待加油时，法国当局下令击破飞机的轮胎，这架飞机暂时无法起飞了。

飞机在跑道上停留了 3 天之久，最后法国警方让恐怖分子做有限范围的选择。部分谈话内容阐述如下："听着——美国警方已经抵达，你们如果现在同意投降，将人质交还美国的话，最高判你们 2 年至 4 年的监禁，这是最多的了。当然或许只有 10 个月就可以放出来。"

又等了一会儿，在给劫机分子一段时间的考虑之后，法国警方又继续说道："你们若是被我们逮捕的话，依据法国的法令，将会被判处死刑。好吧，现在——决定如何？”

你很难相信，劫机分子最终决定投降，并愿意接受美国法律的制裁！

提出最后通牒失败后的补救方法：

你可以被自己方面的新谈判者取代，让发出最后期限的人和最后期限一起成为过去。让我们用一个真实的案例证明——

安图森太太因车祸向保险公司提出索赔，他的律师米勒先生在同保险公司经过年的谈判后，于1975年1月10日提出“最后期限”如果不在此前赔偿32万美元，就起诉到法院。保险公司认为，即使上法院，损失也不会比这个数字更大，因而准备接受裁判。在开庭前夕，保险公司获悉，米勒已被另外一个律师替换。新律师（无疑是根据米勒的授意）向保险公司提出新的谈判期限，以及新的赔偿金额30万美元。最后保险公司同意了安图森太太的要求。

你可以提供导致你改变立场的最新资料，如市场行情变化，对方政府有关新政策的实施，从而使对方在不改变他的立场的条件下，你也能满足“最后期限”中表示的要求。

这些时候，你的语言技巧是让对手充分相信你所说的全是真的，而且从内心原谅了你，愿意同你继续谈下去。

如果对手对你收回“最后期限”耿耿于怀，穷追猛打，旧事重提，故意揭短，你应该表现出一种坦然的态度，说话的语言不可针锋相对，互相揭短，那样彼此伤了感情，离谈判破裂的时间也不远了。你应当像打太极拳一样，四两拨千斤，以情动人，以理服人，有礼有节，有证有据，感化对方，说服对方。因为你的用意无非就是想与对方继续谈判下去。打倒对方，不是我们的目的。曾有一位议员指责林肯总统对政敌过于温和，只知道去交朋友，而不去消灭他们。林肯只说了一句话：“我不正是在消灭他们吗？”

谈判高手应当始终记住：无论任何时候，都要给谈判对方足够的颜面，这样，他才会给你足够的利益。

7. 请将不如激将：激将法

激将法：使用富有刺激性的语言去激发对方的某种情感，使其情绪发生波动，以致在冲动情绪的驱使下，去做我们愿意想做的事。

激将法并不适合于任何人。一般来说，对于那些谨小慎微、性格内向、自卑感强的人并不适用。

早前，湖南卫视《我是歌手》收视率蹿高，火遍大江南北。节目组想邀请齐秦作为演唱歌手，但是考虑到他作为老辈成名歌手，和新生代歌手同台较量，心里肯定会思量一番。在遭到齐秦的经纪公司的拒绝后，评委张漫干脆直接找到齐秦，说："湖南卫视正在筹备《我是歌手》的节目，本来想邀请你登台演唱。但我想，这个节目采取的末位淘汰制。你是前辈，我担心你输了，面子上不好看。我想听听你的想法。

齐秦一听急了："你是说我怕输？这点自信我还是有的。不过话说回来，重在参与，即便是名次差点儿、淘汰了也不要紧，我输得起。面子上难堪点，但看到年轻人能青出于蓝而胜于蓝，我心里还是很高兴的。你不是叫我前辈吗，就算是我为年轻人做点事情吧。"

于是，齐秦加盟了《我是歌手》。

8. 最后一招

如果对方软硬不吃，在没招的情况下，只能是：

——以情动人。

当所有的招都不灵的时候，只能试试这最后一招了，如果运用恰当，将会非常凑效。

联想公司成立之初，曾与一家香港公司合作，利润对半分成。有一次，联想接到一笔中国轻工业部的业务。完成任务后，由于轻工业部付款是外汇结算，就全部打到香港公司的账上。

当香港公司把款寄过来时，柳传志发现，他们把本来属于联想的三万美元也给平分了。柳传志赶紧打电话跟他们谈，对方经理故意不接他的电话。

当时，柳传志的爱人因患甲状腺功能亢进，在北京友谊医院住院，需要马上动手术。柳传志没办法，还是马上和一个同事赶去了深圳。

柳传志到了深圳以后，跟香港公司电话联系，却没有一个负责人接电话。当天晚上，柳传志写了一封长信，有几十页，他一边写一边流泪，内容就是回忆当初他们挣这个钱多不容易。

柳传志在信中写道："我们公司有位老干部，来我们这里之前，在工厂当车间主任，已经是处级干部了。他为了这笔业务，专门到我们公司来做培训。在外面跑时，为了省车钱，不坐出租车而坐公共汽车，有时挤不上去，就走路。大雨天不小心掉到下水井里，差点淹死。事后，我非常难过。老人家这是为了啥？不就为了省下那点钱吗？还有装修机器的时候，因为房间小，不得不把机器在几个屋子里挪来挪去，结果，机器验收不仅仅是个技术活，都变成体力劳动了。我们的党支部书记老蔡，是1959年参加工作的老同志，20世纪80年代初就被评为副研究员，当时，有这个职称的人还是非常少的。就是这样的同事，也要来回搬机器，晚上我到他家去看他的时候，他的腰一直弯着直不起来。为了这一单业务，大家吃了很多苦。"

柳传志把这些事一件一件地往上写，边写边默默流眼泪，到最后竟然哽咽着哭了。

信写完后寄过去，对方被他真挚、恳切的言语深深感动，立刻来人调查情况。得知事情确实如此，就把钱还给了柳传志。

第十章

突破谈判僵局的技巧

10

在国际商务谈判中经常会发生这样一种情况：谈判到了一定阶段，双方都会有这样一种感觉，似乎已经退到不能再退的地步了，谈判已无法进行下去了。这就是人们通常所说的谈判陷入了僵局。

简单地讲，僵局之所以形成不外乎谈判双方的期望或对某一问题的立场和观点相差甚远，各自又不愿再作进一步的让步。发生这种情况后，必须迅速做出反应与处置，否则就真的难以挽回了。

应该说，来自不同国家或地区的谈判双方能坐到一起来，都是经过认真准备的，都是怀有合作诚意的。双方从各自所寻求的利益出发，都希望突破僵局使既存的分歧、差距得以消弭。突破僵局，首先就要了解僵局的性质和产生的原因，看看究竟在哪个问题上双方出现了不可消除的分歧，其原因是否就是像表面所反映的那样？在其背后有没有蕴藏着共同的利益？这种对峙只是暂时的碰撞，还是到了不可挽回的程度？只有对情况有通盘的掌握，并做出正确的判断，才能进一步采取相应的策略，选择有效方案，然后重新回到谈判桌前，解决令双方困扰的难题，为达成交易开辟道路。

一、国际商务谈判僵局的分析

许多人认为所谓谈判就是交换意见、达成一致、签订协议的过程，这是对谈判所作的狭义的理解。事实上，谈判是伴随整个合作过程的，是自始至终要进行的。在谈判中，双方观点、立场的交锋也持续不断，当利益冲突变得不可调和时，危机便出现了。因此，僵局的发生也是随时随地都有可能出现的。项目合作分为合同协议期和合同执行期，谈判僵局也就有了协议期的谈判僵局和执行期的谈判僵局两大类。前者是双方在磋商合作条件过程中意见产生矛盾而形成的僵持局面，后者是指在执行项目合同过程中双方对合同条款理解不同产生分歧，或出现双方始料未及的情况而把责任推向对方，或一方未能严格履行协议引起另一方的严重不满等，由此引起对责任分担的争议。

若对谈判持狭义的理解，也就是从签订合作协议的一场谈判来看，僵局可以发生在谈判的初期、中期或后期等不同阶段。谈判初期主要是双方彼此熟悉、了解、建立融洽气氛的阶段，双方对谈判都充满了期待。因此，谈判初期僵局一般不会发生，除非由于误解，由于双方对谈判准备得不够充分等原因，使一方感情受到很大伤害而有可能导致谈判草草收场，通常僵局是很少在这个阶段发生的。

谈判的中期是谈判的实质性阶段，双方要就有关技术、价格、合同条款等进行详尽讨论、协商，此时隐含于合作条件中各自利益的差异就可能使谈判暂时朝着使双方难以统一的方向发展，产生谈判中期僵局。例如，在建立中外合资企业的谈判中，中外双方对各自投资比例大小会产生分歧。有些国外大公司认为他掌握了先进的技术，因此他在合资企业中一定要占 50% 以上股权，以达到控股目的；而中方合伙人则可能认为，外方提供的技术并不是独家所有，而今后的产品在国内市场却又很大的潜力，因此为何一定要让外方控股以将更多的利益拱手相让呢？于是就会僵持不下。此种僵局在谈判中期常常会此消彼长，反反复复。有些僵局通过双方重新做出沟通、矛盾便可迎刃而解，有些则因双方都不愿在关键问题上退让而使谈判长时间悬而难决。因此，中期僵局主要表现出纷繁多变的特点，谈判的破裂经常发生在这一阶段。

谈判后期是双方达成协议阶段，在解决了技术、价格这些关键问题后，还有就诸如项目验收程序、付款条件等执行细节进行商议，特别是合同条款的措词、语气经常容易引起争议。虽然合作双方的总体利益及其各自利益的划分已经通过谈判确认，但只要正式的合同尚未签订，总会留有未尽的权利、责任、义务、利益和一些细节尚需确认与划分。在大局已定的情况下，只需一方表现得大度一些，稍作让步便可为谈判画上圆满的句号。所以谈判后期产生僵局一般不会像中期那样棘手，但是这个时期的僵局仍然轻视不得，如果掉以轻心，有时仍会出现重大问题，甚至前功尽弃。

通常一个大型项目的谈判又可以分成若干个子项目的谈判，有时，整个项目的合作条件很快通过谈判得以确定，而个别子项目的谈判却会出现僵持的局面。尽管这种子项目的合同标的金额占整个项目的比例不大，但是只要其标的的金额大到足以令合作双方感到有吸引力，那么，由于这种利益的划分而产生争执也就不足为怪了。

以谈判的具体内容来看，不同的谈判主题都会使谈判陷入僵局，例如，标的的技术要求、项目的合同价格，项目实施的进度安排及其交付使用期限、履约地点、验收标准与验收程序、付款条件、违约责任等，也就是说只要可能写入合同文本的内容都有可能成为谈判僵局的导火线。值得一提的是，国际商务合作经常需要以多种文字的合同确定下来，因此合同的措词很值得研究，特别是对同一事件的表述方式在合作双方各自母语中各不相同，往往会有多种解释，以致造成分歧。当谈判双方对合同的理解引起分歧与争议时，该以何种文本为准常常成为谈判桌上最后的争执。当然，在所有可能导致谈判僵局的谈判主题中，价格是最敏感的，是产生僵局频率最高的一个方面。国际商务谈判自然也不例外。

在谈判进行过程中，僵局无论何时都有可能发生，任何主题都有可能形成分歧与对立。表面上看，僵局表现的时机与形式、对峙程度的高低是令人眼花缭乱，不可名状的。然而，谈判陷入危机往往是由于双方感到在多方面谈判中期望相差甚远，并且在各个主题上这些差异相互交织在一起，难以出现缓解的迹象，因而造成谈判僵局的原因可能是多方面的。

如果对这些原因没有准确的判断与适度的把握，那就像一个医生由于诊断失误而不能对症下药一样，突破僵局也就无从谈起。然而，即使一个复杂的僵持局面是由各种因素交错作用的结果，那么，冷静下来仔细地分析一番，其原因也不外乎是以下几个方面：

1. 立场争执

让我们先看看生活中的这样一个例子：图书馆里一片寂静，然而两个邻座的读者却为了一件小事发生了争执。一个想打开临街的窗户让空气清新一些，保持头脑清醒，有利于提高读书的效率；一个想关窗不让外面的噪音进来，保持室内的安静，以利于看书。二人争论了半天，却未能找到双方满意的解决方法。这时，管理员走过来，问其中一位读者为什么要开窗，答曰：“使空气流通。”她又问另一位为什么关窗，答曰：“避免噪音。”管理员想了一会儿，随之打开另一侧面对花园的窗户，既让空气得到流通，又避免了噪音干扰，同时满足了双方的要求。又如，在中美恢复外交关系的谈判中，双方在公报如何表述台湾的问题上发生了争执。中方认为台湾是中国领土的一部分，而美方不想得罪台湾当局，双方谈判代表为此相持不下，绞尽脑汁。最后，在上海公报里，用了“台湾海峡两岸的中国人”。这种巧妙的提法，使双方的立场冲突得到了缓解，“上海公报”得以诞生。

这是两个由立场性争执导致谈判僵局的典型例子，在第一个例子中两位读者只在开窗或关窗上坚持自己的主张，谁也不愿让步。在这种争执中，当对方越坚持，你就越会抱住自己的立场不变；你真正的利益被这种表面的立场所掩盖，而且为了维护自己的面子，非但不愿做出让步，反而会用顽强的意志来迫使对方改变立场。于是，谈判变成了一种意志力的较量。在后一个例子里，中美两国的谈判代表在如何称谓中国台湾的问题上都认为，这是关系到本国政府外交政策的重大立场性问题，不肯轻易让步。这时如果找不到适当的措词，公报就不能产生，谈判自然陷入困境。

所以谈判双方在立场上关注越多，就越不能调和双方利益，也就越不可能达成协议。或者即使最终达成了协议，那也只是图书馆的窗子“只开一条缝”或“半开”、或“开四分之三”之类的妥协，这种妥协撇开了那位管理员所注意到的事实，即双方达到目的的途径分别是“空气流通”和“避免噪音”，因而也就不可能使双方都得到充分满意。相反，由于谈判者都不想太快做出让步，或以退出谈判作要挟，或步步为营。这些做法增加了达成协议的困难，拖延了时间，甚至使谈判一方或双方丧失信心与兴趣，使谈判以破裂告终。

所以，纠缠于立场性争执是低效率的谈判方式，它撇开了双方各自的潜在利益，不容易达成明智的协议，而且由于久争不下，它还会直接损害双方的感情，谈判者要为此付出巨大代价。可惜的是，对于谈判者来讲，立场性争执是他们在谈判中最容易犯的错误，由此造成的僵局也是最常见的一种。

2. 强迫手段

强迫，对于谈判来说是具有破坏性的，因为强迫意味着不平等、不合理，意味着恃强欺弱，这是与谈判的平等原则相悖的，是与“谈判不是一场竞技赛”，“成功谈判最终造就两个胜利者”的思想相悖的。

我们已专门讨论了在国际商务谈判中，任何一方恃强威胁、逼迫对方会带来风险的问题。当谈判一方觉得风险责任与风险收益不均衡时，在谈判形态上就会出现僵持不下的局面，因为接受那种无谓的风险或损益期望失衡的风险，就意味着接受不公平，意味着屈服强权，这是任何理智的谈判者都会予以抵制的。强迫造成的谈判僵局是一种常见病。

在国际商务交往中，某些外商会要求我方向派往我国外方的工作人员支付过高报酬，或要求低价包销由其转让技术所生产的市场旺销产品，或强求购买他们已经淘汰的设备等，否则，就以取消贷款、停止许可证贸易等条件相威胁。相反，我国的一些企业有时也会由于担心吃亏而采取过分的立场，强迫那些渴望合作的外商接受他们难以接受的条件，那种做法看起来立场十分坚定，但并不符合我国根本利益，是一种幼稚的做法。在我们所剖析过的案例中，如中方 P 公司强迫W公司承担技术转让的连带责任，造成谈判陷入僵局的情况。又如上海某项扩建改造工程中，要求外方将其设备、材料存放在上海的施工现场，企图以此来保证工程的进度，然而在外方看来这是强迫他们承担设备、材料损失的风险，为此相应提高了工程造价，造成双方在项目价格上相持不下的僵局，如此等等。这些都是在国际商务合作中常犯的担心失误、过分小心的毛病。

不管怎样，谈判中由某一方采取了强迫手段而使谈判陷入僵局的事实是经常发生的。况且在国际商务谈判中，除了经济利益的考虑外，谈判者还有维护国家、企业及自身尊严的需要。因此，他们越是受到逼迫，就越是不会退让，谈判的僵局就更加难以避免，僵局就越发难以被打破。

3. 沟通障碍

人与人之间的沟通恰好与两列火车相向而行的状况相反，两列相向而行的火车在不同的轨道上运行，就不会发生碰撞，对于列车来讲这是最安全的安排。但对于人与人之间的沟通来讲，双方如果都是各行其是、自说自话，就不可能有思想交锋，就不可能有沟通。列车在同一轨道上相向而行会导致列车相撞的悲剧，但以人们相互交流的目的来衡量，只有碰撞才是值得庆幸的事，只有碰撞才会有沟通，碰撞了才会知道这条轨道通不通。

以商务谈判而言，有时谈判进行了很长时间却无甚进展，甚至双方争论了半天，搞得很不愉快，使谈判陷入了僵局，然而双方冷静地回顾了争论的各个方面，结果却发现彼此争论的根本不是一回事，此种谈判僵局就是由沟通障碍引起的。

沟通障碍就是指谈判双方在交流彼此情况、观点，洽商合作意向、交易的条件等的过程中所可能遇到的由于主观与客观的原因所造成的理解障碍。

第一种沟通障碍是由于双方文化背景的差异，一方语言中的某些特别表述难以用另一种语言表述而造成误解。我曾陪同某跨国公司总裁访问一家中国著名的制造企业，商讨合作发展事宜。中方总经理很自豪地向客人介绍说："我公司是中国二级企业，……"此时，译员很自然地用"Second-Class Enterprise"来表述。不料，该跨国公司总裁闻此，原本很高的兴致突然冷淡下来，敷衍了几句立即起身告辞。在归途中，他向我抱怨道："我怎么能同一个中国的二流企业合作？"可见，一个小小的沟通障碍会直接影响到合作的可能与否。美国商人谈及与日本人打交道的经历时说："日本人在会谈过程中不停地'Hi'、'Hi'，原以为日本人完全赞同我的观点，后来才知道日本人只不过表示听明白了我的意思而已，除此之外，别无他意。"

第二种沟通障碍是一方虽已知悉却未能理解另一方所提供的信息内容。（信息不对称）这是因为接受信息者对信息的理解受其职业习惯、受教育的程度以及为某些领域内的专业知识所制约。有时表面上看来，接受信息者似已完全理解了，但实际上这种理解却常常是主观、片面的，甚至往往与信息内容的实质情况完全相反。这种情况是有关沟通障碍案例中最常见的。如一次关于成套设备引进的谈判中，某市的谈判班子对外方所提供的资料做了研究，认为对方提供的报价是附带维修配件的，于是按此思路与外方进行了一系列的洽谈，然而在草拟合同时，发现对方所说的附带维修配件，其实是指一些附属设备的配件，而主机配件并不包括在内，需要另行订购。这样，我方指责对方出尔反尔，而对方认为我们是故意作梗。事后中方仔细核对原文，发现所提及的"附带维修配件"只是在谈判附属设备时出现过。而中方误以为对所有设备提供备件。其实，这种僵局是完全由于沟通障碍所造成的，是我方未能正确理解对方的意见，作了错误的判断所造成的。

第三种沟通障碍是一方虽已理解却不愿接受这种理解。因为他是否能够接受现实，往往受其心理因素的影响，包括对对方的态度、与对方以往打交道的经历，以及个人的成见等。我国曾获得一笔某国际金融组织贷款用以建造一条二级公路。按理说，这对于我国现有筑路工艺技术和管理水平来说是一件比较简单的事情。然而负责这个项目的某国际金融组织官员却坚持要求我们聘请外国专家参与管理，这就意味着我们要大大增加在该项目上的开支，于是我们表示不能同意。我们在谈判中向该官员详细介绍了我们的筑路水平，并提供了有关资料。这位官员虽然提不出疑问，但由于以往缺乏对中国的了解，或是受偏见支配，他不愿放弃原来的要求，这时谈判似乎已经陷入了僵局。为此，我们就特地请他去看了我国自行设计建造的几条高水准公路，并由有关专家作了详细的说明和介绍。正所谓百闻不如一见，心存疑虑的国际金融组织官员总算彻底信服了。

由于谈判主要是靠面对面地"讲"和"听"来进行的。即使一方完全听清了另一方的讲话，予以了正确地理解，而且也能接受这种理解，但仍并不意味着就能完全把握对方所要表达的意思。孔子说过："书不尽言，言不尽意。"可见，有时沟通障碍还由于表达者本身的表达能力有限造成。在不少国际商务谈判中，由于翻译人员介于其中，双方所有的信息在传递过程，都要被多转换一次，这种转换必然要受到翻译人员的语言水平、专业知识、理解能力以及表达能力等因素的影响。依据传播学理论，这些影响因素就构成了对传播过程中的信息起干扰作用的"噪音"。噪音干扰使一方最终接受的信息与另一方最初发出的信息之间形成了一定的差异性，这方面的例子很多，不胜枚举。

信息沟通一般不仅有真实、准确的要求，而且还有及时迅速的要求，涉外谈判中的翻译人员主要从事现场口译工作，即要将一方发言立即用另一种语言传递给另一方，这增加了信息准确传递的难度。有一个非常流行的游戏：在教室里，教师将同一句话写在若干张纸条上，交给第一排学生，让他们看过后立即悄声传给后排同学，以此类递，看哪一列传话最快，同时最后一名学生所得信息与纸条上的原话又最吻合。可结果往往是最后一排学生中谁也不能提供完整的答案，有的甚至与原话大相径庭，闹了笑话。使用母语传递信息尚且如此，以非母语来迅速传递信息就更难免信息失真了。

信息传递过程中的失真会使谈判双方产生误解而出现争执，并因此使谈判陷入僵局。除了口头传递会导致信息失真以外，对文字材料的不同理解也是双方沟通中产生误解的原因之一，这同涉外谈判中口头翻译的情况相类似。因此，谈判双方对确定何种文本的合同为准，合同条款如何措词都会非常谨慎，双方都想避免由于对合同的不同理解而造成对自身的不利影响。尽管人们重视合同的语言问题，但由此产生理解上的差距仍时有发生，因此合同的执行陷入僵局，并使谈判人员重新回到谈判桌前，这些都是由于沟通障碍所造成的。

4. 人员素质

谈判人员素质始终是谈判能否成功的重要因素，尤其是当双方合作的客观条件良好、共同利益较一致时，谈判人员素质高低往往会起决定作用。

我们已经详细讨论了谈判中各种风险状况及其缘由，我们指出除谈判人员因素质本身需对某些风险负责外——事实上，谈判人员的无知，好自我表现，怕担责任等不仅会给谈判与交易带来风险，而且也是造成谈判僵局的重要原因——在总体上，有些风险是否产生以及损失大小也在一定程度上取决于谈判人员的素质，如果对这种风险的预知存在严重差异，双方在谈判中对于利益的考虑与划分就会不一致，于是谈判就极易陷入对峙状况。

在深入分析由立场性争执、强迫手段、沟通障碍引起的谈判僵局的原因中，我们已经发现谈判人员素质缺陷的影子。除此之外，不适宜地采用隐瞒真相、拖延时间、最后通牒等手段也是导致谈判过程受阻、对方感情受损的经常性原因。这些手段的失误追根究底大多在于谈判人员素质方面。

因此，无论是谈判人员作风方面的，还是知识经验、策略技巧方面的不足或失误都有可能造成谈判僵局乃至败局。这也就是反复强调谈判人员素质重要的原因所在。(你现在的工作作风)

5. 合理要求的差距

如果谈判僵局都是由上述各种原因造成，那么这些僵局无论以什么形式出现，就其本质而言，谈判僵局与合作项目背后所隐含的一致利益相比较就显得缺乏理性。因此看来，谈判的这类僵局似乎都是可以避免的，或至少是可以打破的。

然而，当你走进一家汽车商店，看见一辆标价 10 000 美元的红色敞篷轿车，你情不自禁地想买下来。但你手上只有 8 000 美元，并且你最多也只愿支付这个数。于是你与店主开始讨价还价，你采用一切手段想证明你非常渴望得到这辆车，并运用各种技巧让店主相信你的出价是合理的。你达到了被理解的目的，可是店主只愿打 5% 的折扣，并告诉你这是他的最优惠条件了。这时谈判已陷入僵局，其实谁也没有过错，从各自角度看，双方坚持的成交条件也是合理的。只要双方都想从这桩交易中获得所期望的好处而不肯作进一步的让步时，那么这桩交易就是没希望成功的。究其原因，就是双方合理要求差距太大。看来，你无法用 8 000 美元得到那辆红色敞篷轿车。

许多国际商务谈判与此相仿，即使双方都表现出十分友好、坦诚与积极的态度，但是如果双方对各自所期望的收益存在很大差距，那么谈判就会搁浅。当这种差距难以弥合时那么合作必然走向流产。比如，世界橡胶业某跨国公司自恃拥有世界上最先进的工艺技术，在全世界各地设立合资企业，都要求占有 50% 以上的股份，并声称否则就不转让技术。近百年来，他的这种方针一直没有改变。20 世纪 90 年代初，它很有兴趣来华投资，并选择我国某主要轮胎公司作为合作对象，拟在中国设立合资企业。但当中方根据自己在国内市场的地位，提出中方必须占 50% 以上股份时，该跨国公司宁愿放弃中国这位最好的合作伙伴，退而求其次。当然，这种合理要求的差异也不一定不可通过谈判来弥合。另一家跨国公司是世界电气领域的领导者，它同中国企业谈判建立合资企业时，原本也坚持这种控股政策，后来通过反复沟通，不断增进彼此了解，双方认识趋于一致，即要致力于长期合作，着眼于长期利益。于是，外方最终同意在合资企业中只要拥有 30% 的股权，而不影响其先进技术向合资企业的转移。

当然谈判就此暂停乃至最终破裂都不是绝对的坏事。谈判暂停，可以使双方都有机会重新审慎地回顾各自谈判的出发点，既能维护各自的合理利益又注意挖掘双方的共同利益。如果双方都逐渐认识到弥补现存的差距是值得的，并愿采取相应的措施，包括做出必要的进一步妥协，那么这样的谈判结果也真实地符合谈判原本的目的。即使出现了谈判破裂，也可以避免非理性的合作——这种合作不能同时给双方都带来利益上的满足。有些谈判似乎形成了一胜一负的结局，实际上失败的一方往往会以各种方式来弥补自己的损失，甚至以各种隐蔽方式挖另一方墙角，结果导致双方都得不偿失。

所以谈判破裂也并不总是以不欢而散告终的。双方通过谈判，即使没有成交，但彼此之间加深了了解，增进了信任，并为日后的有效合作打下了良好基础，这看来也并非坏事。可以说，在双方条件相距甚远的情况下，一场未达成协议的谈判也可能带来意外收获。只要冷静地、审慎地看待谈判结果，就会发现达成协议并非是谈判的唯一目标，在许多情况下，即使谈判没有成功，也会为谈判者带来收获，当然这不是直接的收获，而是间接的收获，从这一点看，经过长时间的谈判，最终未能达成协议不一定就是坏事，有时倒是有意义的好事。

尽管造成谈判僵局的原因很多，但究其原因不外乎上述几种。当我们确切把握导致一个僵局的症结所在，我们就如同大夫找到了病因一样，接下去的任务就是对症下药，开出有效的药方了。在一场商务谈判中，僵局的发生常常是难免的。然而僵局又是为了被打破而存在的，否则任何谈判都有可能是一场徒劳无益的空谈。

二、突破僵局的技巧

要突破僵局，除了要了解僵局产生的原因以外，还要了解僵局的具体内容和原因，要搞清楚谈判双方是在哪些环节上产生了分歧，是价格问题？还是责任分担问题？抑或是合同条款与国家某些政策规定存在矛盾？等等。在这样的基础上，就可进一步来估计目前谈判所面临的形势，我们要研究先前谈判的备忘录，认真检查一下自己曾经做出的哪些许诺和自己可能在哪些问题上存在的不当之处，并进而认真分析对方为什么在这些问题上不愿让步，困难在什么地方，特别要想方设法找出那个造成僵局的关键问题（Key Point），找出对方在谈判中起制约作用的关键人物（Key Person），然后，要认清自己在谈判中受哪些因素制约，如时间制约、资金制约、国家政策规定制约等，并主动做好与有关方面的疏通工作，寻求理解、帮助与支持，通过内部协调，我们就可对自己的进退方针、分寸做出大致的选择。随之，我们就要认真研究突破僵局的具体策略，确定整体行动方案。最后，一待各项准备工作完成，就可实施突破僵局的计划了。

在整个计划的策划过程中，找出关键问题和关键人物是突破僵局的关键。所谓找出关键问题就是指要确切认识造成僵局的关键所在，否则纵有千万条对策，也会如病急乱投医一般，没把病人医好，反把病人给治死了。而要找出关键人物，是因为对方参与突破的人可能有很多，但真正起举足轻重作用的往往只有一两个人，故因人而异常常可达到事半功倍的效果。

我们曾经指出，国际商务谈判总的指导思想应该是“互相了解、互相信任、互惠互利、长期合作”，对于谈判整个过程是如此，对于谈判过程的环节之一——僵局突破而言，我们所有的策略也应该建立在这个认识基础之上。

1. 力求客观（据理力争）

在某些谈判中，尽管主要方面双方有共同利益，但在一些具体问题上双方存在利益冲突，而又都不肯让步。这种争执对于谈判全局而言可能是无足轻重的，但处理不当，由此成为导火线，就会使整个合作事宜陷入泥潭。由于谈判双方可能固执己见，因此不找到一项超越双方利益的方案，就难以打破这种僵持。这时，设法建立一项客观的准则——让双方都认为是公平的，既不损害任何一方面子，又易于实行的办事原则、程序或衡量事物的标准——往往是一种一解百解的枢纽型策略。

比如，兄弟俩为分一个苹果吃而争吵，谁都想得到稍大的那一半。于是做父亲的出来调停了：你们都别吵，我有个建议，你们中一个人切苹果，由另一个人先挑，这样分好吗？父亲提出了一个简单的程序性建议，兄弟俩就马上停止了争吵，而且会变得相互谦让起来。

生活中这样的例子在国际政治、经济事务纠葛的实际处理中也屡见不鲜。来看电影《东京审判》中的例子。1945 年 7 月，中国政府派法官梅汝璈参加了设在日本东京的远东国际军事法庭对二次大战战犯的审判工作。法庭庭长经盟军最高统帅麦克·阿瑟指定由澳大利亚法官韦伯担任。庭长坐审判席中央的首席是不言而喻的。由于美国在结束战争中的特殊作用，由美国法官坐庭长右手的第二把交椅也似成定局，那么谁应该坐庭长左侧的第三把交椅呢？各国法官争论激烈。

梅法官意识到自己是代表中国而来的，因此为了国家利益，也要设法争取坐上第三把交椅。于是他当众宣布："若论个人座次，我本不在意，但既然我们都代表各自国家，则我尚需请示本国政府。"若果真如此，除澳、美以外其他九国法官都要请示本国政府，势必造成时间耽搁。若九国政府意见不一要再度协商，则不知何时能定好座次开庭。

正当各国法官不知所措之际，梅法官又提议道：以日本投降时各受降国签字顺序排列法庭座次最为合理。对此超脱各自利益的客观准则，大家一时也提不出异议。

然而开庭前一天预演时，庭长韦伯突然宣布法官入场顺序是美、英、中、苏……。梅法官意识到若预演时默认遵行，那么次日开庭座次就因袭而定，无法更改了。于是他当即脱下黑色法袍、拒绝登台。他提出："既然我对法庭座次的建议在同仁中无甚异议，我请求立即对我的建议表决。否则，我只有不参加预演，回国向政府辞职。"

庭长韦伯在梅法官又一客观原则——进行表决面前提不出更好的想法，只得召集众法官表决，结果大家都同意接受在日本投降书上受降国的签字顺序进行座次的安排。而这个签字的顺序是美、中、苏、加……。于是就按这个次序排定了法官入场顺序和座次。梅汝璈被安排在第三个入场并坐在庭长左边的第三把座椅上。

事实上，法官座次与在投降书上签字顺序并无必然联系。但当谈判各方众说纷纭，各执己见时，能提出一个超越当事人争执点的客观原则，它就有可能被认为是公正的、现实的，且易于为大家所接受。虽然，这一原则不一定是最合理的，甚至带有某种偏向性，但由于没有更好的替代方案，因而难以被驳倒。因此谈判中，善于运用这一策略就有可能有效地突破僵局，并不失时机地维护自己的利益。

2. 关注利益

谈判者是为了自身的利益坐到一起来的，然而在实际谈判中，谈判人员往往把更多的注意力集中在各自所持的立场上，当双方的立场出现矛盾或对立时，僵局就不可避免了。虽然谈判者的立场是根据自己的认识与判断所做出的，但形成这种立场的关键则是利益。有趣的是，在双方处于僵持状态时，谈判者似乎并不愿再去考虑双方潜在的利益到底是什么，而是一味地希望通过坚持自己的立场来“赢”得谈判。这种偏离谈判的出发点，错误地把谈判看作是“胜负战”的做法，其结果只会加剧僵局本身。

若重新把注意力集中于立场背后的利益，就可能给谈判带来新希望。比如：一家百货公司计划在市郊建立一个购物中心，而选中的土地使用权归张桥村所有。百货公司愿意出价 100 万元买下使用权，而张桥村却坚持要 200 万元。经过几轮谈判，百货公司的出价上升到 120 万元，张桥村的还价降到 180 万元，双方再也不肯让不了，谈判陷入了僵局。看起来，张桥村坚持的是维护村民利益的立场，因为农民以土地为本，失去了这片耕地的使用权，他们就没有很多选择，只是想多要一些钱自办一家机械厂，另谋出路。而百货公司站在维护国家利益的立场上，因为百货公司是国有企业，让步到 120 万已经多次请示上级后才定下来的，他们想在购买土地使用权上省下一些钱，用于扩大商场规模。然而冷静地审视双方的利益，则可发现双方对立的立场背后存在着共同利益，失去土地的农民要办一家机械厂谈何容易，而百货公司要扩大商场规模，就要招募一大批售货员，这也是迫在眉睫的事。早些将项目谈成，让购物中心快点建起来，依靠购物中心吸纳大量农村劳动力，既可解决农民谋生问题，又可解决补充售货员的困难，成为双方共同的利益所在。于是，双方就有了共同的目标，很快就找到了突破僵局的方案。方案之一，按 120 万成交，但商场建成后必须为张桥村每户提供一个就业的名额；方案之二，张桥村以地皮价 120 万入股，待购物中心建成后，划出一部分由农民自己经商，以解决生活出路问题。于是双方的需要即刻得到满足，谈判就顺利地突破了僵局，进入两个方案的比较与选择中去，不久协议就很容易地达成了。

所以在谈判中，在对立立场背后所存在的共同性利益，常常大于冲突性利益，认识和发现到这一点，就为谈判僵局突破带来了契机。

3. 角色移位

所谓角色移位，简单地讲就是要设身处地，从对方角度来观察问题。这是谈判双方实现有效沟通的重要方式。当我们多一些从对方角度来思考问题，或设法引导对方站到我方的立场上来思考问题，就能多一些彼此的理解。这时消除误解与分歧，找到更多的共同点，构筑双方都能接受的方案，有积极的推动作用。

在我参加涉外谈判时，常常有这种经历，有时谈判陷入僵局了，我总是先审视我方提的条件是不是合理，是不是有利于双方合作关系的长期发展，然后再从对方的角度看看他们所提的条件是不是有道理。如果善于用对方思考问题的方式进行分析，会获得更多突破僵局的思路。有时，这种换位思考是很有效的，一方面可以使自己保持心平气和，可以在谈判中以通情达理的口吻表达我们的观点；另一方面可以从对方的角度提出解决僵局的方案，这些方案有时确实是对方所忽视的，所以一旦提出，就很容易为对方所接受，使谈判顺利地进行下去。比如第二次世界大战后，一些新兴的工业化国家和地区迅速崛起（亚洲四小龙），现在我国与这些国家和地区的商务交往也越来越多。在同这些国家和地区的厂商打交道中，我们会发现他们有时会提出一些过分的要求，如要求我们购买他们的虽非常先进但与我们看来却不太经济的设备，这与我方的要求相距甚远。当遇到这种谈判僵局时，我们就可以设法引导他们设身处地地从我们的角度多考虑，“我们投在这个项目上的资金是有限的，因为我们国家目前的状况同你们国家在第二次世界大战后的一段时期内的情形是相似的。你们国家当初要发展，也是非常希望获得高投入产出比的。为什么今天我们要把一分钱掰作两半用时，你们就不能理解了呢?”这样的提问容易使对方产生一种认同感，从而把合作条件恢复到合理的水准上来。

4. 借用外力

在国际政治事务中，特别是国家间、地区间冲突中，由第三者出面作中间人进行斡旋，往往会获得意想不到的效果。能充分说明这一事实的最近的例子，便是巴勒斯坦与以色列在国际社会的调停下，终于达成了和平协议，使中东的紧张局势得到了缓解。

国际商务谈判也完全可以运用这一方法来帮助双方有效地消除谈判中的分歧，特别是当谈判双方进入立场严重对峙、谁也不愿让步的状态时，找到一位中间人来帮助调解，有时能很快使双方立场出现松动。

当谈判双方严重对峙而陷入僵局时，双方信息沟通就会发生严重障碍，互不信任，互相存在偏见甚至敌意，这时由第三者出面斡旋可以为双方保全面子，使双方感到公平，信息交流可以变得畅通起来。中间人在充分听取各方解释、申辩的基础上，能很快找到双方冲突的焦点，分析其背后所隐含的利益分歧，据此寻求弥合这种分歧的途径。谈判双方之所以自己不能这样做，主要还是“不识庐山真面目，只缘身在此山中”。

与国际政治事务冲突不同，国际商务谈判中的中间人主要是由谈判者自己挑选的。无论哪一方，它所确定的斡旋者应该是为对方所熟识，为对方所接受的，否则就很难发挥其应有作用。因此这就成了谈判一方为打破僵局而主动采取的措施。在选择中间人时不仅要考虑其能体现公正性，而且还要考虑其是否具有权威性。这种权威性是使对方逐步受中间人影响，最终转变强硬立场的重要力量。而主动运用借助中间人策略的谈判者就是希望通过中间人的作用，将自己的意志转化为中间人的意志来达到这一目的。

在实际谈判中，这种充当力量传递媒介的中间人可以是独立于谈判双方的第三者，也可以是与双方都有利益者，甚至选择一位对方集团中对对方谈判人员有实际影响力的关键人物作为突破口，借以劝服对方撤走设置在谈判桌上的防线，这往往也是一种非常有效而又简洁明快的做法。

5. 利用矛盾

一个谈判者要善于抓住谈判对手阵营中的矛盾，把它作为谈判僵局的突破口。有时僵局倒不是双方协调不够造成的，恰恰是对方自身内部矛盾的结果，这时以其之矛、攻其之盾，就会使对方陷入进退两难的尴尬境地。利用对方内部的矛盾进行巧妙的谈判与斗争，使对方不得不付出造成谈判僵局的代价。突破僵局的责任要由对方来负，就会促使对方寻找突破口，这样无形之中，僵局就会被逐步地“消化”掉。

如我们曾从 F 国获得了 2 000 万美元的政府贷款，合同签订后发生了一些国际纠纷，两国的贸易开始下降，贷款协议迟迟不能生效，延误了时间，这给一个获得几百万美元合同的 F 国公司造成了一些损失。于是该公司就要求将合同价格提高 4%，否则就要取消合作生产计划。这个项目对于我们来说相当重要，而我们又已经将有限的资金，作了各种分配安排。如果答应了这个公司的提价要求，开了先例，其他几家厂商也会趁机要挟，这样后果不堪设想。

形势一下变得非常严峻。通过冷静分析，我们认为只有将矛盾引向F国内部才能争取在谈判中的主动权。于是我们一方面明确表示不能接受对方要求，一方面做工作："对于贵公司的意外损失，我们深表同情，对于贵公司所提出的价格要求我们表示理解。然而整个过程是由于贵国政府基于对中国形势的错误估计而做出的错误决策所造成的，由此使我们在贵国的许多合作伙伴蒙受了许多不必要的损失。看来，这个责任只能由贵国政府承担"。这家公司认为我们讲得在理，于是就联合了这个项目的其他厂商一起向本国政府施加影响。由于我们成功地转移了对方视线，将矛盾焦点引向对方内部，结果F国政府不得不做出一系列灵活的表示。于是F国的几个公司也都继续如约合作，僵局也就突破了。

6. 临阵换将

临阵换将是谈判中用来打破僵局的一种常用做法。如果僵局是由谈判人员失职或素质欠缺造成的，如随便许诺、随意践约、好表现自己、对专业问题缺乏认识等，这时不调换这些人就不能维护自身利益，不调换他们就不能打破僵局，甚至有可能损害与对方的友好合作。然而有时在谈判陷入僵局时调换谈判人员倒并非出于他们的失职，而可以是一种自我否定的策略，用调换人员来表示：以前我方提出的某些条件不能作数，原来谈判人员的主张欠妥，因而在这种情况下调换人员也常蕴含了向谈判对方致歉的意思。

临阵换将，把自己一方对僵局的责任归咎于原来的谈判人员——不管他们是否确实应该担负这种责任，还是被动地充当了替罪羊的角色——这种策略为自己主动回到谈判桌前找到了一个借口，缓和了谈判场上对峙的气氛。不仅如此，这种策略还含有准备与对手握手言和的暗示，成为我方调整、改变谈判条件的一种标志，同时这也向对方发出新的邀请信号，我方已做好了妥协、退让的准备，对方是否也能做出相应的灵活表示呢？

谈判双方通过谈判暂停期间的冷静思考，若发现双方合作的潜在利益要远大于既有的立场差距，那么调换人员就成了不失体面、重新谈判的有效策略，而且在新的谈判氛围中，在经历了一场暴风雨后的平静中，双方都会更积极、更迅速地找到一致点，消除分歧，甚至做出必要的、灵活的妥协，僵局由此而可能得到突破。但是，必须注意两点：第一，换人要向对方作婉转地说明，使对方能够予以理解；第二，不要随便换人，即使出于迫不得已而换人，事后也要向换下来的谈判人员做一番工作，不要挫伤他们的积极性。

7. 抓住要害

打蛇打七寸，才能给蛇以致命一击；反之，不得要领，乱打一气，却会被蛇紧紧地缠住，结果会消耗更多的时间、精力与体力，甚至赔上自己的性命。

把这一思想运用到谈判中来，就是要善于拨开笼罩在关键问题上的迷雾，找出问题症结所在，抓住要害进行突破；否则，无休止地在表面问题上争执，既会伤双方和气，又会使问题变得更加复杂，如果不小心，还会给对方抓住破绽，使自己陷入极其被动的境地。

有一次，某人驾驶汽车经过一个停车场，突然从停车场内飞驶出来一辆摩托车，由于避让不及，那位摩托车手被撞后弹出老远。警察赶到时，现场没有目击者，责任在谁一下很难辨明。恰巧一位力学教授经过此地，他让警察测量了撞车位置与那位摩托车手摔倒的位置之间的距离，询问了摩托车手的体重，而后掏出计算器揿了几下，告诉警察，根据运动物体抛物线轨迹原理，这辆摩托车当时的时速至少在 45 公里以上，而交通规则规定停车场区域的车速不得高于 25 公里。结果，驾驶汽车者不但没有责任，反而从保险公司得到了一千美元的赔偿。

我本人在加拿大学习时也有过类似经历。一次我驾车在高速公路上行驶，车道相当拥挤，车子一辆接着一辆地行驶着，突然尾随在我后面的一辆车超车，结果撞上了我的车，发生了意想不到的车祸。我们没有争吵，一切由警方来解决。没过多久，警察赶到了。那位肇事的西班牙裔妇女向警察喋喋不休解释了半天，最后警察向我询问时，我只对警察讲了一句："她试图从我右边超车"。听了此话，警察一切都清楚了。结果，我得到了那位妇女对我的赔偿。在整个过程我只说了一句话，却顶上了对方所说的一大堆话。

这些情况在国际商务谈判中同样适用，在谈判中要善于抓住本质的问题，抓住对方的破绽，这确实是突破僵局的一种策略。问题是能不能抓住要害，这就要靠深刻的分析与犀利的判断，以及及时果断的出击。当然这些并不是天生的，要靠生活的积累及实践的磨炼。但是，只要注意了这一点，日积月累必有收获。

8. 釜底抽薪

汉·董卓《上何进书》："臣闻扬汤止沸，莫若去薪。"比喻从根本上解决问题。

釜底抽薪，如同背水一战一样，是一种有风险的策略。它是指在谈判陷入僵局时有意将合作条件绝对化，并把它放到谈判桌上，明确地表明自己无退路，希望对方能够让步，否则情愿接受谈判破裂的结局。这样做的前提是双方利益要求的差距不超过合理限度，则对方有可能忍痛割舍部分期望利益、委曲求全；反之，如果双方利益的差距实在太大，是对方单方面的努力与让步所无法弥补时，谈判也只能就此收场了。

在一次引进设备的谈判中，我方选择了两家外商，A 公司和 B 公司作为可能的合作伙伴。根据两家公司报来的资料与价格，我们同两家公司分别作了初步接触，发现 A 公司名气较响，设备质量也较好，且报价也较高，达 630 万美元；B 公司虽名气不及 A 公司，但设备质量毫不逊色，功能却要多些，报价稍便宜，为 580 万美元。根据各方面情况的综合考虑，我们决定把 B 公司的设备作为首选对象。然而，这个价格仍然偏高，谈判的关键是要 B 公司把价格降下来。

于是我们邀请 B 公司派代表来华洽谈，通过几轮谈判，B 公司几次降价，最后报出价格 520 万美元，并声明再降一美元，它就不干了。然而事实上据我们得到的情报，按照这个价格 B 公司可获得可观的利润，因此这个价格似乎仍高了些。因此我们在与 B 公司谈判的同时，也保持着与 A 公司的联系，这显然对 B 公司造成了一些压力。

这时，我们就对 B 公司采用了釜底抽薪的计策。我们坦率地告诉 B 公司谈判代表：虽然贵公司作了很大让步，但我们在该项目上的顶价是 500 万美元，超过这一限度，我们要另向上级申请，能否批准，我们心里也没底。我们希望贵公司再作一次最后的报价，否则，我们虽然非常希望购买贵公司的设备，但看来也只能另择伙伴了。对此，我们将感到遗憾。

B 公司谈判代表虽然不太乐意，但眼看就要到手的合同有可能告吹，只得再紧急与公司本部磋商，最后终于以 497 万美元同我方达成购买设备协议。

当然，这一策略不是轻易随便采用的。然而当谈判陷入僵局而又实在无计可施时，这往往是最后一个可供选择的策略。做出这一选择时，我们要做好最坏打算的准备，否则到头来会显得茫然失措。特别是盲目滥用这一做法，只会吓退所有的合作者，结果搞得竹篮打水一场空。

另外，如果僵局就此突破，我们就要兑现承诺，与对方签订协议，并在日后的执行中，充分合作，保证履约。切忌用 A 来压 B，因为搞得不好，两家公司联合起来对付我们，我们就会非常被动。在整个过程中，我们应该严格地遵守商业信用和道德，不能随意承诺。一旦承诺就要兑现，要注意货比三家与轮番压价绝对不是一回事。

任何一个谈判人员，在谈判陷入僵局之时不应慌张，应该对此做好准备。一个优秀的谈判人员在双方谈判陷入僵局的时候应该有着平和的心态与足够的耐心，运用自己的智慧去努力寻求在己方利益最大化的同时对方也能接受的临界点，然后运用适宜的策略寻求双方重合的部分，使双方受益，谈判才可能达成一致。

9. 从小问题入手

谈判之所以陷入僵局，很大程度上是因为双方在关键问题上不能达成一致，互不相让。而大问题是一个个小问题的汇集。在小问题上双方容易达成一致，这就为集中精力解决大问题提供了有利条件，增强了谈判人员的信心。一旦双方在小问题上达成共识，谈判形势就会柳暗花明。所以，先从小问题入手不失为一种成功的谈判策略。

1969 年中苏边界武装冲突之后，毛泽东、周恩来等领导人决定：打开中美关系，建立中美苏平衡。

1971 年 3 月在日本名古屋举行第 31 届世界乒乓球锦标赛前夕，周恩来召集有关人士开会时说：这次我队参赛，要接触许多国家的代表队，我们也可以请他们来比赛，他要在座的人“动动脑筋”。

比赛刚进行一天，中国运动员乘大巴从住地去体育馆时，一个留着长发的美国运动员突然上来搭车。头脑灵活的乒乓球运动员庄则栋即刻想起了周恩来的讲话，迅速迎了上去，同他握手、寒暄，这个细节被在场记者抓住。“中美接近”轰动起来。比赛结束后，美国队向中国队发出访问的请求，代表团团长斯廷霍文向中国代表团提出：“希望美国选手去一次中国。”“也希望中国乒乓球选手到美国去。”毛泽东、周恩来认为，这是一个打开中美关系局面的大好时机，决定正式邀请美国乒乓球队访华。周恩来接见美国运动员时说：“是你们打开了两国人民友好往来的大门。”

就这样，小球转动大球，中美关系的破冰之旅由此开始。

1972 年 2 月，美国总统尼克松访华，成为新中国成立后第一位踏上中国土地的美国元首。周总理亲自到机场迎接，并与其进行一系列会谈，双方发表了著名的《中美联合公报》，翻开了中美关系的新篇章。

4 月 12 到 30 日，中国乒乓球代表团访问了美国，代表团所到之处受到美国人民的热情欢迎。中美两国能跨越世界上最辽阔的海洋，实现历史性的握手，周总理“导演”的“乒乓外交”功不可没，在中国乃至世界外交史上也占据了重要的一页。

许多缺乏经验的谈判人员总是把谈判的焦点集中在一个问题上。他们常常这样想，既然在价格和付款方式这样的大问题上都不能达成一致，何必在那些微不足道的小问题上浪费时间？

你是否见过小船拖大船的景象：一艘小小的拖船就可以把一艘巨轮拖到大海里去。哪怕每次移动的只是一点点。那一点点就是小问题。只要解决了小问题，你就可以进而一点点地说服对方，正所谓蚂蚁搬大象。

第十一章

细节决定成败：商务合同条款的谈判

一、合同条款的谈判

合同条款是国际商务谈判必定要涉及的一项基本内容。在国际商务活动中，合同条款的谈判通常需要注意两个方面的问题：一是国际商务的合同要尽可能完善、全面、准确、肯定和严密，这样既可以清楚地规定合同双方的权利和责任，又能防止或减少日后不必要的矛盾和纠纷；二是由于谈判所涉及的事项较为广泛、复杂，而世界上又没有一个合同能包罗万象，因此合同难以写得完整无缺。这就要求谈判者既要做到使合同条款完整与准确，尽量不要遗漏，又要防止过分求全、求准，甚至吹毛求疵，耽误甚至断送一项原来可以完成的工作。这种辩证关系是每一个涉外谈判人员都应该清楚地认识到的。由于国际商务交易的复杂程度各不相同，合同的类别各不相同，合同条款的多少也各不相同，因此在进行合同条款的谈判时，应尽可能按照完善、全面、准确、肯定和严密的要求来处理。

二、合同条款谈判的原则

1. 注重法律依据

国际商务活动的法律依据，并非仅强调本国的法律，它还应考虑对方法律及国际公约与国际商务中不成文的法律——国际惯例。

首先谈判者应注意我国涉外经济合同法的基本要求，同时也应注意我国有关外汇管理、许可证管理，有关国家安全、公共健康、社会治安、外资企业管理，涉外税收法规等方面的法律与法令。其次，在遵循我国这些法规的同时，在合同谈判中亦应充分了解对方所在国的有关许可证、关税等方面的法令。另外，恰当地运用国际组织，如联合国、国际商会颁布或推荐的一些国际公约和国际惯例可能会简化买卖双方的讨论。例如，国际商会颁布的《国际贸易术语》，联合国的《有关仲裁裁决承认和执行公约》等。熟练引用这类文件会使条款行文更加国际化，洽谈亦会简化，更重要的是这样做会使合同签订后容易得到双方政府的批准。注重法律依据是合同谈判需要注意的第一个问题。

2. 追求条件平衡

合同条款必须体现权利与义务对等的原则。合同条款对双方义务和权利规定不是偏向某一方的，而是公正地根据其所得的利益而赋予其应尽的义务。

在合同条款谈判时哪些条件应谋求双方平衡呢？各种交易有不同的合同格式，很难逐一赘述，但其最普通、最基本的条件应予以掌握。如“支付与交货”（Payment and Delivery），最根本因素是平衡，围绕“支付”和“结算与交单”（Settlement and Delivery Documents）的条件要平衡；围绕“交货”和“保证与前提”（Guarantees and Preconditions）、“检验与条件”（Inspection and Condition）的条件要平衡。总之，平衡应该贯穿在合同的每一条、每一句中。只有以“平衡”为宗旨，合同才为双方诚心接受，并甘心履行。否则，在特定背景下得到的利益，在另一个不同背景下就可能会失去。由此会造成合同执行中的不顺利，例如在上海合资兴办某大宾馆的谈判中，在合同草案中外方与中方享有的权利与承担的义务不对等，外方收取的管理费过高，比合资宾馆所能承受的高许多，而外方承担的义务却很少，有的部分也十分抽象，难以体现具体的责任。而且在对合同草案的审议又发现，饭店所聘请的管理方与外方投资方是同一个母公司控制的，这样外方可能采用多种财务转移手法侵吞合资宾馆的大部分利润，届时我方将对此束手无策。为此，我方谈判者直接与外方总公司进行谈判，阐明我方立场，最后外方接受了我方的观点，在合同条款中做了修改，使得双方观点得到充分阐述，避免了以后可能出现的一系列纠纷。总之，合同条件的平衡是谈判者必须充分重视的又一个基本问题。

3. 条文明确严谨

在合同条款中用词造句要明确，专业、法律方面的术语及其表达方式应力求标准、规范。若无统一与标准的说法，则应通过反复商洽，使得双方共同理解后，采用双方一致同意的文字描述。如果合同中用词含混不清或模棱两可，以及存在各种漏词，就会造成不必要的损失。例如，香港有一个商人购买一幢旧房子准备拆除后改建成新的大楼，整个合同谈判很顺利，买卖双方都签了字。然而合同中却没有对卖主搬出旧房子的最后期限作出明确的规定，结果买主花了一大笔钱作建房的准备，却因卖主迟迟不肯搬出旧房子而不能动工。买主遂向法院起诉，然而旷日持久的诉讼并没有让买主看到有利的结果，再加上债主又连连逼债，使买主损失惨重，结果买主走投无路，跳楼自杀。又如，上海一家公司与美商在合同中订立了有关解决争议的条款，它规定："一旦发生争议，通过仲裁或通过诉诸法院解决。"其实这种用词很不严谨，从法律的角度看这种含混的用词是不当的，因为按照国际法的一般原则，选择仲裁意味排除诉讼，如果两者并列，则为无效条款。不幸的是，在合同的执行中双方发生了纠纷，美商聘请的美国律师抓住了这个不当用词，向当地法院提出起诉，指出这条条款是无效的，当中方接到传票后，感到十分意外。这样一来，在整个诉讼过程中美商占据了主动，而我方则相当被动。这种现象在我们的对外商务活动中多次发生，应该引起高度的警惕。

4. 以我为主起草

在可能的条件下，合同的条款应尽量由我方直接用英文起草，这样做至少有四个好处：第一，我国的法律有一定的特殊性，外方不一定十分熟悉，以我方为主起草，有利于正确反映我国经济法规，这对双方来说都有好处；第二，以我方为主起草，可以使得项目的目的性更加明确，有利于我方观点在合同中正确反映，而不至于被外方牵着鼻子走；第三，以我方为主起草，可以使得我方在谈判中更加主动，使谈判更加顺利，避免因过多修改而使得谈判显得冗长而艰难；第四，可以避免因对方起草合同而可能在合同中留下"伏笔"，导致我方上当受骗。此外，在讨论合同条款时，由于是我方起草合同，因此当对方提出修改意见时，有利于增加我方谈判的砝码。

如果在国际商务谈判中，对方坚持要由他们自己起草，这时我方应根据该项目的性质，通过谈判，先确定合同总框架，然后再分别对其中某些条款进行起草，最后再合起来通过洽谈确定正式文本。这样做既把双方观点和利益充分反映出来，又易于外方接受。

三、合同条款的构成

在日常谈判中，不难发现有时因谈判者不同，即使是同类合同，谈判过程也不一样，而同类交易合同的格式也会因国别、地区、厂商不同而各异。应该承认，这种相异性是客观存在的。然而谈判者不能因为存在"相异性"而破坏合同的基本原则。因此，合同条款的构成不是随意性的，而是有一定规律的。

首先，按《联合国国际货物销售合同公约》规定：一个肯定的发盘（Offer）具有三个明确的条件，即货物名称、数量和价格，当买卖双方就这三点达成一致时，即认为买卖合同成立。无论是以电话、电传、信函，还是以别种契约的形式，一经双方认可，合同即已成立，交易即可行。由此我们应该了解合同条款的最基本构成，应具有合同标的条款、价格条款、数量条款、货物交付条款等条款。当然，合同应尽可能周详、明确、肯定（Complete，Clear，Definite），条款要尽可能完整。

其次，为了对国际经济活动中常见的事情有所预防，除了法定的基本条款外，人们还经常拟定一些较常用的预防性条款作补充，如：免权、免责、不可预见、不可抗拒、财产清理、仲裁等条款，用以处理伪造、剽窃等引起的纠纷，发生意外事件的责任，经济形势发生变化后双方的责任、义务的变化，破产时的债务清偿等问题。

第三，条款中应包括签约双方提出的各种各样的要求，如“长期供应备件”、“原材料、零备件、设备制造国产化”、“共同销售”、“共同开发新产品”、“联合制造设备”等要求，以及符合所在国特殊规定的要求。

具体来说，涉外商务合同条款应包括：

1. 标的（Subject Matter）

表面看来，标的是交易中客观存在的，并不属于谈判的问题。可是不少事实告诫人们，虽然标的只是陈述交易的内容，但存在“货真价实”的标准问题，因而标的条款一定要拟得明确、完整和确切。

标的条款应包括完整的、通行的名称、数量与质量、产地与出厂时间。

2. 数量（Quantity）

合同条款中所采用的数量单位不能用中间性的名称，如：套、批、某月的需求量等中间性单位名称。因为中间性名称容易引起纠纷，卖方用这种方法作价，可使买方处在被动地位，在发生货物短缺时难以索赔。

3. 质量（Quality）

合同条款中的质量在描述时通常应该包括“过去、现在、将来”所作工作的结果。若是货物，过去即指设计、造型、用材的要求；现在即指性能、外观；将来即指寿命、潜在缺陷等。若是工程或服务，过去即指为设计和工作态度，今天即为工程的性能与效果；明天即有关的隐患或者可能产生的副作用等。

4. 装运条款（Shipment）

主要有两点：

（1）装期（TIME OF SHIPMENT）、LOADING PORT & DISCHARGING PORT。

分批装运（PARTIAL SHIPMENT）一般都可以接受；转船（TRANSHIPMENT）一般不允许。

（2）装运港一般选择离发货地近且装卸效率较高的港口（以节省运输时间和成本）。

5. 保险条款（Insurance）

通常合同中有 INSURANCE TO BE COVERED BY THE BUYER / SELLER 的字样。

FOB / CNF 由买方办理保险；CIF 是由卖方办理保险。

一般是发票金额的 110% 投保一切险，有些商品尚须保特殊险，这些各个行业不同产品都有自己的惯常规定，在实际情况中只要按照惯例来处理就可以了。

6. 付款方式（Payment）

合同当中最重要的条款之一，一般采用 T/T、D/P、L/C，或 D/P+L/C、T/T+L/C 几种方式结合起来用。

出口欧洲国家，对方都只接受 70%～80% L/C，其余加成 T/T，都是因为以前与中方不好的合作经历。

7. 检验条款（Inspection）

由买方检验并支付检验费，或由卖方检验并支付检验费，或由第三方中立机构检验，费用可商定由哪一方支付。

8. 取消合同权（Right to Cancel）

如果卖方未能履约（比如按时发货），则买方有权取消合同；如果买方未能履约（比如按规定日期及时付款），则卖方有权取消合同。

9. 产地与出厂时间（Origin of Production and Time）

如果合同不明确产地，供货人可以多方收集同类产品以保证大宗买卖的成交，可以从二三流生产商那里以较低收购价获取超额利润，而作为买方有可能花“正宗”的价格买并非“正宗”的货。例如计算机的交易，合同注明要用 IBM 公司的机器，但 IBM 公司的加工厂遍布世界各地，如果你在合同中没有注明产地，那么供货商自然可以从美国，也可以从英国、日本、新加坡、中国香港、中国台湾等地区的加工厂进货。虽然商标仍是 IBM 公司的，但铭牌上可能印上“香港制造”、“台湾制造”，有的部件甚至是境内企业生产的，打上了“Made in China”。如果处于中间商的位置就会因此受到用户的非议，蒙受重大经济损失；如果处于工程承包商的位置，严重时还会影响工程的质量。还有一些矿产和作物，因产地不同甚至有品质上的明显差异，所以这一类货物的购销合同更要注明产地。此外，在合同中还应注明生产时间，无论是机械、食品、化学品、药品还是其他各类日用品，产品出厂时间是其新旧、性能、寿命等质量指标的一个重要组成部分，在标的条款中也应予以明确，否则会在交易中吃亏，或陷于长时间的纠纷困扰中。

10. 价格条款（Clause of Price）

价格条款是合同条款中最重要的组成部分。在条款谈判与草拟时要立足准确描述价格全貌，这样对签约双方都有利。第一，应实事求是地罗列各种开支的性质，便于执行我国现行的《外国企业所得税法》，避免在征税时重复或遗漏。第二，应按双方承认的国际贸易术语以及与此一致的认识描述订价的性质，如果过于简单，仅以“FOB”、“CIF”、“某港价”等一句话概括是不可能讲清楚价格全貌的，除非先前双方有过同类往来，而且双方相当熟悉和信任，否则易产生误解。习惯的条文写法是在引用国际贸易术语的同时，加以扼要地解释该术语的含义，如 FOB 价，补上“货物装上船前的所有费用已包含在内，货至仓内指定位置的费用由双方分担”一句，这就使双方明白无误。第三，合同上应写明是固定价还是可调价，有的合同没有注明就常会有麻烦。如价格风险没有注明是否已经计入，这样在发生不可预见的风险时，卖方可以强调合同没有计入而借机要求加价，买方则可以强调已予以计入而不予加价，以致纠纷陡起。当合同文字注明是固定价时，还要明确是承包性质还是原价不变的情况下允许数量调整。如果属于固定价，则在合同执行过程中，无论经济形势如何变化，价格不得改变，风险由当事方自己承担；当合同文字明确为浮动价时，就要明确浮动的前提，即在何种经济条件下可以浮动，按什么方式浮动，浮动是有限的还是无限的等等。第四，履约的费用也要明确由谁负担，银行的费用和税费是否由各自承担等等，否则，在日后的履约过程中，双方会凭自己的理解而产生种种分歧与纠纷，那时再作谈判和调整就会十分被动。

11. 违约责任条款（Clause of Breach of Contract）

在合同起草中必须注意违约责任条款。对买方而言，对所获技术、资料有保密的责任，有不向第三者泄露（Disclosure）或转让（Transfer）的义务，违约要赔偿。赔偿的计算方法可参照买方出售这些技术、资料的作价，因为这种“泄露”和“转让”可视为“又一次出售”。合同还可以规定，买方在违约时，卖方可以收回这些技术、资料等。

对于卖方承担不按时交货的违约责任，应该规定其支付罚款（Penalty）的详细内容，若交货拖延时间太长，买方有撤销合同的权利。对交货不符合合同有关数量、质量、产地或出厂时间的违约，要规定卖方承担免费补充、更换或修理甚至降价赔偿的责任，以及买方撤销合同的权利，卖方退款还息的义务。当然对其质量的判定在合同中应有明确的检验标准及检验办法。如果在技术附件中已经有描述，合同条文则应明确这些规定的原则或明确肯定引证。

12. 产权条款（Clause of Property Ownership）

从法律角度来看，人们只能就拥有合法产权的物品进行交易，否则合同就属于不合法的、不能成立的合同。如果不注意交易中的产权问题，在履约过程中会发生意想不到的纠纷。我国有一家国际投资公司在海外投资房地产，与国外一商人谈判将房子建在他的地产上，建成后按一定比例分享房地产的利益。谈判一开始，该商人出示了地产证明，谈判进行得相当顺利。当建筑即将完工时，这位商人的妻子找到我国的国际投资公司，说我们侵权，理由是我们把房子建在属于她的土地上了，并出具了合法的地产证明（原来地产证已在签约前转到该商人夫人的名义下，而该公司在签约时对此未作进一步核对）。由此，她提出两个解决方案：要么房子造好后，除了她丈夫应得的部分外，再给她若干套房子；要么现在就从她的地产上撤走。这使我国的那家投资公司傻了眼，手中烧熟的鸭子飞走了。由于在合同签约时，没有验明土地的产权证明，结果陷入了相当被动与尴尬的境地。这家公司实在不甘心，于是聘请当地律师打官司，这场官司打了三年多，结果不仅要承担昂贵的律师费用，而且由于错过出售房子的时机，房地产价格大跌，导致这家公司最终损失惨重。

产权条款还要求在合同中对工业产权作明确的说明。例如，卖方应申明其对标的所涉及的工业产权的合法性，即不是伪造别人的产品，没有侵权行为，同时，保证对自己的申明应负的经济和法律责任。买方对该条只承担在第三方向卖方提出起诉时保持中立的义务。产权条款无平衡可言，主要由卖方予以保证，不管卖方提何种条件，此条的基本精神不能变。有时卖方提出“买方不能在第三国使用卖方的技术或销售其许可产品，否则第三方起诉时，卖方概不负责任”。这实际是卖方在要讨价还价的手法，限制买方的销售权，减少对自己市场的危害，也可以减少第三方起诉卖方的机会。按情理讲，卖方这样做道理不足，是一种典型的限制性的商业做法，买方完全可以不接受。但在谈判时，如果卖方有一定的苦衷或难言的理由，买方也应要予以适当考虑，有时从妥协的角度来看也可以这么写。但是，大前提是不能损害买方已取得的利益。否则的话，就显得不公平和不公正。当然在技术贸易中，有些技术规定买方不能在第三国使用卖方的技术或销售其许可产品，是卖方对其工业产权的一种保护，那么这时在价格上应对此类限制予以体现，即买方所获价格要比没有这项限制条款的价格要低。

13. 免责条款（Clause of Indemnity）

在国际经济交往中，违约事件是屡见不鲜的，为了排除这些消极的问题，人们花去大量的人力和物力。因此在法律上，对违约又作了分类，分成有责与免责。除了可免责的违约原因外，其他均要追究责任。《联合国国际货物销售合同公约》第21条与《买卖统一法》第73条作了如下规定：“如一方证明不履约是由于意志以外的阻碍造成的，并且他有理由证明此属不能预测，又未在签订时采取对策，所以在这种不能预防或克服的事实造成了后果的情况下，他可以对其任何义务均不负责任”。目前大陆法系和英美法系的国家分别列出了“不可抗力”或“情势变迁”或“合同落空”的法律概念作免责请求的依据。

根据世界各国的法律趋向，我国综合了大陆法系与前苏联等国规定承认的“不可抗力”的法律概念，并重在对天灾作原则性的规定。

在免责条款中，应该摒弃罢工、破产、财政的依法律冻结等政治和经营因素，坚持自然灾害和一定范围的社会事件下的免责。在条文上不要过于细致地罗列清单，要按有法律依据的定义来拟制条款。对“不可抗力”发生后，除了免责外，可履约的部分是否也停止履行？事件延长的期限允许多久？是否撤销合同？以及合同撤销的程序和债务清理的原则均应在条文中规定下来。通常，撤销合同是无条件的，仅“通告”即可，但对过去已发生的债权债务应公正清理，不能因不可抗力而取消。所谓“不可抗力”的免责仅对正要履行或未来应履行的义务免责，而不管辖已履约的后果。

14. 艰难情势条款（Hardship Clause）

在英美法系中有艰难情势条款，或称“捍卫条款”，其规定为：“一旦某一方在合同订立后，发现经济形势出现极为困难的情况，致使该方有公正的理由来考虑不履行义务的基本部分时，各方可以延期履行他们的义务。”“合约双方诚心诚意地重新谈判，以使合同再次调整，适应新的经济情况的义务。”

典型的“艰难情势条款”可以这样写：“在发生双方预见之外或不可预料的事件，并因此已推翻本协议的经济基础，给某一方带来损失时，双方同意将以签订本文件同样的精神，对此情况作出必要的安排”。更明确的写法为“双方同意以签订本合同的同样精神对价格进行调整，使双方再次处于本合同签订时相类似的平衡地位”。

但是，在谈判时，对此条款应规定签约与履约的经济背景作参考因素，否则无法衡量和判定。如果经济形势变化时，何种幅度情况下才可以执行此条款，并能平等地应用此条款。为了简便起见还可以规定在某种幅度内的变化不启动此条款，也不计算补差。条款也可以规定固定的增补或减价量，使双方的费用有个可预见的开支范围。

15. 财政结算和财产清算条款（Settlement and Liquidation）

在合同条款中还应包含财政结算和财产清算条款。这两条条款是针对因企业经营不善，或天灾人祸，或市场、政局急剧变化，使企业无法继续按原来目标或方式履行下去而出现的两个客观现象。当涉及财政结算时，要明确其机构改组，包括改变法人名称、法人代表或决策人更迭均不能影响合同规定的义务，同时还要明确因此造成的延误导致的经济后果如何补偿，如终止合同时债权债务怎么清理等问题。在这些条款中还要规定，如果合同在结算后，某些义务仍继续执行时，其债权债务怎么处理。在涉及财产清理时，应明确双方合同在其债权债务造册清算中的优先地位。作为财产，该合同拥有优先分配权，或将合同的义务予以分类，视情况订出不同的条件以有效保护自己的利益。作为办理程序也应明确破产前"通告"的义务，财产清理时"协助"的义务，以及财产如何交接的规定。

以上情况虽不多见，在签约前需通过资信审查，因此可以排除许多危机。但实际的国际商务活动中确实有此类情况发生，因此在合同中订入该条款，并注意该条款的执行，对买卖双方都是有利的。

16. 仲裁条款（Arbitration Clause）

合同中仲裁条款是十分重要的。它是仲裁庭受理契约双方纠纷的依据，是双方处理纠纷的民事协议。否则，在无仲裁条款的情况下，双方需重新谈判处理纠纷的方式，如需通过仲裁解决，则要另立"仲裁协议"，仲裁庭方能受理。但是等到发生纠纷再协商协议就不太容易了，因为双方感情已经破裂，条件会十分苛刻，所以在合同条款中应一并考虑。

仲裁条款应明确表明双方通过仲裁方式解决纠纷，而不是诉诸司法机关。对于是采用现有的仲裁庭，还是临时组建仲裁庭；仲裁程序的选择；仲裁的地点取被诉方还是第三国；仲裁的费用由败诉方付、仲裁庭判决，还是由双方平摊都要明确规定。选择的原则是：平等、公正、简单、快速、费用低以及熟悉仲裁方法。

在一般的情况下，已有的仲裁庭虽费用高，但有固定的仲裁程序；建新的临时仲裁庭费用低，但人选和程序要临时解决比较困难。仲裁适用的法律则可依合同规定，或由仲裁庭按"关系最密切地"学说而择定。这样做，虽然仍有可能是买卖一方所在国的法律，但从概念上换了说法，这样做的好处是：一便于仲裁，二便于仲裁的执行，这对当事各方是平等的，故也公正。仲裁地应中立，这要视其所属政府的态度、民俗、历史交往来衡量。如我国与某国有仲裁协议，则直接引证该仲裁协议即可。至于费用，多由败诉方承担，但并不是所有有争议的仲裁都可以明确的判出败诉方，此时无"败诉"可言，故有可能由仲裁庭判决。

双方平摊的做法可以保险不输，但制约性差，故不常用。至于仲裁结果，绝对要求“终局”，因为“司法诉讼”在一开始双方均已拒绝，那么仲裁结果必须服从。

17. 长期供应备件条款（Clause of Long-term Supply of Spare Parts）

按罗马公约第85条规定，卖方提出此条款，属于卖方对买方提的限制作条件，但作为买方可以提。因此不少买方出于自己生产稳定性的需要，希望卖方承担长期供应备件的义务，尤其鉴于有些发达国家的商人借机抬高备件价格，赚大钱，买方作为预防性措施，在购买主机或生产线时，同时提出这个要求，应该说是合情合理的。

比如印度购买俄罗斯航母，还需加装配件、升级等共计12亿美元。

这项条款的构成包括：供应的期限、价格条件，意外因素下调整的权利与方式。

期限是义务轻重的尺度。在作此条款谈判时，卖方会要求有个期限，3年、5年等。这样做，一方面固定了买方的采购义务，另一方面也便于卖方安排生产和估计成本。

价格与期限有关，在可预见的时间里，价格才能估计。因此，备件长期供应时，就出现了在某段时间内“可按主合同所带备件价格计算，而在此之后，则按当时市场上可比的优惠价计算”的说法。这里有“可比”的问题，应该让卖方在合同的清单中列出“细目单价”，这样，以后才可判定是合同原价，还是“当时的市场优惠价”。此条款还应规定，当环境或企业本身发生变化，使义务无法履行时，双方可以采取的措施和解决问题的程序。

18. 长远合作条款（Clause of Long-term Cooperation）

这是为了保持双方的友好关系以及所处市场、行业的地位需要，在缔结合同时，对将来作出展望。这个条款可以有限制性，也可以无限制性，关键在于条款中措辞所表达的真实意愿及行动步骤。如一般表示愿意长期合作而无具体规定，则视为无限制性。如对“共同开发产品”，“共同开发市场”等作了详细规定，包括对活动内容、双方承担的义务，报酬的计算作了明确的规定，那么这种条款具有义务约束，在谈判时应注意区分。

19. 国产化条款（Clause of Nationalization）

这是发展中国家的买方利用自己的资源和市场、要求发达国家的卖方帮助自己实现生产国产化的一种做法。虽然这个要求对卖方来说有所损失，但诱人的市场促使卖方不得不作某些让步。随着对外开放的扩大，我国在与一些发达国家的接触中，此条款已大量运用。

国产化条款主要包括三个方面：（1）原材料，（2）零部件，（3）生产线设备及相关技术。这三个方面在合同条款中有不同的写法。

原材料：买方可以要求卖方告诉初级原材料的配方，也可以要求对方协助测试或鉴定国产同类材料，以及要求协作研究，寻找替代材料；卖方当然要区别对待这些原材料涉及的技术秘密或分清产权归属，以避免侵权之扰。此外还要分析有关费用与所涉及合同的关系。

零部件：买方可以在常规资料的范围以外，要求提供零部件的加工图纸，加工方法，取料标准；卖方也可以以“外购”为由减少自己的义务。

生产线设备及相关技术：买方可以要求提供设备制造图纸、技术服务，以及技术保证水平。这种情况要详细订明图纸的规范，加工件与组装件的质量保证、总装调试的程序，买卖双方各自的义务等等。作为卖方可以向买方提出、加工场地环境的要求，加工件的品质验收、关键部件的供应、买方加工进度等方面的要求，以保证合同的顺利执行并减少自己的风险。

由于原材料、零部件、生产设备、仪器品种繁多，因此国产化条款应注意国产化是逐步实现的，不可能一下子要求过多。“国产化”作为谈判的武器，既有攻击性亦有预防性，所以，作为业务人员不应怀疑“国产化”要求的可行性。一个精明的业务谈判人员应该抓住有价值、有前途的部件来讨论“国产化”条款，并把它写入合同中去。

20. 保证条款（Clause of Warranty）

尽管按国际惯例和成文法的一般原则，买卖双方一旦交易成立，即会自动给予或获得某些保证，但鉴于“合同”在各方面事务中具有优先性，尤其在处理争端中合同具有“第一法律”的含义，因此，在合同中写明“保证”一定会有益于双方。

“保证”条款的庄严性，体现在具体明确，凡夸大其词的、笼统的保证多不可信，于己于人均不利。作为一个专门订立的条款，明确签约双方应保证的事项有其必要性。传统的保证条款基本上只是处理货物的保证期的计算，保证的条件，保证期内货物的修理，更换的办法等。但在引进成套技术设备的项目中，保证条款更加突出了“买方条款”的色彩，体现了买方要求卖方对“支付”义务予以充分的保证。如：“资料交付要准时，资料书写要正确，文字印刷要清晰可读且符合卖方实际应用的水平”等；货物要求“设计合理、取材精良、加工优质”，或“设备造型合理，没有隐藏的缺陷”；对转让技术要求其“先进通用，符合现代工业化生产的工艺，且所有权属于卖方所有”；对服务要求“培训买方人员掌握转让技术，使其具有独立使用技术和设备、维护生产设备、管理生产线、生产合同产品的能力”，“卖方专家指导正确，协助买方按时投产，在规定期限内达到设计水平”等等。

不过，作保证的人不能凭空保证，而应合理明确地体现保证的前提与条件。当然，作为买方要求保证的前提是有力的，那就是“支付”，而卖方做出相应保证也是应该的，在允诺“应该”的同时可以声明保证的必要性及提出合乎情理的前提条件。例如，培训效果要考虑实习生的素质，没有一定学历和工作经验就难以达到预期效果。又如：技术指导的效果与买方的业务人员能否听取意见有关，如果不听从指导则无从保证。再如：技术能否保证掌握与工艺条件、环境条件有关，与生产用的材料及生产的人有关，如果环境不符合要求，材料质地也不能满足，人员素质和水平也不够，那么卖方单方面作保证是不可能的。这里要强调的一点是：这些条件要提得合情合理，如提得超过自己正常生产水平或同行业水平也不对，这样做，一则使买方负担加重并引起对方反感降低自己的信誉，二则也不能体现真实的技术水平，反过来就会影响合同的谈判，于自己也不利。

第十二章

重在执行：协议的执行阶段

12

尽管谈判者对合同作了十分周到的考虑，在细节上做到了完善、全面、准确、肯定和严密，然而还必须清晰地认识到在世界上没有一个合同能包罗万象，在合同的执行过程中，总会有一些无法预料的事情发生，这时就要本着“互相了解、互相信任、互惠互利、长期合作”的精神，来做好合同的履行工作。

一、注意事项

在具体处理合同纠纷时，应注意如下几个方面：

1. 要建立项目管理小组来监督合同的执行

由于在合同执行过程中，双方都有可能发生有意或无意的违约行为，这时项目管理小组就要把一笔笔违约事件都记载下来，并由对方的项目执行人予以签字确认，然后到一定时候，再从总体上予以一揽子解决。有人认为，这种方法有些像算总账，不利于合同的正常执行，他们认为每发生一笔违约就要及时纠正，不然的话问题积得多了，要一起解决很困难。其实，在国际商务活动中，对违反合同的现象采取一笔笔打官司的做法并不是一个好办法，尤其对大型项目的管理来说，更是如此。因为一笔笔打官司，不但要花费大量的时间和金钱，而且还会影响项目进度。由于在合同条款的谈判中，有很多事情是难以准确预测的，因此，当事先没有预料的事情发生时，每一件都要论理一番，分出谁是谁非，然后再确定应由哪一方负责，决定调整价格，追加工作量，或提供相应的技术、设备，这显然是很困难的。在争论谁是谁非时，时间就悄悄地过去了，结果常常是非没有弄清责任方，相反项目的进度却被耽搁了下来，使双方的利益都受到了损失。如：上海原来有个与原西德合作的项目，在合同履行的过程中两德统一了，随之西德的有关公司也合并了，原来应该由原西德提供的设备改由原东德的工厂生产，并且设备的组装、安装、调试、验收也由原东德的工厂负责，这样对项目执行的许多环节，中德双方发生了严重的争执，引起了一场风波。于是，我们检查与回顾合同的履约过程，对如何加强技术监理手段作了调整，一方面我们向德方明确表示必须保证原合同所规定的订购设备质量以及与此相关的合同的其他规定，如增派外国专家监理督造；增加上岗工人培训，而且这些工人必须持有原西德公司所确认的资格证书；要求德方提前对设备验收等。另一方面，我们不是每发生一件违约的情况就立即与德方交涉，而是采取了“记账”的办法予以记载，并由对方签字确认，然后隔了一定时间，大家一起坐下来心平气和地交换意见，进行一揽子解决。这样，一项原来十分棘手的问题终于稳妥地解决了。合同的执行得到了保证，项目顺利地进行下去了。可见，合同签字并不意味着谈判的结束，谈判是自始至终地进行的，问题是需要双方本着合作的精神，采取冷静的态度予以正确的解决。

2. 在合同的执行过程中，要把对方委派的专家、工程技术人员与外国公司的老板区分开来，分别对待。

合同的谈判与签约是与外方的经营者进行的，但合同的履行在一定的程度上还有赖于外方委派的专家、工程技术人员来具体实施。有时一份好的合同由于执行者的原因，会出现许多纠纷与麻烦，而一份存在若干不足的合同由于执行者杰出的工作将会得到有效的弥补。所以我们在履约过程中，一定要尊重外方的专家和工程技术人员，与外方专家搞好关系不仅能保证合同的正常履行，而且会给项目带来合同以外的利益。

3. 要保证合同如约执行，政府的高层管理人员的重视和适时加入也是十分重要的。

虽然我们进行的是商务谈判与合作的经济活动，但由于是跨国的商务活动，能否严格履行合同不仅影响中外双方企业的长期合作，而且还会影响中外双方的经济合作关系，严重的会影响中外两国政府的关系。

4. 要从全局的角度来理解，严格履行合同本身就是对国家利益的最大维护。

过去有人存在一个观点，认为从国外引进了先进技术，就能消化吸收，在国内广泛推广，其实这是很不正确的。因为这样做，除非是合同中明确写明容许自行推广的，否则就是违反了国际通行的最终用户法，侵犯了外方的权益。在表面上看来我们节省了外汇，让国内的同行分享了国外的先进技术，但实际上会造成更大的损失，使外商在与我们进行技术贸易时抱有戒心，失去兴趣，或者是在对外的谈判中予以限制甚至抬高价格。这种自以为是的消化、吸收、推广，是很不妥当的，会把愿意提供技术的外商赶跑，使我方再也得不到所需的技术。这种愚蠢的举动不仅使我方蒙受很大的损失，而且还会使良好的愿望得到相反的效果。要知道，好的、新的技术是流向能保护知识产权的地区的。

我们必须指出，严格履行合约才是真正地维护自身的利益，合同的严肃性绝对不能自以为是地予以解释，只有老老实实按合同办了，才能获得外方的信任，进而获得全局的最大利益。

二、执行阶段

合约签字仪式上的鲜花和掌声远不是谈判结束的标志，在合同生效后的实际履约过程中，仍会有许多因素触发合作双方投入新的一轮谈判，如一方违约；又如对合约条款在执行中产生了不同的解释；再如，出现先前难以预知的情况需要双方重新协调；以及因不可抗力事件的发生，如两德合并、海湾战争等，必须对原有合同作重要修改，否则合同无法执行等。

由此可见，只要交易或合作项目没有最终完成，谈判就不会结束。在这个协议执行阶段，我们应考虑采取这样一些措施：

第一，建立项目管理小组来监督合同的执行。因为在项目合作过程中，由于种种原因，不可避免地会时有违约情况发生，这时管理小组一定要把每一件违约事件都记下来，并要对方签字确认，到一定的时机，再予以一揽子解决。这种措施对于大型项目的合同管理尤为适用。一笔笔打官司是一个笨办法，不但会劳民伤财，最终还会影响项目进度。

第二，许多事情无法预测。当合同执行过程中的不可控制的事件不可避免地发生时，就要依靠双方的让步、妥协、商议才能弥补。

第三，在合同执行过程中，要把对方委派的专家、工程技术人员与老板区别开来，分别对待，我们要与外方工作人员友好合作。对于合同的执行，不仅要看条款，而且要看实际进行得如何。搞好与外方工作人员的关系，会给项目带来合同规定以外的收益。有时，合同执行过程中发生一些困难，只要能取得外方工作人员的谅解与支持，问题就会很快得到解决。这样，既提高了效率，又可避免兴师动众，重上谈判台。

第四，严格保证合同的执行，才是从最大的利益角度来保护我们自己的利益。有些对外项目涉及国家形象，有些涉及我国政府与外国政府之间的关系，企业之间的违约行为，也会给两国关系蒙上阴影。如某地曾有一个向外方提供水泥的合同，签约后不久，市场就发生了变化，水泥价格直线上涨，我方出口商十分后悔，于是采取了宁愿按合同的赔偿条款接受罚款，也不愿如期交货的下策。这是明显的违反商业道德的行为。为此，我国有关部门进行了干预，督促这家企业按合同按期交货，以维护长期合作的伙伴关系。

项目的最终完成是我们谈判的出发点和归宿，然而在项目实际合作过程中，谈判仍会不时地以各种形式出现。我们不可能小心翼翼地逃避谈判，相反，只有随时做好谈判的充分准备，才能实现谈判的最终目的，项目实施，圆满结束。也只有到了这个时候，双方谈判人员才有可能如释重负，欢庆谈判的善始善终。

第十三章

谈判成交后的商务宴会礼仪

13

一、中餐礼仪

中国的饮食文化源远流长，博大精深，我想，很少有人会不熟悉中餐，因为从小吃着这些美食长大，还能做上几道拿手好菜，品尝起来更是头头是道。不过真正了解中餐的人并不多，特别是不了解中餐的进食礼仪。《礼记·礼运》有云：“夫礼之初，始诸饮食”，可见，礼仪在中国人传统进餐中是很重要的。文献记载表明，在周代，我们国家的饮食礼仪已初具大型，自成体系。这些礼仪日臻成熟与完善，它们在古代社会发挥过重要的作用，对现代社会依然产生着影响，成为文明时代的重要行为规范。尽管不少现代人认为那些传统的礼仪过于繁复，不少东西也已被遗弃，但细细研究这些中式礼仪，会发现它的经典之处。礼仪是由大国主宰的规则和文化，随着中国的日益强大，中式礼仪也会越来越多地影响世界。

1. 席位安排：圆桌上的座次

在中餐宴请活动中，往往采用圆桌。不单是在不同位置摆放的圆桌有尊卑之别，每张圆桌上不同的座次也有尊卑之分。记住这些原则，确保不坐错位置，这在中餐礼仪中非常重要。

主桌是你的方向标，入座前，你首先要迅速辨别出哪张桌子是主桌，然后由邀请方引导你入座，通常中餐的餐桌摆放分为两种情况：

由两桌组成的小型宴请：这种情况下，通常是两桌横排或两桌竖排的形式。当两桌横排时，面对正门右边的桌子是主桌；当两桌竖排时，距离正门最远的桌子为主桌。

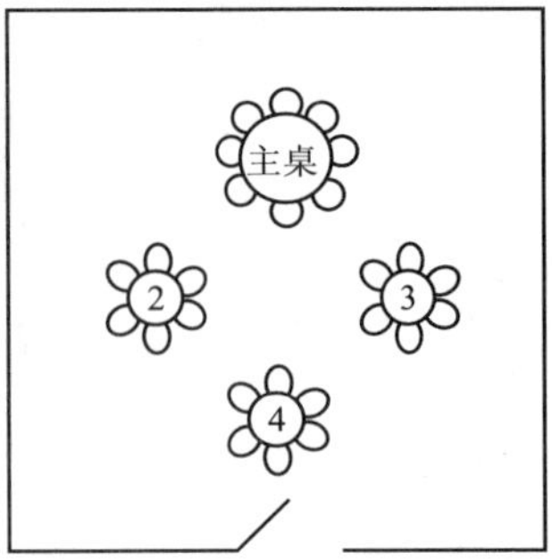

四桌排列

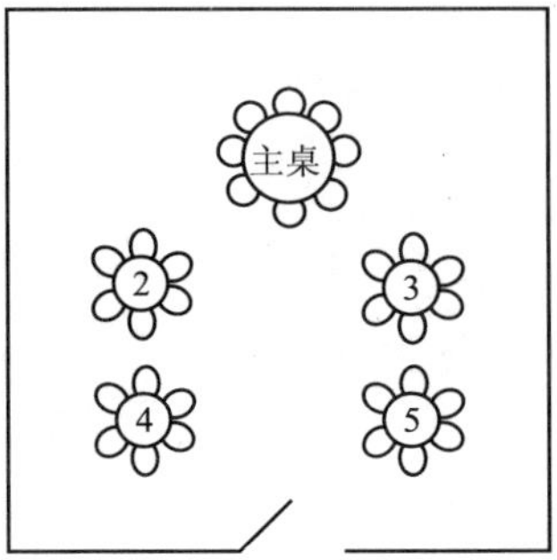

五桌排列

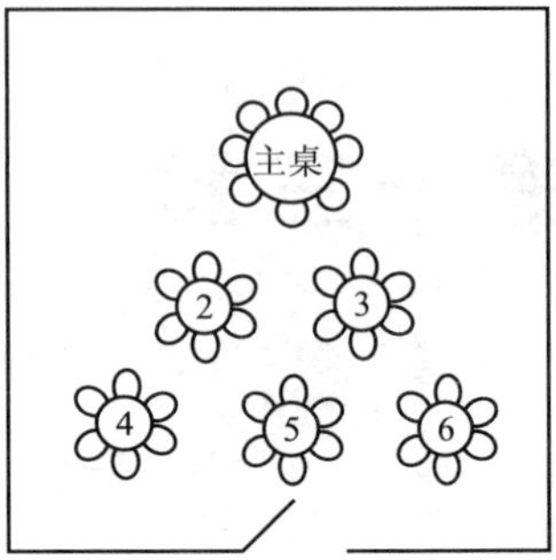

六桌排列

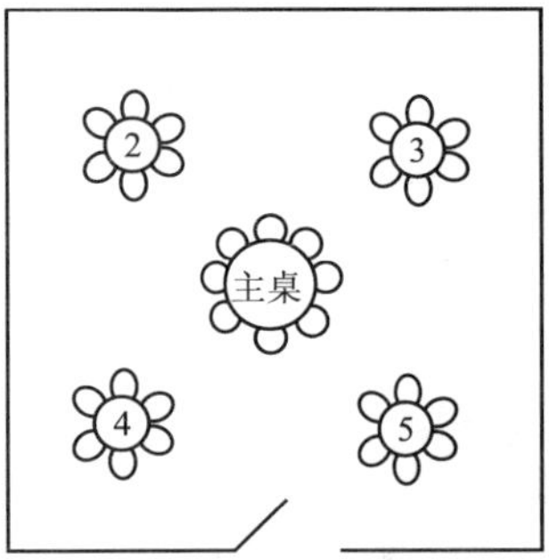

五桌排列

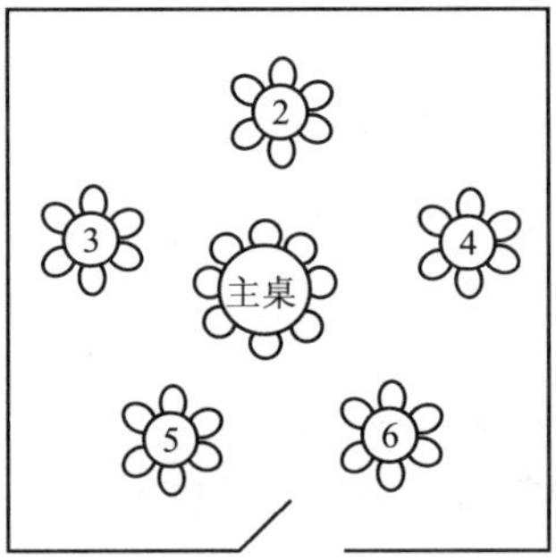

六桌排列

三桌排列

由三桌或三桌以上的桌数所组成的宴请：在安排多桌宴请的桌次时，除了要注意上面提到的“面门定位”、“以右为尊”、“以远为上”等规则外，还应兼顾其他各桌距离主桌的远近。通常，距离主桌越近，桌次越高；距离主桌越远，桌次越低。

有的餐厅设计的主桌会比其他餐桌大一些，这样便于让宾客分辨哪张是主桌。

席位安排应以主为先：

宴请时，每张餐桌上的具体位次也有主次尊卑的分别。排列位次的基本方法有以下五点：

主人大都应面对正门而坐，并在主桌就座。

举行多桌宴请时，每桌都要有一位主桌主人的代表在座。位置一般和主桌主人同向，有时也可以面向主桌主人。

各桌位次的尊卑，应以与这桌主人的距离远近来定，离主人近的位置比较尊贵。

与本桌主人的距离相同的位次，则以本桌主人面向为准，主人座位右边的位置比较尊贵。

如果主宾身份高于主人，为表示尊重，可以安排在主人位子上坐，主人则坐在主宾的位子上。

2. 现代中餐宴席术语

宴请重要客户，应当对现代宴席的专门术语有所了解。

（1）彩盘：又称中盘、主盘，它是大型工艺冷菜，用以增添宴席气氛，显示烹调技艺。彩盘一般都配上围碟。

（2）单碟：宴席中用来盛装除彩盘以外的冷菜的碟子，一碟只装一个菜品，荤素均可。如果宴席冷菜中有主盘，则单碟就称《围碟》。单碟的数量由宴席价格档次来定，可以是奇数，也可以是偶数。

（3）对镶碟：它是区别于单碟的碟子，即一个盘子中有两种不同的冷菜。传统宴席中一般是一荤一素，多用条盘盛装。要求盘内两种菜肴在味别、色泽、造型上等互相和谐，分量相当。用三种不同的冷菜摆放的称为“三镶碟”，依此类推。

（4）四七寸碟：是指用四个七寸碟子盛装的不同冷菜。其他如五七寸碟、九七寸碟、十二五寸碟、十三五寸碟意义与此相同。

（5）热菜：热菜在整个宴席饮食品中所占的比例最重，无论是成本价格、工艺质量还是菜品数量，在宴席食品中均占有举足轻重的地位，而且也最能体现宴席的档次、质量和风格特色。传统宴席格局中，热菜一般分为热炒菜（或小炒菜、爆炒菜）、正菜、汤菜。但现代宴席格局中，热炒菜与正菜、汤菜的区别已逐渐淡化，因而热菜包括正菜和汤菜。

（6）正菜：也称主菜、大菜、柱子菜，是宴席热菜的主体，现代宴席中通常指除汤菜以外的各式热菜。

（7）头菜：指正菜中第一道上席的热菜。传统宴席中，宴席的名称可由头菜的主料来命名，如头菜是“红烧鱼翅”，就可称为鱼翅宴，而且头菜的档次决定着宴席的等级标准。

（8）素菜：一般是用竹笋、菌以及时鲜蔬菜为主料，经炒、烧、扒或烩等方法烹制而成的正菜，主要起清口解腻、平衡营养的作用。在以粤菜菜系为代表的南方地区宴席中，素菜通常是最后一道热菜。

（9）甜菜：正菜中的一道甜味菜。在川菜、淮扬菜等菜系的传统宴席中，甜菜一般是上在座汤之前，标志着正菜即将上完。在现代宴席中，甜菜有时又放在座汤之后，作为最后一道热菜。

（10）汤菜：汤菜是宴席上不可缺少的重要菜式之一。在川菜、淮扬菜系宴席汤菜一般是最后一道热菜，此时的汤菜称“座汤”。有时会在一些烤炸菜后上清汤菜，此时的清汤菜又称为“二汤菜”。为了让汤味不重复，中餐“汤菜”一般用清汤，座汤用奶汤。在以粤菜为代表的南方地区宴席上，汤菜常在冷菜之后作为第一道热菜上席，有时又称其为“例汤”，类似于西餐的浓汤。

（11）席点与小吃：席点一般是配着正菜上的点心，穿插于宴席之中。在味道的配合中，讲究“咸点”与咸味菜相配，“甜点”与甜味菜相配；在材质的搭配上，汤菜宜配饺，烤炸菜宜配饼，甜羹菜宜配糕；在与季节的配合上，夏秋配羹糕，冬春宜配饼酥货。小吃是宴席冷、热菜上完之后跟上的小食，主要以地方风味的名特小吃为主。现代宴席中，常常用席点与小吃代替主食，丰富宴席内容。

（12）主食：主要是指宴席冷热菜结束后上的饭食，如米饭、面条或粥等。

（13）随饭菜：是在传统宴席饮酒完毕后，供客人吃主食（尤指米饭）时用。现代宴席丰富了冷菜品种与小吃点心，所以一般中高级宴席都取消下饭菜。为了解腻醒酒，普通宴席如果不配小吃与席点，也可配上2~4道随饭菜。

（14）水果：是宴席最后上的食品，即宴席饮食内容结束的标志，目前多为水果拼盘。

3. 使用中餐餐具的礼仪

中餐与西餐相比，区别之一就是就餐所用的餐具不同。中餐的餐具主要有杯、盘、碗、碟、筷、匙等。下面我们就介绍一下中餐餐具，使用的一些注意事项与礼仪。

勺子

中餐里勺子的主要作用是舀取菜肴和食物。有时，在用筷子取食的时候，也可以使用勺子来辅助，但是尽量不要单独用勺子去取菜。同时，在用勺子取食物时不要舀取过满，以免溢出弄脏餐桌或衣服。在舀取食物后，可在原处暂停片刻，等汤汁不会再往下流时再移过来享用。

用餐期间，暂时不用勺子时，应把勺子放在自己的碟子上，不要把勺子直接放在餐桌上，或让勺子在食物中“立正”。用勺子取完食物后，要立即食用，或是把食物放在自己的碟子里，不要把食物倒回原处。若是取用的食物太烫，则不可用勺子舀来舀去，也不要用嘴对着勺子吹，应把食物先放到自己碗里，等凉了再吃。还有，注意不要把勺子塞到嘴里，或是反复舔食吮吸。

碗

中餐的碗可以用来盛饭、盛汤，进餐时，可以手捧饭碗就餐。拿碗时，用左手的四个手指支撑碗的底部，拇指放在碗口边。吃饭时，饭碗的高度大致和下巴保持一致。

盘子

中餐的盘子有很多种，稍小一点的盘子叫碟子，主要用于盛放食物，使用方法和碗大致相同。用餐时，盘子在餐桌上一般要求保持原位，不要堆在一起。

需要重点介绍的是一种用途比较特殊的盘子——食碟。食碟在中餐里的主要作用是暂放从公用的菜盘中取来享用之菜肴。使用食碟时，一般不要取放过多的菜肴在食碟里，那样看起来既烦乱不堪，又十分不雅。不吃的食物残渣、骨头、鱼刺不要吐在饭桌上，而应轻轻取放在食碟的前端，取放时不要直接从嘴里吐到食碟上，而要使用筷子夹放到碟子前端。如食碟放满了，可示意服务员换食碟。

汤盅

汤盅是用来盛放汤类食物的。用餐时，使用汤盅有一点需注意：将汤勺取出放在垫盘上，并把盅盖反转平放在汤盅上，就是表示汤已经喝完了。

水杯

中餐的水杯主要用于盛放清水、果汁、汽水等软饮料。注意不要用水杯来盛酒，也不要倒扣水杯。另外还需注意，喝进嘴里的东西不能再吐回水杯里，这样是十分不雅的。

牙签

牙签是中餐餐桌上的必备之物。它有两个作用，一是用于扎取食物；二是用于剔牙。但是用餐时尽量不要当众剔牙，非剔不行时，要用另一只手掩住口部，剔出来的食物，不要当众“观赏”或再次入口，更不要随手乱弹，随口乱吐。剔牙后，不要叼着牙签，更不要用其来扎取食物。

餐巾

餐巾，又名口布、茶巾等，它是宴会酒席上专用的保洁方巾，主要是防止食物沾污衣服，也可用来擦手上或嘴上的油渍。在正式宴会上，客人需待主人先拿起餐巾时自己方可拿起餐巾，反客为主的做法是失礼的。打开餐巾后，应将其摊放在自己的腿上，以能接住可能滴落的食物为宜。

餐巾也可用来擦拭嘴巴和手。擦拭嘴巴时，可拿起餐巾的一角在嘴唇上轻轻一压。餐巾弄脏的部分为了不让人看见，可往内侧卷起。将鱼骨头或水果核吐出时，可用餐巾遮住嘴，然后用手指取出放在餐盘中。也可以直接吐在餐巾内，再将餐巾向内侧折起，此时服务生会注意到并换上一条新的餐巾。

如果有事临时离座，应将餐巾折好放在餐桌上，不要随意揉成一团或顺手往椅背上一搭。用餐后，可用餐巾揩拭嘴角或手，但千万不要把餐巾当作抹布，在餐桌上乱擦。

餐巾是可以弄脏的，如不想将餐巾弄脏而取出自己的手帕或面纸使用，是违反用餐礼仪的。不过，用来擦汗或是擦鼻涕，或是将口红整个印在餐巾上，也是不对的。涂了口红的人应在用餐前以面纸轻压，而不要将口红印在餐巾上。

筷子

使用筷子的十二个禁忌：

中餐最主要的餐具就是筷子。筷子必须成双使用。用餐前筷子一定要整齐码放在饭碗的右侧，用餐后则一定要整齐地竖向码放在饭碗的正中。以下十二种使用筷子的方法要绝对禁忌。

（1）三长两短。意思是说，在用餐前或用餐过程中，将筷子长短不齐地放在桌子上。通常我们管它叫“三长两短”，其意思是“死亡”。因为过去中国人死后是要装进棺材的，在人装进去以后，还没有盖棺材盖的时候，棺材的组成部分是前后两块短木板，两旁加底部共三块长木板，五块木板合在一起做成的棺材正好是三长两短，所以说这是极不吉利的事情。

（2）仙人指路。是指用大拇指和中指、无名指、小指捏住筷子，而食指伸出的拿筷子的方法。这在北京人眼里叫“骂大街”。所以说，吃饭用筷子时用手指别人，无异于指责别人，这是不允许的。还有一种情况也是不能被人接受的，那就是吃饭同别人交谈时用筷子指人。

（3）品箸留声。把筷子的一端含在嘴里，用嘴来回去嘬，并不时地发出咝咝声。这是一种无礼的行为，再配以声音，更是令人生厌。这种做法会被认为是缺少教养，同样不被允许。

（4）击盏敲盅。即用餐时用筷子敲击盘碗。这种做法被他人所不齿。

（5）执箸巡城。即手里拿着筷子，旁若无人地在餐桌子上寻找，不知从哪里下筷为好。此种行为极其令人反感。

(6) 迷箸刨坟。这是指手里拿着筷子在菜盘里不住地扒拉，以寻找“猎物”，就像盗墓刨坟一般。这种做法同“迷箸巡城”相近，都是缺乏教养的做法。

(7) 泪箸遗珠。指用筷子往自己盘子里夹菜时，将菜汤洒落到其他菜里或桌子上。这种做法被视为严重失礼，同样是不可取的。

(8) 颠倒乾坤。指用餐时将筷子颠倒使用，这种做法正所谓饥不择食，是绝对不可以的。

(9) 定海神针。用餐时用一支筷子去插盘子里的菜品，被认为是对同桌用餐者的一种羞辱。

(10) 当众上香。处于好心帮别人盛饭时，为了方便省事，把一副筷子插在饭中递给对方。北方习俗是为死人上香时才这样做，所以，把筷子插在碗里是不能被接受的。

(11) 交叉十字。这一点往往不被人们所注意。在用餐时将筷子随便地交叉放在桌上，这是不对的。因为在饭桌上打叉子，是对同桌其他人的全部否定，就如同学生写错作业，被老师在本上打叉的性质一样，不能被他人所接受。除此之外，这种做法也是对自己的不尊敬，因为过去吃官司画供时才打叉子，这无疑是在否定自己，也是不行的。

(12) 落地惊神。所谓“落地惊神”，意思是指失手将筷子掉落在地上，这是严重失礼的一种表现。

4. 点菜功夫：让宾主两相悦

高手点菜秘籍

宴请，有正规待客的，有好友相聚的，有两情相悦的，有论功行赏的，有联络感情的，林林总总，不一而足。不同的目的决定了菜的质量和品种。选菜不应该以主人的爱好为准，而应主要考虑主宾的喜好与禁忌。

宴请点菜有不少讲究。要想成为点菜高手，你需要按照下列步骤来操作：

看人下菜

看人下菜是宴请点菜的一项基本原则。知己知彼方可百战不殆，掌握同席之人的口味乃点菜之先。

(1) 两人同去，若是女伴，可以一荤一素两个冷菜，或加上一个卤水菜肴，再点一个高档的蔬菜、一个海鲜、一个荤素小炒即可。如果是那些注重美食、营养的人，各自再加一个小炖盅就可以吃得风光而体面了。

(2) 与生意上的客户共进晚餐，在双方不熟悉的情况下，点菜点的恰到好处，凉热荤素、鸡鸭鱼肉搭配得当是非常关键的问题。一般工作餐会是三五成群，所以点的冷菜不仅要有海鲜、卤水，最好还要有一些别致的小菜。而热菜要有1道高档海鲜，外加2道荤素小炒，1道带肉主菜，1道清口蔬菜，汤煲、点心、水果各1道即可。

（3）点菜时一定要先问问桌上同餐者有没有什么人有特殊忌讳，比方说素食者、不食牛羊肉者、不吃辣椒者、不吃海鲜者等。做到心中有数，点菜时就可以兼而顾之，不会有人大快朵颐，有人停箸默然。

注重特色

特色菜又叫招牌菜，一般是餐厅用来吸引客人的拿手菜，味道不错，价格不会太贵。每到一个不熟悉的餐馆，不妨先问问有什么特色菜，这样就算不了解该餐馆的素质，点菜时心里有底。比如吃淮扬菜，蟹黄狮子头、响油鳝丝、油爆河虾等大概都是必备菜，但是大家烹调上还是有区别的。

搭配合理

以中国菜而言，并不要求每个菜都出色精彩，但讲究一桌菜五味俱全，搭配合理，咸淡互补，鲜辣不克，让每种味、每道菜都发挥到极致。菜肴烹调荤素、浓淡、干湿、多种烹调方法搭配，原料尽量不重复。

从营养的角度来看，要注意膳食均衡，即注意谷、果、肉、菜、豆等各类食物品种齐全、比例适当。根据就餐者的年龄、个人嗜好、身体状况及就餐季节，点菜时应注意以下方面：

（1）荤素搭配：对海鲜、畜肉、禽肉、豆类及其制品、蔬菜及水果等应全面，但要注意肉类不宜太多。在重视饮食营养的今天，一定数量的素菜是不可少的，菜肴中应有1/3以上是绿色蔬菜和豆制品。这样可以通过荤素搭配，保证营养均衡，在色泽和口感上也有新鲜感。若是担心素菜显得不够“高档”，可配些草菇、香菇、虾仁等增加“美食感”。

（2）软硬搭配：这主要是考虑照顾好老人和小孩，且注意油炸食物不宜太多。

（3）菜色搭配：即整体色彩搭配效果清爽诱人。

（4）口味搭配：即酸、甜、苦、辣、咸，各种口味菜肴的搭配要尽量照顾到大多就餐者的喜好。如果就餐者中有病人，如患有高血脂症、糖尿病等疾病，要注意点一些低脂、无糖、高纤维素的菜。

（5）冷热搭配：注意冷菜及冷食不宜过多。

到底该由谁来点菜

假如把餐桌比喻成战场，“点菜”则不亚于战前的“点兵”。点菜是饮食文化的集中体现，融合了地域风格、个人品位，里面大有学问。到底谁该点菜呢？

这要依具体情况而定。一般情况下大致可以有以下几种选择：

主人点菜

宴请之际，主人一定要了解客人的口味。国内客人的口味特征大致为南甜、北咸、东辣、西酸。宴请时要根据客人的具体情况点菜。

点菜时，我们一般都会有礼貌地征求一下客人的意见，但怎么问大有讲究。有经验的人有两种问法：一个是封闭式问题。比如，“来条草鱼还是鲤鱼？”如此在两者之间进行选择，大大缩小了选择的余地。又如，“喝茶还是喝咖啡？”就是告诉对方，你不要喝酒。而另一种问法是问开放式的问题。比如，“您想喝什么酒？”由被问者自由选择。此外，需要注意的是，一定要了解客人不吃什么，尤其注意不要犯宗教禁忌或民族禁忌。

客人点菜

入席后，主人往往把优先点菜的权利让给客人，这是出于礼貌。如果有女士在，应该先请女士点菜，但其余客人也务必一一让到。一般来说，客人不好意思点价格较贵的菜品。如果你看出客人有些为难，可以从侧面来提醒和帮助他。例如，可用以下问题来打破僵局：“这里的奶油小牛肉比较有名，我非常想推荐给你”，或者“作为头盘菜，咱们一同点道奶油虾汤吧”，等等。用轻松的语气向客人提出建议，意思是这样的价位你可以接受，客人尽管依此类推来点菜。

轮流点菜

亲朋好友聚餐，有时是一人点一个菜。原则是大家都不爱吃你点的那个菜的话，你就有责任吃掉三分之二。这就是说，至少是“自作自受”，把“包”“打”进自己肚子里。点菜吃饭是个人行为，和工作不一样，每个人都有自己的机会和自己的选择权。

领导点菜

中国人吃饭也看得出长官意志，领导一个人说了算，一个人决定大家吃什么菜，而部下则常常异口同声说“都吃都吃”，“什么都成”，将选择权拱手让出。当然，也有那种宽厚的领导，让大家群策群力，想吃什么就说，或者索性放手让手下人去点菜，毕竟吃饭不是什么原则问题，轻松一点才好。

女宾点菜

在今天的世界上，除了少数地方外，在一般比较正式的场合，“女士优先”这句话可以说是放诸四海而皆准的，女宾点菜亦成为当今的一种时尚。男女在餐馆、饭店约会，点菜时应让女士先点，尊重女士的意见。在西餐厅，如果女士对吃西餐已经轻车熟路，那就大大方方点好了。当然，要不时征询下对方的看法。但如果不熟悉西餐的点法，菜单又挂满了英文，这时候女士依然可以坦率而诚恳地说："你来点吧，你熟悉，我相信你点的菜很美味。"

职业点菜师代劳

如今，点菜不仅是一门学问，而且还是一门职业了。如果对这个饭店的菜实在拿不准，不妨请个职业点菜师。实际上，上档次的饭店都会培养一些训练有素的点菜师，当客人面对菜单无所适从时，点菜师会为客人配出一桌菜。

当着客人的面，如果不方便讲要花多少钱时，可以通过特定的词汇表示，如"来点家常菜"、"来点清淡爽口的"，这是暗示点菜师自己不想高消费，而"有什么山珍海味"、"来点海鲜"，则是暗示点菜师你请的是贵宾，并不在乎花费多少。

5. 中餐上菜的顺序

中国菜的大致出菜顺序是：冷盘—主菜—汤—主食（米/面）—甜品、水果（广东例外）。一般情况下，点菜也要遵循这个顺序。首先，注意一定要先点上几个凉菜，以免桌上空空荡荡。通常是 4~8 种冷菜，也可点十多种。其次，根据客人的重要程度和要花钱的数额，先点上几个关键菜（主菜），以此来体现宴请级别，然后将各菜品（鱼、肉、蔬菜、凉菜等）搭配起来。如果人多，可以点几个肉菜，不够则以普通菜补充。

宴请宾客除用贵菜来显示对客人的尊重外，一些本店的特色菜可能会给每位客人带来兴趣，同时也增加了酒宴中的话题。主菜结束后是点心，如馅饼、蛋糕、包子、杏仁豆腐等，最后则是水果。

点菜的数量

设宴时，所点菜肴的数量应根据其人数和宴请方式来决定，有一种说法是，冷菜加热菜的总量是人数的 2 倍（1.5~2 倍为宜）就可以了。在点菜的数目上，中国人认为偶数代表吉利。所以，在豪华餐宴上，一般主菜多达 16 道或者 32 道，比较普通的是 6~12 道。

3 个人就餐，点半只烤鸭、2 个热菜、2 个凉菜即可；如 4 人吃饭，一般可点 3~4 个冷菜，3~4 个热炒菜，加 1 个大菜，1 道汤，1~2 个点心就足够了。当然，也可客气地征求对方的意见。有时候，4 人就餐四菜一汤或羹足矣，除了一道青菜外，其余三个菜可以是煎、炒、焖各一道。

不必点太多招牌菜，点一个招牌菜、一个果腹菜、一个素菜、一个下酒菜，再点一个下饭菜，三五朋友聚餐，就能吃得心满意足，又不浪费。宴请年长者，菜要少而精，热菜的总量可与就餐人数相同；就餐者中年轻人居多时，点的菜不仅要重质，还要重量。

6. 男女、老幼的饮食区别

男女饮食区别

不同的性别会产生不同的饮食消费心理及行为，这些是由两性在记忆、思维、情绪、个性等心理方面存在的差异决定的。比如，在点菜行为上，男性一般较粗略迅速，对食物的奇特性、古怪性往往要求较高，而且男性一般都有个人的某个特殊嗜好；女性点菜时往往选择多、挑选细，反复咨询，占用时间长，具有较强的求全心理。在分量上，男性比女性的食量大，胃口佳。在口味上，男性不喜欢富含脂肪、蛋白质及碳水化合物的食物；女性则一般喜欢清淡的菜，素食蔬果尤佳。在需求上，男性顾客注重“量”，女性顾客注重“质”，对环境较为敏感，重视服务细节。

老幼饮食区别

不同年龄的人，赴宴的欲望和心理有着明显的差异。一般来说，年纪较长者讲究食物的营养卫生，能节制不良的饮食习惯，特别强调养生之道；而青年人全凭个人喜好，无节制地吃。

（1）少年儿童的饮食特点：低龄儿童对食物的注意和兴趣一般受食物的外观因素影响，如食物的图案、包装、色彩、造型等。少年儿童对食物的认识带有很大的模糊性，他们往往以“好看”，“我想要”等情绪因素为主，凭直观感觉来决定饮食消费。随着年龄的增长，尤其进入初中以后，他们开始对食物的品牌、知名度、风味和流行等表现出关心和兴趣，对食物认识的直观性、模糊性开始下降。

（2）青年人的饮食特点：青年人是人生中从少年向中年过渡的阶段。一般来讲，处于18~35岁这一年龄段的人往往是新食物、新的饮食消费行为的追随者、尝试者和推广者。在饮食消费时的表现是反应灵敏、决定果断，在认为合意、值得的心理支配下，感情的作用超过计划，特别是在对新潮、时尚、紧俏等食物的购买上，冲动性购买对于计划性消费的特点更为明显。

（3）中年的饮食特点：中年人注意食物的实用性，不像青年人那样更多地追求时尚。他们往往对食物的实用性及价格给予更多的关注，计划性强，具有较强的求实心理和节俭心理。

（4）老年人的饮食特点：老年人一般指男性60岁以上、女性55岁以上的人。他们要求吃松软易消化、富有营养的食物，他们最关心的是延年益寿、身体健康和晚年生活幸福。由于感知能力的衰退和体力不足，在饮食活动中希望得到更多的关怀和照顾。请老年人吃饭最好选择老字号饭店，点传统的名菜、名点和名酒，以满足老年人的饮食心理需求，同时也能唤起他们对过去岁月的回忆，使其感到亲切、自然。

7. 不同地区的饮食特点

华东地区居民的饮食特点

华东地区位于我国东南部，主要包括上海市、浙江省、江苏省、安徽省、福建省、台湾省等。该地区人们以大米为主食，偶食面粉，杂粮很少，一日三餐，有荤有素，干稀调配。口味大多清淡，微甜，一般少吃或不吃辣椒、大葱、生姜和老醋；有生食、冷食之古风，炝虾、醉蟹、生鱼片都受欢迎。饭菜丰俭视经济状况而定，一般是菜、汤、主食结合。

华南地区居民的饮食特点

华南地区主要包括广东、广西、海南及港澳地区。该地区居民几乎不忌嘴，食性普遍偏杂。在膳食结构中，每天必食新鲜蔬菜；水产品所占比重较高，尤为爱淡水鱼品和生猛海鲜；饮食开支大，烹调审美能力亦强。由于习惯早起晚睡、午眠和生活节奏紧张，不少人有喝早茶与吃夜宵的习惯。在这一地区，“吃”具有比较丰富的社会意义，是人们调剂生活、社会交际的重要媒介。它不仅体现人与人之间的情感，有时还是身份、地位、财富的象征，故尚食之风甲于全国。

华北地区居民的饮食特点

华北地区位于我国的中北部，包括北京市、天津市、河北省、山东省、山西省、内蒙古自治区。这里民风俭朴，饮食不尚奢华，讲求实惠。多数地区一日三餐以面食为主，小麦与杂粮间吃，偶有稻米；馒头、面条、玉米粥、烙饼、素饺子是其常餐。

华中地区居民的饮食特点

华中地区位于我国中部偏南，主要包括湖南省、湖北省、河南省，主食多为大米，部分山区兼食番薯、木薯、蕉芋、土豆、玉米、小麦、高粱等。鄂、湘的小吃均以精巧多变取胜；壮、苗、黎、瑶、土家等族人善于制作粉丝、糌粑和竹筒饭，京族人习惯于用鱼汁调羹。

西南地区居民的饮食特点

西南地区位于我国西南边陲，主要包括四川省、重庆市、贵州省、云南省、西藏自治区。该地区居民的主食为大米和糯米，兼食小麦、玉米、红薯、蚕豆、青稞、荞麦、大豆、红稗和高粱。米制品小吃很有名气，米线鲜香，糌粑特异，糌粑、粽粑、荷叶包饭常用于待客。人们普遍嗜辣，大多喜酸。肴馔具有平民饮食文化色彩，价廉物美，“杂烩席”“火锅席”风靡南北。

西北地区居民的饮食特点

西北地区位于我国西北边陲，包括甘肃省、陕西省、新疆维吾尔自治区、宁夏回族自治区以及青海省。与其他地区相比，西北一带的食风显得古朴、自然、厚实，主食中玉米和小麦并重，也吃其他杂粮，如小米饭、莜麦，常食馔多为汤面辅以蒸馍、烙饼或是芋豆小吃，粗粮精做，花样繁多，肉以羊、鸡为重，间有山珍野菌。淡水鱼和海鲜甚少，果蔬菜品亦不多。

东北地区居民的饮食特点

东北地区位于我国的东北部，主要包括吉林、辽宁、黑龙江省。东北地区居民一日三餐杂粮和米麦兼备，爱吃窝窝头、饺子、蜂糕、冷面、豆粥和面，高粱米饭和黏豆包最具特色。蔬菜以白菜、土豆、大豆、粉条、黄瓜、菌类为主，爱吃白肉、鱼虾和野味，嗜肥浓，口味偏咸。制菜习惯用豆油和葱蒜，烧、慢煮，使其酥烂入味，或咸渍、生拌，取其酸脆甘香。

黑龙江人待客吃饭时，酒必先上，菜必双数。因为按其习惯，只有父母去世时招待送葬人的丧葬席上的菜才为奇数。上菜顺序一般是先凉后热，之后一般，先熘炒后煎炸，先咸后淡，先菜后汤。最后一道菜严禁上丸子，人们认为，上丸子有“滚蛋”之意。席间，主人需频频向客人敬酒、劝酒。

8. 斟酒礼仪

宴请亚洲地区客人时，如主宾是男士，则应先斟男主宾位，再斟女主宾位；对主人及其他宾客，则可按顺时针方向绕台依次进行，或先斟来宾位，最后为主人斟酒，以表示主人对来宾的尊敬。

为欧美客人斟酒时，则应先斟女主宾位，再斟男主宾位。

高级宴会常规的斟酒顺序是：先斟主宾位，后斟主人位，再斟其他客人位。如果由两人同时为一桌客人斟酒时，则一个从主宾开始，另一个从副主宾开始，按顺时针方向依次绕台进行。

一般来说，除主人和服务人员外，其他宾客最好不要自行给别人斟酒。如果主人亲自斟酒，宾客要端起酒杯致谢，必要时应起立以示恭敬。

在大型商务餐会上，一般是由服务人员来斟酒。在服务员斟酒时，勿要道谢，但不必拿起酒杯。

斟酒的方法（“浅茶满酒”，白酒、啤酒要倒满，热情洋溢。）

（1）斟酒时，每斟完一杯，要把酒瓶稍收后顺手往右轻轻一旋，以免酒水溢出流滴到桌面或客人身上。如果你同时准备了红酒和白酒，请把两种酒瓶分放在桌子两端。绝对不要让客人用同一个杯子喝两种酒，这是基本礼貌。

斟酒时，酒杯应放在餐桌上，酒瓶不要碰到杯口。拿酒杯的姿势因酒杯不同而有所区别。高脚酒杯应以手指捏住杯腿，短脚酒杯则应用手掌托住酒杯。

别人为你斟酒时亦可以向其回敬以“叩指礼”，特别是自己的身份比主人身份高的时候。方法是以右手拇指、食指、中指捏在一起，指尖向下轻叩几下桌面。这种方法适用于中餐宴会，它表示向对方致敬。

（2）倒啤酒时，应用两只手握着酒瓶，将酒慢慢斟入杯中，否则会起很多泡沫甚至溢出杯子。当他人要为你倒酒时，用手拿起杯子并稍微倾斜较好。

斟酒时，要注意面面俱到，一视同仁，不能只为个别人斟酒，这是非常没有礼貌的。

9. 敬酒礼仪

敬酒为什么要碰杯？

目前有两种说法：一种说法这种方式是古希腊人创造的。传说古希腊人注意到这样一个事实，在举杯饮酒之时，人的五官都可以分享到酒的乐趣：鼻子能嗅到酒的香味，眼睛能看到酒的颜色，舌头能够辨别酒味，而只有耳朵被排除在这一享受之外。怎么办呢？古希腊人想出一个办法，在喝酒之前互相碰一下杯子，杯子发出清脆的响声传到耳朵中，这样耳朵就和其他器官一样，也能享受到饮酒的乐趣了。另一种说法是，喝酒碰杯起源于古罗马。古罗马崇尚武功，常常开展“角力”竞技。竞技前选手们习惯于饮酒，以示相互勉励。由于酒是事先准备的，为了防止心术不正的人在给对方喝的酒中放毒药，人们想出一种防范方法，即在“角力”前，双方各将自己的酒向对方的酒杯中倾注一些，以后，这样的碰杯便逐渐发展成为一种礼仪。

中国是礼仪之邦，就是饮酒也有不少礼仪规定和礼仪规范。了解并熟练掌握这些规则和习俗，不仅能使你在酒桌上顺风顺水、挥洒自如，更能显出你良好的修养和出色的交际能力。

第一杯酒，礼貌有加。

好的开端是成功的一半。有一个良好的开端，事情的成功就有了基础。因此，第一杯酒十分重要。宴会上的第一杯酒好比一场表演的开场，能否吸引住观众，对后面的影响很大。第一杯酒往往能为整场宴会定下基调，开头顺畅，下面也就顺畅了；开头不顺畅，后面的气氛就不大容易调动。

在正式场合，一般由主人举杯，在家宴上一般由晚辈向长辈敬酒，友人间的欢宴由年长者先行举杯，或由召集者先行举杯。

第一杯酒，一定要饱含祝福，为的是后面的“杯莫停”。这一杯是后面感情酒的基础，即使不想拼酒，也要努力为后面的欢愉场面打下基础。因此，举第一杯酒，要区别不同情况以礼待之。

如果是在庄重的外事场合，第一杯酒不但要礼貌有加，而且必须注意来宾的身份及风俗习惯，祝酒既要体现应有的热情，又要不卑不亢，绝不能强人所难，自己喝多少就一定让对方陪饮多少，这样不但不能达到热情接待的目的，而且还会造成负面效应。要饮酒有度，热情适度，把握尺度，展现风度。

如果是商务宴请，第一杯酒就关系到后来宴会发展的风格。那么，这杯酒就要把握住自己不醉，还要让客人尽兴。要有大家风范，不论会谈气氛怎样不愉快，都要尽地主之谊，为宴会后的谈判打下基础。因此，祝酒时既要热情有度，又不能与来宾拼酒，以免造成来宾的反感，影响之后的正式会谈。只有掌握以礼敬酒，以情祝酒，以智行酒，方能达到目的。

如果是家宴、喜宴、庆典宴，第一杯酒虽然不必太考虑宴会上的商战斗智，但同样必须体现宴会的主题、主人的热情、对来宾光临的企盼与欢迎。如果是友人小酌，则大可不必拘泥于形式，越是实在、贴切，越能使人感到亲切，更能让人开怀畅饮。

千言万语融于酒，倾觞恭贺千杯百盏尽看开头。假如第一杯酒能够充满感情、礼仪得体，那么后面的敬酒当然会顺畅得多。

第二杯酒，杯盛热情。

一般的宴会上，主人敬酒后由主宾举杯，作为礼仪性的回敬，宴会便进入相互敬酒阶段。由于第一杯酒已经把宴会的主题、宴会的目的、宴会对来宾的良好祝福等表达出来，这时再次互相举杯就要注意以情祝酒，杯盛热情，用热切感人的话语融入杯中献给来宾。

如果是商战场合，更要融入深情。合作会谈情为先，酒品如人品，情通事就通。如果能通过自己的深情融会双方的情感，那么，一些争论和分歧也会得到缓和和化解。

如果是朋友小酌，或家宴便宴，也需要借酒抒情。通过热情洋溢的祝词，用酒使大家融情，使大家抒怀。

如在一次友人聚会上，东道主祝酒后，一位友人站起来为大家“以情祝酒”。

“……各位朋友，让我们举起青春的金杯，大海一样深情的美酒在心底交汇，缀饮生活的芳菲，溶进心田绽开友谊的花朵。为了希望，为了明日的光辉，为了大家心花怒放，为了激情让人陶醉，为祝福生意通达、财源滚滚，为祝福事业有成、展翅高飞，干杯!”

一番深情的祝酒，燃起了所有宴会参加者的激情，大家纷纷举杯，开怀畅饮，兴致高涨。

敬酒的方式及注意事项

中国人的好客，在酒席上发挥得淋漓尽致。人与人的感情交流往往在敬酒时得到升华。为了劝酒，酒席上有许多趣话，如“感情深，一口闷；感情浅，舔一舔”。劝人饮酒有如下几种方式：“文敬”、“回敬”、“互敬”、“罚敬”。

敬酒的几种方式

（1）文敬：这是传统酒德的一种体现，即有礼有节地劝客人饮酒。酒席开始，往往主人讲上几句话后便开始了第一次敬酒。这时，宾主都要起立，主人先将杯中的酒一饮而尽，并将空酒杯口朝下，说明自己已经喝完，以示对客人的尊重。客人一般也要喝完。在席间，主人往往还要分别到各桌敬酒。

（2）回敬：即客人向主人敬酒。

（3）互敬：客人与客人之间敬酒，为了使对方多饮酒，敬酒者会找出种种让对方必须喝酒的理由，若被敬酒者无法找到反驳的理由就得喝酒。在这双方寻找论据的同时，人与人的感情交流得到升华。

（4）罚敬：这是中国人敬酒的一种独特方式，也就是“罚酒”。罚酒的理由是五花八门，最为常见的可能是对赴宴迟到者的“罚酒三杯”。有时也带点儿玩笑的性质。

正式敬酒和普通敬酒时间的区别

频频举杯祝酒，会使现场气氛热烈而欢快。但是，敬酒分为正式敬酒和普通敬酒两类，应严格加以区分。

正式敬酒一般是在宾主入席、用餐开始前。而且一般都是由主人来敬，主人还要致以较为正式的祝酒词。有时候，也可以选择在吃过主菜之后、上甜品之前致祝酒词。总之，应安排在特定的时间进行，且以不影响来宾用餐为首要考虑。

而普通敬酒，只要是在正式敬酒之后就可以开始了。但要注意的是，敬酒要选在对方方便的时候，比如对方当时没有和其他人敬酒，嘴里也不咀嚼，即你认为对方可能愿意接受敬酒的时候，而且，如果向同一个人敬酒，应该等身份比自己高的人敬过之后再敬。

所以，如果你是主人，你应该首先举杯，说些场面话；如果你是客人，则等主人敬酒后再敬酒。

敬酒的顺序

一般情况下，敬酒应该视年龄大小、职位高低、宾主身份排序，因此事先一定要考虑好敬酒的顺序，分清主次，避免出现尴尬的情况。假如是与不熟悉的人在一起喝酒，可以根据统一的顺序，如先从自己身边起，按照顺时针方向开始敬酒，或是从左到右、从右到左敬酒，等等。也可以事先打听一下客人的身份，或者留意别人如何相互称呼，做到心中有数，避免出现尴尬或伤感情的局面。

在正式宴席上，一般先由主人向列席的来宾或客人敬酒，会饮酒的人则回敬一杯。如果宴席规模较大，主人则应依次到各桌敬酒，而各桌可由一位代表到主人所在的餐桌上回敬。

向外宾敬酒时，应按礼宾顺序由主人首先向主宾敬酒。在国外，正式宴席上通常由男主人首先举杯敬酒，并请客人们共同举杯。

正式宴会上，女士一般不宜首先提出为主人、上级、长辈、男士的健康干杯。

注意事项

在餐会上，饮酒特别是祝酒、敬酒时的“干杯”需要有人率先提议，可以是主人、主宾，也可以是在场的人。提议干杯时，应起身站立，右手端起酒杯，或者用右手拿起酒杯，再以左手托扶杯底，面带微笑，目视祝酒对象说出祝福的话。

席间碰杯有很多规矩。通常是主人和主宾先碰，然后主人与其他客人一一碰杯。人多时可同时举杯示意，不一定要碰杯。碰杯时要么双目平视对方致意。宴会上的相互敬酒可以活跃气氛，但要适度，不要勉强他人。本人应控制酒量，如不会饮酒，可事先言明喝饮料。切不可因饮酒过多而失言、失态。

有人提议干杯后，要手拿酒杯起身站立。即使是滴酒不沾，也要拿起杯子做做样子。将酒杯举到与眼睛平齐的高度，说“干杯”后，将酒一饮而尽或喝适量。然后，还要手拿酒杯与提议者对视一下，这个过程就算结束。

吃中餐时，干杯前，可以和对方碰一下酒杯；敬酒碰杯的时候，应该让自己的酒杯低于对方的酒杯口，以表示你对对方的尊敬。用酒杯杯底轻碰桌面也可以表示和对方碰杯，当你离对方比较远时，完全可以用这种方式代替。如果主人亲自敬酒干杯后，要回敬主人，和他再干一杯。

祝酒时，不要交叉碰杯。在主人和主宾致辞、祝酒时，其他人应暂停进餐，停止交谈并注意倾听。

在很多情况下，敬酒就意味着干杯，即将杯中酒喝干。有些人借敬酒之意，灌醉别人之实，甚至偷偷在别人饮料中倒上烈性酒，这些都是有违礼仪的。

10. 解酒常识

不能依赖解酒药物，也不要相信咖啡、茶能解酒，它们的功效最多只能醒酒。最佳的解酒之法是饮用高汤，尤其是以鱼汤最能发挥解酒的功效。另外，多吃一些水果、喝点蜂蜜也能解酒。

（1）蜂蜜水解酒后头痛。喝点儿蜂蜜水能有效减轻酒后头痛症状。这是因为蜂蜜中含有一种特殊的果糖，可以促进酒精的分解吸收，减轻头痛症状，尤其是红酒引起的头痛。另外，蜂蜜还有催眠的作用，能使人很快入睡，并且第二天起床后也不会头痛。

（2）西红柿汁解酒后头晕。西红柿汁富含特殊果糖，能帮助促进酒精分解吸收，一次饮用300毫升以上，能使酒后头晕感逐渐消失。实验证实，喝西红柿汁比吃西红柿的解酒效果更好。饮用前若加入少量食盐，还有助于稳定情绪。

（3）新鲜葡萄解酒后反胃、恶心。新鲜葡萄中含有丰富的酒石酸，能与酒精中的乙醇相互作用形成脂类物质，降低体内乙醇浓度，从而达到解酒目的。同时其酸酸的口味也能有效缓解酒后反胃、恶心症状。如果在饮酒前吃葡萄，还能有效预防醉酒。

（4）香蕉解酒后心悸、胸闷。饮酒后感到心悸、胸闷时、立即吃下3根香蕉，能增加血糖浓度，使酒精在血液中的浓度降低，达到解酒目的，同时能减轻心悸症状，消除胸闷现象。

（5）酒后忌饮茶。现代医学研究指出，茶水会刺激胃酸分泌，使酒精更浓，损伤胃黏膜；同时，茶水中的茶碱和酒精一样会导致心跳加速，加重心脏负担。

二、西餐礼仪

餐桌礼仪的最主要的原则就是：不要露丑。让人看到你满嘴食物是不礼貌的，吃东西发出的声音会让你看起来像一个动物，同样，把餐桌弄得一团糟也是让人生厌的。

——艾米莉《餐桌礼仪》

1. 席位安排：你该坐在长桌哪一端

西餐座位也比较讲究礼仪，吃西餐均使用长桌。

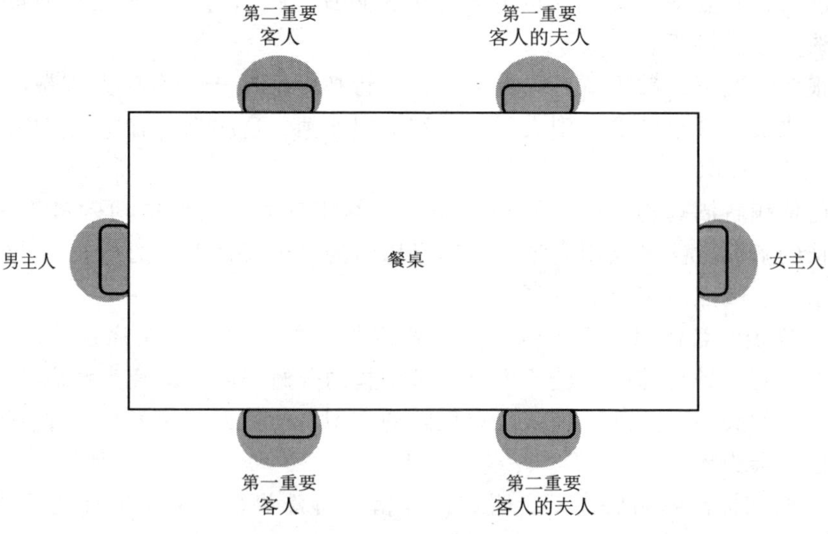

桌次

正式宴会上桌次的高低尊卑以距离主桌位置的远近而定，越靠右的桌次越尊贵，桌次较多时一般摆放桌次牌；在同一桌上，越靠近主人的座位越尊贵。

座次

英国式的座位顺序：主人坐在桌子两端，原则上是男女交叉坐；法国式的座位顺序：主人相对坐在桌子中央，以女主人的座位为准，主宾应坐在女主人的右上方，主宾夫人坐在男主人的右上方。

非正式宴会位次

非正式宴会座位遵循女士优先的原则。如果是男女二人进餐，男士应请女士坐在自己的右边，还要注意不要让她坐在人来人往的过道边。若只有一个靠墙的位置，应请女士就座，男士坐在她对面。如果是两对夫妻就餐，夫人们应坐在靠墙的位置上，先生则坐在各自夫人的对面。如果两位男士陪同一位女士进餐，女士应坐在两位男士的中间；如果两位同性进餐，那么靠墙的位置应让给其中的年长者。此外，男士应当主动为女士移动椅子让女士先坐。

何时到达餐厅

等待。主人还没到时，先在大厅里等一下，不要坐在餐桌旁。如果你就是主人，也要在大厅里等，预定时间到来时，把客人引到桌边，让侍者照料迟到者。(注意：如果饭菜已经准备好了，侍者提醒该开饭了，那就最好开始。)

餐桌的位置

餐桌的位置由主人来选择好了，作为客人千万不要建议侍者改换位置，必要时主人会做的。(主人要尽量选择自己熟悉的餐厅，如环境、服务等。)

走进餐桌时，仔细看一看主人的座次安排。可能主人心中已经有安排了，只要把你引过去就行。尊敬的客人应该坐在最好的位子上，通常是靠墙的位子，这意味着他可以不必起来让座，亦不会受到上菜时的干扰。主人应该坐在尊贵客人的左边，然后再安排其他客人的座次。如果客人携配偶一同前来，男主人要让女贵客坐在他的右边，而女主人要让男贵客坐在自己的左边。

2. 西餐的上菜顺序

(1) 头盘：西餐的第一道菜是头盘，也称为开胃品。常见的品种有鱼子酱、鹅肝酱、熏鲑鱼、鸡尾杯、奶油鸡酥盒等。因为是要开胃，所以开胃菜一般是具有特色风味，味道以咸和酸为主，而且数量较少，但质量很高。

(2) 汤：西餐的第二道菜就是汤。西餐的汤大致可分为清汤、奶油汤、蔬菜汤和冷汤四类。品种有牛尾清汤、各式奶油汤、海鲜汤、意式蔬菜汤、俄式罗宋汤等。冷汤的品种较少，有德式冷汤、俄式冷汤等。

（3）鱼类：一般作为西餐的第三道菜，也称为副菜，品种包括各种淡、海水鱼类，贝类及软体动物类。通常水产类菜肴与蛋类、面包类、酥盒菜肴均称为副菜。因为鱼类等菜肴的肉质鲜嫩，比较容易消化，所以放在肉类菜肴的前面，叫法上也和肉类主菜有区别。

（4）主菜：肉、禽类菜肴是西餐的第四道菜，也称为主菜。肉类菜肴的原料为牛、羊、猪肉，其中最有代表性的是牛肉或牛排。

（5）蔬菜类：可以安排在肉类菜肴之后，也可以与肉类菜肴同时上桌，所以可以算为一道菜，或称之为一种配菜。西餐中的蔬菜类菜肴即人们所称的“沙拉”。与主菜同时上桌的沙拉为生蔬菜沙拉，一般用生菜、西红柿、黄瓜、芦笋等制作。

（6）甜品：是在主菜之后食用的，可以算做是第六道菜。确切地讲，它包括所有主菜之后的食物，如布丁、薄饼、冰淇淋、奶酪、水果等。

（7）咖啡与茶：西餐的最后一道是饮料，如咖啡或茶。饮咖啡一般要加糖和淡奶油，茶一般要加香桃片、糖等。

3. 西餐的餐具礼仪

如何使用餐巾。入座后的第一件事情就是把餐巾放在腿上。有些饭店的侍者会帮你做，最简单的选择就是让他来做而不是自己来。

如何使用餐具。决定用刀叉或汤匙后最重要的事就是：尽量不要打乱这些餐具的顺序。如果你不用的话，撤这道菜时，侍者会将餐具一同撤走。

全餐的餐桌上有多少刀叉？

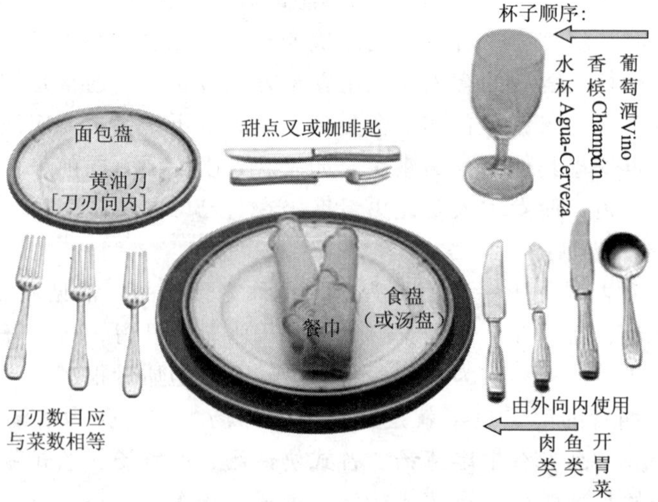

一个正式的全餐里有许多道菜，每道菜都有其搭配的饮料。通常餐具会这样摆放在餐桌上：

右边：从里往外是主菜用刀、一把鱼刀、一把汤勺或一把头盘菜用刀。

左边：从里往外是一把进主菜的叉、一把鱼叉、一把头盘菜用叉。

垫盘上方：一把甜食叉、一把甜食勺或刀。

左边外侧：一个面包盘和一把黄油刀。面包盘要放在最外端叉子的左边。黄油刀放在盘中，刀锋向着自己。

杯子的摆放：一只白酒杯、一只红酒杯、一只水杯，排成三角形（郁金香型）或排成一行。

白兰地酒杯：这种酒杯的设计——细小的颈和气球状的杯体，是为了保持白兰地的芳香。这种窄口杯可以盛 20 盎司或更多，但是每次只能倒大约 2 盎司。有时白兰地也可以用利口酒杯来盛。

香槟酒杯：总容量通常是 4~5 盎司，但要倒 2/3 满。

红酒杯　　白酒杯　　香槟酒杯

餐具规则：不要让刀叉打架

用餐时，一般右手拿刀或汤匙，左手拿叉，杯子也用右手来握。身体不要过于接近餐盘，用餐具把食物送到嘴里，而不要把盘、碗端起来。

刀叉传递用餐信号

刀叉分为肉类用、鱼类用、前菜用、甜点用。如果需要具体分类，刀的种类有：食用刀、鱼刀、肉刀、奶油刀、水果刀；叉的种类有：食用叉、鱼叉、龙虾叉等。

使用刀叉进餐时，刀用来切割食物，叉用来送食物入口。应该注意的是，千万别用刀取食物送进嘴里。刀叉的拿法是轻握尾端，食指按在柄上。切东西时左手拿叉按住食物，右手执刀把食物锯切成小块，然后用叉子送入口中。使用刀时，刀刃不可向外。若有两把以上的刀叉，应由最外面的一把向内依次取用，因为刀叉摆放的顺序正是每道菜上桌的顺序。

如果在餐桌上需要谈话，可以拿着刀叉，无须放下。不用刀时，也可以用右手持叉，但若需要做手势时，就应放下刀叉，千万不可手持刀叉在空中挥舞摇晃。不要一手拿刀或叉，而另一只手拿餐巾擦嘴，也不可一手拿酒杯，另一只手用叉取菜。

刀与叉，除了将食物切开送入口中之外，还有一项非常重要的功用。刀叉的摆放方式传导出“用餐中”或是“结束用餐”的信息。服务生正是利用这些方式判断客人的用餐情况，以及是否收拾餐具准备接下来的服务等等。所以要特别注意刀叉的摆放方式。避免发出错误的信息。

无论任何情况，刀刃的一侧必须面向自己，而且不可将刀刃的一端放在盘上，另一端放在桌上（不是中餐）；

进餐中需要暂时放下刀叉时，应摆成“八”字形，分别放在餐盘边上。刀口朝向自己，表示还要继续吃；

用餐结束后，将叉子的背面向上，刀子的刀刃一侧应向内与叉子并拢，平行放置于餐盘上。尽量将柄放入餐盘内，这样可以避免由于碰触而掉落，服务生也容易收拾；

没用过的刀子，就放在原位即可，服务生会自动将它收走。尽管将刀、叉放在餐盘上并拢是表示结束用餐的信息，但是没有必要把干净刀叉特地放入弄脏的餐盘内。

两种餐匙不要混淆

通常，餐匙可以分为两种：一种是汤匙，个头比较大，被摆放在右侧最外端，与刀并列摆放；一种是甜品匙，个头比较小，被横着摆放在吃甜品所用的刀叉正上方。

汤匙的握法则与握笔方法相同。当用汤匙或调味料用汤匙代替刀时，需右手拿汤匙，左手拿叉。用调味料用汤匙切食物时，握法与握餐刀相同。不过在取调味酱料时，握法则需与汤匙的拿法相同。食物切好后，在盘子上将食物与酱料一同舀起食用。

喝完汤之后，应该把汤匙放在餐盘对面的一方。要注意餐匙绝对不能直接用来舀取任何主食或者菜肴；已经开始使用的餐具不能放回原处，也不能弄得很脏。

4. 西餐如何点菜

入座后就可以点饮料了，这时侍者可能会把菜单一同拿过来。

点饮料

如果先让你点饮料。如果你不知道该不该点含酒精的饮料，最好点非酒精饮料，因为你肯定不想成为众目睽睽之下第一个要酒的人。但是接下来要是有人（包括你的上司）点酒，你可以在侍者离开前要求换一下，也可以选择饭前不饮酒，这都是得体的。

如果你是主人，不想饮酒的话，在侍者要求点菜时，你可以首先声明一下："在约翰点之前，我先说一下，我想要冰茶。"这样，客人就会知道这时饮酒是不合适的。当然你也可以说："在约翰点之前，我说明一下，我想喝加州葡萄酒。"这样，客人就可以点自己想喝的酒精饮料了。如果你不喝酒，但是希望客人喝的话，可以说："乔，想喝什么随便点。"

点菜

看菜单时，在心中记住三点：① 点中等价格的菜，不要点最贵的；② 点你熟悉的菜，不要冒险点从来没吃过的，不仅你可能不喜欢，更可能很难吃，而且要照顾到大家的口味而不要只顾自己；③ 点吃起来方便的食物，蛤蜊酱意大利面很好吃，但是吃起来很容易弄脏衣服。

点菜时主人应该做些什么。首先，主人之前应该在这里吃过饭，聪明的主人是不会把客人带到他从没有去过的餐馆的。你没去过的餐馆可能位置合适，但是如果环境嘈杂的话你们怎么交谈呢？所以事先一定要观察好地点，确保那里的食物与环境还不错，并且你熟悉某些菜品，这样你就可以为客人提供建议了。

如果你对食物有特别的要求该怎么办。如果，你是个素食主义者，最好问一下侍者是否有可以选择的素食。如果没有，你可以让他给你来一盘不加肉的菜。关键是要花最少的精力让他明白你的要求。

必须要点什么吗？如果别人点的菜里既有开胃的小吃、沙拉，又有主食，而你只点了主食，该怎么办？其实没有必要点自己不想要的东西，如果被问道是否还来点别的，你可以礼貌地说："不了，谢谢。"

上第一道菜之前

（1）饮料和面包会很快上来的，你们可以边谈话边吃。

如何用面包篮。面包经常会放在一个小篮子里以便每个人都能享用。如果是放在你面前的话，先递给左边的人，然后自己拿一片，再递给右边的人。

为什么要传给右边的人。因为大部分人都是习惯用右手的，这样可以用左手接过来，用右手取食物。（注意：如果你左边的人首先要食物，也可以向左传。）

拿到了面包和黄油之后该做什么。将其放在盘子上——盘子放在左边——先切成小块，涂上黄油，然后再吃掉，不要把黄油涂满整片面包。

（2）开胃食品（前菜或是头盆）和汤

最先上的应该是开胃食品和汤。吃开胃食品时最好用刀叉，当然也可以直接用手。如果你是用手的话，先切成小块，不要把整片食物全部放在嘴巴里。

怎样吃头盆海鲜。头盆海鲜一般是用高脚玻璃碗盛上来的，学习用小叉子要费点时间但并非无法掌握。如果贝比较小，可以一小口吃完，就可以直接用小叉子叉来吃。如果比较大的话，就用叉子按住切成小块。如果没有叉子，一般是捏住虾尾蘸一下酱，就可以吃了。无论有没有叉子，若是虾比较大，调味酱又是每人一份的话，你可以多蘸几次。若调味酱是公用的，不要重复蘸取。

蛤蜊和牡蛎。直接吧蛤蜊或牡蛎放进嘴里啜食是很好玩的事，可是在商务餐上不要这样做，而是要用叉子叉进嘴里。

得体的喝汤方法。把汤匙放进汤碗轻轻舀一勺，喝时要使勺尖远离自己而不是朝着自己，这样做是为了防止不小心把汤洒到腿上。你还可以把勺子在杯沿或碗边轻轻地刮一下，刮去勺底的汤汁。

可以倾斜汤碗吗？当然可以，但是只有在还剩最后一两勺时才可以，而且倾斜时不要朝着自己。

怎样吃牡蛎。如果牡蛎是同汤一起上来的，要把它放在底盘上（放碗的盘子），不时加几个在汤里，可以用手。然而，如果牡蛎太大的话，可以不用放进汤里而是直接用手拿起来吃。

吃完时把汤匙放在哪里。如果汤是放在小碗里的，一般会有碟子，吃完后，直接把汤匙放在碟子上就可以了。如果是盛在浅碗里，把勺柄朝向偏右方，服务员就会知道你已经吃完了。

5. 美国人与欧洲人餐具使用上的不同

宴会使用刀叉有两种不同的方式：美式和欧式（这不仅是欧洲人同时也是些美国人的使用方式）。这两种方式是否有优劣之分呢？当然不是，事实上，宴会上，两种方式都可以用的：切肉时可以有欧式的，吃其他东西时可以是美式的。

美式用法。切食物时左手用叉，右手用刀（如果你是左撇子，可以颠倒一下）。然后在食用前把刀放在（而不是支在）盘子上，把叉子换到右手，把食物叉到嘴巴里。叉子要倚在中指上，用食指和拇指夹住叉柄的上端。

欧式用法。切食物时，欧式法和美式法是一样的。食指接触叉柄的背部，叉尖垂下。（注意："叉尖垂下" 绝不是不可更改的，而且无论你用哪种方式——欧式、美式，上挑、下垂——都不要把叉子紧握在手里当做一支矛或铲。）

通常是左手持叉，右手持刀的，然而，也有人会左手持刀，右手持叉，这都是可以接受的。与美式用法不同的是，使用欧式法的人在切完食物后直接用叉把食物送入口中，无须把叉换到另一只手中。

两种方式里切食物的方法是一样的：右手持刀，食指压在刀柄与刀背的接合处。左手持叉，叉尖下垂，食指在叉柄的基部，按住食物。切食物时，肘部抬起在餐桌的上方但不要太高。

叉子掉在地上时要捡起来吗？不，让它在地上就行了，请侍者再换一只。

食物或饮料洒到餐桌上该怎么办。迅速扶起倒下的杯子，如果洒出来的东西在桌上流淌，把餐巾放在上面，让侍者过来换张新餐巾，然后再做处理。如果洒到别人的衣服上了，一定要为他擦干净。

怎样召唤侍者。静静地看着侍者，叫一声“服务员”。如果他在远处，你可以用眼神示意，轻轻地把手举到与肩同高的位置向他招手。千万不要疯狂地大喊，除非有突发事件。

女士要求去休息室时，男士要站起来吗？商业场合下，最重要的原则是保持性别中立。不为男士做的事也不要为女士做。也就是说，如果一位男士身边坐着一位希望他站起来的老年女士，他最好站起来。在很多情况下，其实直觉对于做出正确的选择是很重要的。

可以在餐桌上擤鼻涕吗？当然不要。（你可以轻轻地、快速地擦一下，但不要擤鼻涕。）擤鼻涕时一定要远离餐桌，最好是去洗手间，千万不能坐在桌边把鼻涕擤在餐巾纸里。如果你要擤鼻涕或打喷嚏，应该赶快去洗手间。

离开餐桌时应该把餐巾放在哪里。最好的办法就是稍微折一下遮住弄脏的地方，放在座位的左边。无论是暂时离开还是宴会结束，都是要这样做。

怎样用洗指碗。吃直接用手拿的食物比如龙虾时（这时一般会在碗里放一片柠檬），或者是在更为正式的宴会上上甜点时，一般会有洗指碗。把一只手的手指全部放进洗指碗（不要一次放一根手指），然后用餐巾擦干。如果洗指碗是在上甜点前上的，有时在甜点盘里会放一只装饰性的餐巾，这时要把餐巾和碗全部拿过来，放在座位的左边。

想把嘴里的食物吐出来该怎么办？最简单也是最得体的办法是把餐盘举到嘴边，轻轻地吐出来，然后把餐盘放到盘子的边上。如果嘴巴里有一大口软骨或是肥肉，最好去洗手间吐出来，没有人想看到你把它吐在盘子里或餐巾上。（不能扔到桌子下边）

6. 西餐的饮酒礼仪

饮酒是西餐宴会的重要组成部分，但是现在的情形时，你如果不想喝酒的话完全不必强迫自己。

下面是关于商务宴会上饮酒的注意事项。

如果不想喝酒怎么办。侍者倒酒时，不要把酒杯倒过来或者把手罩在杯子上，最简单的方法就是对侍者说：“不了，谢谢。”如果在你没注意的时候侍者已经为你倒上酒了，放在那里继续交谈就行了。毕竟，相对于杯子里有没有酒来说，交谈更重要。

该怎样倒酒。在宴会上可能会要你倒酒。记住，白酒要倒三分之二满，红酒要倒二分之一满。倒完后，杯子稍微倾斜一下，把瓶口在杯壁上轻轻刮一刮，以防把酒洒出来弄脏桌布，或者，更糟糕的是，弄脏客人的衣服。

红酒与白酒可以同时喝吗？当然，但是应该是在喝完一种后再换另一种。例如，吃开胃小吃时，或者在正式宴会上，吃头盆海鲜时，你可能喝的是白酒，然后吃主菜时，你完全可以换成红酒。

女主人会选用哪种酒杯

西餐中，吃不同的菜需要搭配不同的酒，所以对酒杯的讲究也比中餐多。通常不同的酒杯用来喝不同的酒。在每位用餐者右边餐刀的上方，会摆着三四只酒水杯。可依次由外侧向内侧使用，也可以“紧跟”女主人的选择。一般香槟杯、红葡萄酒杯、白葡萄酒杯以及水杯，是不可缺少的。

餐具如果掉到地上怎么办？

用餐的时候，餐具不小心掉在地上，如果弯腰去捡，不仅姿势不雅观，也会弄脏手指。不妨轻声请服务生前来处理，并更换新的餐具。

7. 西餐的食用礼仪：先喝汤还是先吃鱼

西餐的全套上菜流程通常是：前菜和汤——鱼——肉类——水果——甜点和咖啡，还有餐前酒和餐酒。

什么时候开始吃？

西餐是分餐式，如果是几个人邀约用餐，在欧洲，第一道菜端上来时，就可以开始吃，在美国，应当等最后一个人的菜上好了才一起用餐。

在很正式的场合，应当有女主人邀请大家开始用餐。如果女主人不在场，男主人席位右边的女嘉宾应当是第一个开始吃的人，其他人看到她的行动则可以进餐了。

喝汤不能一饮而尽

喝汤时不要吸啜汤汁，不要咂嘴发出声音。如汤菜过热，可待稍凉后再吃。不要用嘴吹。喝汤时，用汤勺从里向外舀，汤匙的底部放在下唇的位置将汤送入口中。

餐酒与食物的最佳匹配

几百年来，饮酒时选择适当的食品似乎已经形成了一条条的规律。但是，随着现代社会中新食品和新型酒类的不断涌现，这些规矩越来越显得陈旧不适用了。美酒和佳肴匹配，其实不应说何者是“主”，以酒佐餐，一方面是想增加享受，另一方面也是“辅以美食”来饮好酒，如此你对品酒的乐趣也会大有增益。碰到一顿饭开许多瓶酒来配不同的菜的情况，有什么要遵守的规则呢？

酒和食物的固定搭配

饮酒时搭配食物重要的是根据口味而定。食物和酒类可以分为四种口味，这也就界定了酒和食物搭配的范围，即：酸、甜、苦和咸味。

酸味：你可能听说过酒不能和沙拉搭配，原因是沙拉中的酸性极大地破坏了酒的醇香。但是，如果沙拉和酸性酒同用，酒里所含的酸就会被沙拉的乳酸分解掉，这当然是一种绝好的搭配。所以，选择酸性酒和酸性食物一起食用。酸性酒与含咸食品共用，味道也很好。

甜味：用餐时，同样可以依个人口味选择甜点。一般来说，甜食会使甜酒口味变淡。如果你选用加利福尼亚查顿尼酒和一片烤箭鱼一起食用，酒会显得很甜。但是，如果在鱼上放入沙拉，酒里的果味就会减色不少。所以吃甜点时，其中过高的糖分会将酒味覆盖，使之失去原味，因此应该选择略甜一点的酒。

苦味：苦味酒和带苦味的食物一起食用苦味会减少。所以如果想减淡或除去苦味，可以将苦酒和带苦味的食物搭配食用。

咸味：一般没有咸味酒，但是有许多酒类能降低含盐食品的咸味。世界上许多国家和地区食用海产品如鱼类时，都会配用柠檬汁或酒，主要原因是酸能减低鱼类的咸度，食用时，其味道更加鲜美可口。

不同的酒配不同的菜

(1) 吃头道菜时配鸡尾酒；喝汤时饮雪梨酒；吃鱼时饮无甜味的白葡萄酒；吃肉类菜食时配红酒；吃奶酪时饮红葡萄酒；吃布丁时用甜味白葡萄酒或香槟酒；吃水果或甜食配葡萄酒；喝过咖啡后配利口酒。

(2) 先开白酒后开红酒，这也与吃西餐“先鱼后肉”的规矩配合。如果开两瓶或更多瓶的白酒，应先饮较“干”的，再顺次饮“甜”的。如果开两瓶或更多瓶的红酒，应先饮新酒后饮陈酒，愈陈的酒愈迟饮。

(3) 一般而言，红酒宜佐红肉，白酒宜佐鱼或白肉（例如鸡肉）。即使单是“红酒佐红肉”也有讲究。如果你用两瓶不同的红酒佐两道不同的红肉菜，便应以酒身比较醇和的红酒佐食味比较淡的肉。比方说，吃“焖”和“炖”的肉，宜选布根地红酒或比较柔顺的波都酒。吃野味和调浓味稠汁的肉，宜选酒身够而浓郁的红酒。

吃肉的刀法与技巧

烤肉　按照烧烤程度，烤肉大致可分为半熟、略生、生熟适中、略熟、熟透等多种。点菜时，要先选好烤肉的烧烤程度。

牛排　首先将调味酱钵拿到盘子旁边，以汤匙取酱料时注意不要滴到桌布上。调味酱不能直接淋在牛排上，应取适当的量放在盘子的内侧，调味酱的量约以两汤匙为适量。取完调味酱后，将汤匙放在调味酱钵的侧边，并传给下一个人。

切牛排时应从左往右将肉切成一口大小的块儿蘸酱料吃。将牛排切得太大，不单卖相不好，而且还会溅出肉汁，若牛排凉的较快，就会失去其应有的味道。

鸡肉　先吃鸡的一半。把鸡腿和鸡翅用刀叉从连接处分开。然后用叉稳住鸡腿、鸡脯或鸡翅，用刀把肉切成适当大小的片。每次只切两三片，吃鸡腿时应先用力将骨去掉，不要用手拿着吃。

如果场合很正式，不方便使用刀叉取用的，干脆别动。如果是非正式场合，则可以用手拿取小块骨头，但只能使用一只手。

排骨的一端裹着锡纸，可以用手拿着吃吗？

如果排骨的一端裹着锡纸，这表示你可用手抓住锡纸的一端，用刀来切骨头上的肉，这样就不会使手油腻。

在正式场合或者大型宴会上就餐时，即使包有锡纸也不能用手拿着骨头啃着吃，因为这些锡纸基本上是用来作装饰的。另外，在非正式场合，只有骨头上没有汤汁时才可以拿起来啃着吃。

米饭要用叉子舀

吃米饭之类的食物时，可以很自然地将叉子转到正面舀起食用，因为叉子正面的凹进部位正是为此用法而设计的。这时候，也可利用刀子在一旁辅助用餐。将餐盘中的米饭舀起时，用刀子挡着以免米饭散落到盘子外面，这样就可以很利落地将盘内食物送到口中。

当需要将盘子内的细碎食物聚集时，可以利用刀子挡着，再以叉子靠近舀起。利用汤匙代替刀子也是可以的，用叉子将食物聚集到汤匙中，再用汤匙将食物送入口中。需要在食物中加入调味酱时，应先用调味酱用汤匙取出适量酱料配置于盘子的内侧，利用叉子将食物沾好酱料后推到汤匙上再食用，而不是将酱料直接淋到食物上，因为后者是不合乎礼节的。

意大利面这样吃

意大利面有很多种形状，根据形状和口味大致可分为三种：长面、短面和鸡蛋面。我们平日里见到最多的就是长面，比较像中国的面条；根据形状的不同短面有众多名称，包括管状面、笔尖面、贝壳面、螺旋面、蝴蝶面等；鸡蛋面是小麦粉加鸡蛋揉制而成的面条，更富弹性和口感。

另外，搭配每种面条的酱汁和配料也有所区别，长面会搭配薄一些的酱汁或橄榄油，搭配香菇类或墨鱼、蛤蜊、鳕鱼等海鲜；短面会搭配厚一些的酱汁。不同的意大利面吃起来也有一些不同的方法：

像面条一样的意大利面，在吃的时候应当用叉子慢慢将面条卷起来送入口中，最容易的方法则是用勺子配合叉子来卷面条，右手持叉将面条转圈，使面条围绕叉子卷成一小束，同时左手用勺顶住叉子起固定作用，把面卷起来，送到口中。注意一次不要卷太多，足够一口吃下则可。

如果不是条形的面，直接用叉腹舀起来就可以了。

不管是什么样的意大利面，都切勿搅拌面条或用汤匙来吃。

甜点要用小叉勺

蛋糕　用小叉子分割取食，较硬的蛋糕用刀切割后，同样用小叉子分割取食。如果是小块的硬饼干，可以直接取用。

冰淇淋 吃冰淇淋一般使用小勺。当和蛋糕或馅饼一起吃或作为主餐的一部分时，要使用一把甜点叉和一把甜点勺。

馅饼　吃水果馅饼通常要使用叉子。但如果主人为你提供一把叉子和一把甜点勺的话，那么就用叉子固定馅饼，用勺挖着吃。如馅饼是带冰淇淋的，这种情况下，叉、勺子都要使用。如果吃的是奶油馅饼，最好用叉而不要用手，以防止馅料从另一头漏出。

果汁冰糕 如果作为肉食的配餐可以用叉食用，如果是作为甜点食用，则使用勺子。

炖制水果　吃炖制水果要使用勺子，不过你可以用叉子来稳住大块水果。遇到樱桃、梅干、李脯等有核水果，需要将核吐到手心里，然后放在盘边。

咖啡要优雅的品

在餐后饮用的咖啡，一般都使用袖珍型的杯子饮用。这种杯子杯耳较小，手指无法穿过去。但是即使用较大的杯子，也不要用手指穿过杯耳端杯子。正确的喝法应是用右手拇指和食指捏住杯耳，左手轻轻托着咖啡碟，慢慢地移向嘴边轻啜。不要满把握杯、大口吞咽，也不要俯首去就咖啡杯。喝咖啡时，嘴里不要发出声响。添加咖啡时，不要把咖啡杯从咖啡碟中拿起来。两手端着托碟或者杯子，看起来不很文雅。但是，在离开沙发或桌子以及站立谈话的时候，需要手端托盘。

喝咖啡时，餐厅会附上一只咖啡匙，它的用途在于搅散糖和奶精，所以不要拿糖罐及奶精罐中的汤匙来搅拌自己的饮料，饮用咖啡应当把它取出来。不要用咖啡匙舀起咖啡来喝，也不要用咖啡匙来捣碎杯中的方糖。喝完咖啡之后，咖啡匙要放在碟子上，不能放到餐桌上。

给咖啡加糖时，砂糖可以用咖啡匙舀取，直接加入杯内；也可先用糖夹子把方糖夹在咖啡碟的近身一侧，再用咖啡匙将方糖轻轻放到杯子里。如果直接用糖夹子或手把方糖放入杯内，可能会使咖啡溅出弄脏衣服或台布。

如果咖啡太烫，可以用咖啡匙轻轻搅拌使之变凉一些，或者等自然变温后再饮用。用嘴将咖啡吹凉，是很不文雅的动作。注意，搅拌的时候手腕不要动，是用手指轻轻搅动咖啡匙。

如果红茶需要加柠檬，不要将柠檬一直放在杯子里，借味之后要用小勺子捞出来放在杯子外侧的托盘上，考虑到不要让身份比自己高的客人看到自己扔掉的东西，可以将其放在托盘靠近手边的位置上。

喝咖啡时可以吃一些点心，但不要一手端着咖啡杯，一手拿着点心，吃一口喝一口交替进行。饮咖啡时应当放下点心，吃点心时则放下咖啡杯。

水果不要整个咬

吃水果时不要拿着水果整个去咬，应先用水果刀切成几瓣，再用刀去掉皮、核，用叉子叉着吃。

苹果和梨　在宴席上，要用手去取苹果或梨，放在盘里。可以用螺旋式将其削皮。如果觉得比较有难度的话，就把水果放在盘中，先切成两半，再去核切块，然后用叉或水果刀食用。如果场合更加随意的话，可以用手拿着吃。

鳄梨　带壳的鳄梨需要用勺来吃。如果切成片装在盘子里或拌在色拉里，要用叉子吃。

香蕉　如果是在餐桌上吃香蕉，要先把皮纵向划一条直线后剥开，再用刀从左边开始一口一口切成段吃，不要用手拿着剥皮直接吃。

柚子（橙子、橘子）　吃柚子时，先把它切成两半，然后用茶匙或尖柚匙挖出食用。剥橙子皮有两种方法，两者都要使用尖刀。方法一：螺旋式皮。方法二：先用刀切两端的皮，再竖直将皮一片片切掉。剥皮后，可以把橙肉掰下来。如果掰的部分不大，可一口吃掉。如果太大，要使用甜食刀叉先切开，后食用。如果橙子是切好的，也可以像吃柚子那样使用柚子匙或茶匙挖着吃。吃橘子要先用手剥去皮，再一片一片地吃。

葡萄　对于无籽葡萄没什么讲究，一粒一粒吃就行。若葡萄有籽，要把籽吐在手上，再放到自己的盘中。要想容易地剥去葡萄皮，则可以将其蒂部放在嘴边，用中指和食指将果肉挤入口中，最后把剩在手中的葡萄皮放在盘里。

芒果、木瓜　要先用锋利的水果刀纵向切成两半，然后再切成四分之一半。用叉子将每一块放在盘中，果皮朝上，并剥掉芒果皮。你也可以像吃鳄梨那样，把芒果切成两半，挖食果肉，保留皮壳。木瓜的吃法与吃鳄梨和小西瓜一样，先切成两半，抠出籽，然后用勺挖果肉吃。

菠萝　通常出现在桌子上的菠萝都是已经剥好的纯果肉，所以吃起来很简单，吃鲜菠萝片时，要使用刀和叉。

草莓　大草莓可以用手拿着柄部，蘸着自己盘里的白砂糖整个吃，然后将草莓柄放入自己的盘里。如果草莓是拌在奶油里的，当然要使用勺子。

西瓜　切成块的西瓜一般用刀和叉来吃，吃进嘴里的西瓜籽要吐在手中，然后放入自己的盘子。

浆果、樱桃　吃法很多，可视情况而定，一般来说，吃浆果时，不管有无奶油，都要用勺子；吃樱桃要用手拿，将樱桃核吐在手里，然后放入自己的盘子。

第十四章

文化的博弈：各国谈判风格

14

一、西方人眼里的中国商人

在国际商务谈判中，最难的一点是谈判人员对不同文化、思维、习俗、行为、工作方式的理解和认同。所以，对于国际商务谈判，前期的准备工作要更加仔细、翔实，并要注重细节。因为在国际商务谈判的前期工作中，不仅涉及谈判内容，更要将对方的风俗习惯、文化差异等进行认真透彻的研究。以谈判闻名的美国人，也强调国际商务谈判前的准备工作大概要占去整个商务谈判三分之一的时间。

在国际商务谈判中要做到知己知彼，我们不仅要了解对方的文化习俗背景，更重要的是摸透对方的内心想法。对方面对我们中国人进行商务谈判时，会制定哪些策略，会使用什么样的战术。要做到"摸透对方"这一步，我们反过来看看，中国人在西方人的眼里是什么样的形象。

我们来看看西方人是如何评价中国人的谈判特点，以此思考西方人如何对待这些特点。下面这份报告是美国商界研究出来的，并且被哈佛商学院收录，可以说具有很高的代表性。

跟中国人谈判注意的八个要素：

1. 关系

中国人很重视朋友、亲戚，自己圈子里的人。中国人做生意把关系放在第一个要素，看来美国人对中国文化研究得很到位。

2. 中间人

中国人对陌生人持有戒备、怀疑的心态，所以在中国进行商务谈判，一定要有中间人作为双方联系的纽扣。

3. 社会等级

对于儒家文化熏陶的中国人来说，级别很重要，谈判桌上总是选出对应的职位级别来进行谈判。若要中方总经理出席谈判，美国企业也要由总经理亲自出马。

4. 关系融洽

中国人做生意的同时，也在交朋友，所以不是把生意和朋友分开，而是放在一起。对于西方人来说，如果不想交朋友，那么对不起，这个谈判可能很难进行下去。

5. 整体观念

中国人的整体观念很强，这主要是因为中国的象形文字成就了中国人的这个特点。Michael Harris Bond，心理学教授，曾任职于香港中文大学，他曾经发表过一篇关于中国文字的研究文章，文章中讲中国人的象形文字就好比图片，中国孩子小时候就要去识别数千个象形文字，这使得中国人在看图片时整体感很强。

6. 节俭

中国人有节俭的传统，这在商务谈判上体现得更为明显，跟中国人讨价还价是项艰苦的过程。中国人往往要深思熟虑，讨论很久才肯做出价钱方面的让步。

7. 面子

在中国文化中，一个人的面子代表了他的社会地位和荣誉。如果不尊重中国人的面子心理，让中方谈判代表难堪，即便是不是故意的，整个商务谈判将会受到很大的损失。

8. 吃苦耐劳

中国人以吃苦耐劳闻名于世，他们将吃苦耐劳看得很重要，视为一种荣誉。

以上就是美国人总结的中国人商务谈判的八个要素，西方人把我们中国人研究得比较透彻。而这些要素都是特定文化下熏陶出来的特点，所以说，国际商务谈判，最突出的一个问题就是文化差异。

欧美企业跟亚洲企业进行商务谈判，肯定双方都有点别扭，欧美人认为亚洲人对合作不够积极，谈判中欧美人总是一种积极并且自信满满的态势；亚洲人则认为欧美人侵略性很强，谈判中亚洲人总是小心谨慎，生怕受到损失。北欧企业跟巴西企业进行商务谈判也有很有意思，北欧人说话简洁明了，力求效率，巴西人天性开朗乐观，谈判中没完没了地说，想必北欧人非常惧怕跟巴西人进行商务谈判。

在了解西方人如何分析中国文化及商务谈判特点后，我们在国际商务谈判中可以将计就计，充分利用文化差异，在谈判中获得主动权；我们也可以以此为心理优势，先守后攻，采取后发制人的策略。无论何种策略，对待国际商务谈判时，我们都要以利益最大化为目标，以合作为导向，在这些基础上，使用灵活应变的谈判策略。

二、各国谈判基本特点

我们先来了解一下美国人，因为美国人是我们目前接触最多的人，政治上、经济上、生活上，我们可能跟他们谈判的机会很多。美国人很理性，他们只注重有凭有据的合约。跟美国人做生意的时候，合约的拟定非常重要，合约是他们最重要的事情。如果你要卖东西给他们，给不同的对象，你就要学习他们不同的做事方法，也要学会欣赏他们做事的方法。跟美国人打交道时，要注意美国人自己会有两个盲点：一、美国人过于高估那一项交易，而不重视他跟对方的关系。他太看重这件事情的结果，他太看重契约，而不去注重双方关系的发展。所以如果你跟美国人做生意，契约的部分要设计得尽可能完善，因为对方以为这就是最后的结果。二、美国人通常不喜欢在生意场上寒暄太久，他们喜欢直接切入主题。所以如果你要跟美国人谈判的话，你要先把主题完整地准备好，可以很快速地进入主题。

美国人面对外国客户谈判的时候，有几个特点：第一，美国人的沟通比较直接，他直接问你公司赚多少钱，多少钱卖给他，沟通方式非常直接；第二，他沟通的方式虽然直接，可是他不一定在一开始，就把所有的底价全部都拿出来；第三，美国人喜欢单独跟外国人谈，他们谈生意的时候，不一定是一个团队，他可能单枪匹马来跟你谈；第四，因为他太注重事情的结果，比较忽略跟人的接触，所以美国人不可能跟你掏心掏肺，不可能在人际关系方面，跟你建立太多联系；第五，美国人希望很快就有结果，比较注重短期的利益。你可以注意到，美国换CEO很快，比换员工还要快；第六，美国人跟外国人谈判的时候，喜欢讲英语，这样他们就有一定程度的优越感，也是因为学习语言的关系，他们不容易学会其他国家的语言，所以在跟美国人谈判的时候，如果我们讲普通话，他们通常听不懂，可是我们听得懂英文；第七，美国人不喜欢沉默，大家都不说话就受不了；第八，美国人很讨厌承认自己是无知的；第九，美国人如果收到对方的礼物，就觉得有责任，因为他们觉得我跟你比较熟悉，比较靠近，才可能去买礼物或者收礼物。所以一旦你送给他礼物的时候，他就觉得你把他当成自己人，所以他也会跟你相对地比较靠近。因为一般美国人跟美国人初见面是不会送礼物的。如果我们送他礼物，代表我们很重视他，他会觉得他很受重视。喜剧演员卡琳说过一句话，他形容什么是天堂，他说如果有天堂，那一定是这个地方，有德国的机械师，因为德国人对这些东西很精准，住在瑞士的旅馆，请了一个法国的厨师，还拥有一个意大利的情人，以及英国的警察。这代表什么呢？英国人比较绅士，警察不会随便打你，意大利的情人非常浪漫，法国非常注重吃的东西，德国的机械非常安全，瑞士的旅馆非常舒服，他觉得那个地方就叫天堂。

再了解一下英国人，他们喜欢被称为 English，英国人，而不是 British，大不列颠。他们对自己的血统非常在意，甚至英国人在某一种程度上，在心理上还一直觉得自己是美国人的哥哥，和美国是兄弟之邦，他们永远不会忘记，美国人是从英国过去的。英国人比较绅士，他们觉得，我们很有历史、很有传统。他们很注重自己的出身。

英国人的特点是：第一，英国人靠日历生活，时间观念很强，所以你一定要很早地就跟他约好时间，而且一定要准时出现。第二，英国人对礼貌的要求比较高，他们唯礼适从。第三，英国人很重视隐私，跟英国人谈事情的时候，一些比较私人的问题，比较私密的问题，他不会问你，因为他们觉得那些跟公司无关。第四，他们非常注重阶级的区分，因为英国是君主立宪制国家。第五，英国人比较拘谨，他们不像美国人那样乐意跟陌生人交谈，英国人一定要在安全的情况之下，才和别人交谈。第六，英国人对美国人有一定的戒心，他们觉得美国人有点油腔滑调，甚至觉得美国人讲英文速度太快，因为英国人的速度，是比较慢的，很绅士，他们喜欢很多东西慢慢来。如果女士跟英国人谈判，他还会礼貌地为你拉椅子，为你做些什么事情，很有礼仪。在这种情况之下，你跟英国人谈判时，就要注重一些相关的礼貌跟礼仪，行事步调要慢一些，要配合他的节奏。

巴黎对于法国，就好像纽约对于美国一样，是一个工作压力比较大，商业步骤比较紧凑，竞争比较激烈的一个环境。所以自然的法国人不像英国人那样有礼貌，节奏比较快。但是他们在喝咖啡和吃饭的时候很浪漫。法国人相对还是比较温和、比较友善的，他不会跟你争吵。其实法国人的语言能力是不错的，一般我们学外语，首先学英语，而且学英语比较多，法国人其实很多人会说英文，可是在一般情况下，法国人不说英语。他不说英文不是因为英国跟法国传统的战争，也不是因为法国人觉得说英文不好，而是他们觉得英语说得还不够好，所以就先说法语，而不先说英语。这个做法很容易让人家觉得他很高傲。但是法国人其实不是这个意思。法国人很有趣，你跟他谈判时候，如果他回答 Yes，回答好，并不是代表真的好。法国人回答好的时候，是 maybe，意思就是也许吧。如果他回答说不要，那就代表还有商量的余地。法国人很喜欢逻辑思考，所以跟法国人协商谈判的时候，你要把理性的东西准备得很清楚，跟法国人只有在吃饭和喝咖啡的情况下才要感性。因为他们非常注重美食，香榭丽舍大道上，永远有一堆人，在那个地方喝咖啡。

法国人很重视坚守原则，就算这个生意能让他赚到一大笔钱，但是也不能够说服他违背原来传统的做生意的方式。所以跟法国人接触的时候，我们一定要称赞他的坚守原则。和法国人交往，你一定要想办法做到守时，跟英国人不太一样，英国人有时候你准时到了，他不一定到。法国人非常重视你是不是准时到达，如果你迟到的话，对他可能是一种侮辱。跟法国人见面的时候，很短暂的握手是礼貌。很多人以为，外国人在一起，特别法国人要亲脸颊。其实不是这样，很亲近的朋友，他才会跟你亲脸颊，不会每个人都会跟你亲脸颊。法国人很注重称呼成年的女子，要称呼她夫人（Madam）。在法国跟他们谈生意的时候，美食当前，绝对不要谈公事，因为吃是他们最享受、最放松的时候。所以对方请你吃饭的话，你要称赞那些食物非常好吃，他就很高兴。

在与德国人进行谈判时，应当注意到，德国是一个充满理性的国家。德国人做任何事情都一丝不苟，细心谨慎，他们会把每一个细节、每一步计划都设计得十分周密，并且一步一步地去完成。德国的谈判方式显得很特别，他们的准备工作往往做得十分充分，一切都尽量达到完美无缺，这与他们的民族性格是相符的。所以你跟他签约的时候，一定要弄得非常清楚。跟德国人见面时候，你的态度一定要很坚定，因为他们不喜欢那些懦弱而没有表现的人，他们喜欢勇敢的人。跟德国人谈事情的时候，不要把你的手插在口袋里面，他会觉得那是你对他的一个很大的侮辱。开始跟德国人接触的时候，他不会跟你很熟悉，刚开始会比较严肃，比较冷漠，不过你跟他相处一段时间之后，可能会变得比较好一点。

德国人不喜欢含糊其辞，躲躲闪闪。如果他们希望达成这笔交易，就会明确表示自己的意愿，愿意通过谈判来取得合作。在这之中，对于如何交易、谈判的实质问题、中心议题以及要达到一个什么样的目标，德国人都会加以详细考虑，并拟出一份完备的计划表，在谈判的过程中按照这份计划表一步步地去实现。德国人在谈判中比较固执己见，不喜欢让步。例如，如果德国人在谈判中已经提出了产品的价格，那么这个价格往往难以改变，因为德国人是经过深思熟虑才提出的，他们会极力坚持自己的意见，你要想讨价会难上加难。所以，与德国人打交道，必须要有充分准备，做好打一场攻坚战的思想准备。在实际的谈判过程中，最好在谈判的实质问题上先行一步，比如产品价格，抢在德国人之前谈出自己的意图，并表明立场，这也可算是对德国人的一种试探。德国人比较聪明，一旦进入实质性谈判，他们善于占据主动，并按自己的意愿把谈判引入最终阶段。

德国人非常重头衔和职衔，大家了解一下德国大选就知道，来自于前东德的这位女士，成为了德国有史以来的第一位女总理，而且是第一个东德出生的女总理。但是他们在选举过程中，有很多的协商谈判，组成多数联盟等，大家本来都估计，为了左右共治，原来的德国总理，可能会担任新的副总理。但是后来发现，他没有担任，因为他们非常重视职衔，他想，我当过总理，我怎么还愿意再做副总理。所以当你和德国人谈判的时候，如果是董事长，就要称呼他为董事长，是总经理要称呼他为总经理。美国人不会这样，美国人直接叫名字，比尔，你在叫谁？比尔·盖茨。戴尔，你在叫谁？麦克·戴尔，德国人非常注重称呼，美国人则比较随意。

在与北欧人进行谈判时，应当注意到，北欧人在谈判中一般都显得比较随和、平静，他们在谈判中不易激动，常常沉默寡言，在不该谈论的时候决不主动表述自己的意见。他们讲话大都慢条斯理，有条不紊。北欧人这种谈判方式的优点是不易被对方窥破秘密，在接下去的谈判中可以把自己的立场慢慢展示出来。它的缺点是，如果所面对的是咄咄逼人的对方，就比较容易被对方压服，不利于提出谈判筹码，也就不利于展开自己的观点。不过，北欧人在谈判桌上一般不玩花样，他们的态度通常比较坦率而客观公正。他们会向你表明他们对这场谈判的立场和态度以及相关的一切情况，以此显示其诚意。在谈判进行之中，如果出现一些障碍，北欧人不是绕开它，而是提出一些建议性意见，做出一些有益的努力，使谈判的气氛重新开始好转。同时，北欧人通常也不会去威胁对方，他们往往提出许多富有建议性的意见以供参考。他们不像法国人那样固执已见，斤斤计较，也不像美国人那样气势汹汹，总想为自己赚取更大的利益。所以，当我们与北欧人谈判时，最好是投桃报李，以诚相待，不要过于死板，也不必拘泥于某一问题而拖延谈判，使得谈判出现障碍。对北欧人应该采取灵活而有效的措施，积极寻找达成协议的最佳途径。因为对方是值得信赖的，所以我们就应充满信心地把事情谈好。

东南亚人很注重人跟人之间的关系，他们宁愿相信跟他握手的谈判的人，而不相信那一纸合约。而且他们觉得，这个是当时开会的人答应的事情，而不一定是他的机构答应的事情。他们认为很多承诺跟人有关，而不一定是和他的机构有关。美国认为，谈判到最后的结果就是签约，就是尾声了。可是东南亚人，觉得签约才是开始。

韩国人也是将约定作为双方关系的开始，而不是最后的终点。所以承诺、签约都只是刚开始而已。韩国人认为所谓的合约，只是表示某年某月的某天，双方对某一件事情，有了某一种程度的了解而已。所以如果以后情况变了，那这个合约当然也就应该变了。因此你跟韩国人签约时，预期未来可能会产生一些变化，那么你就要把那些可能的变化，都先写进你的合约里面。如果你没有先写进去，条件改变了，就有可能不一样了。

日本人谈判的时候，不会直接跟你回答说 NO，他回答嗨嗨嗨，我们听起来好像是好好好，实际上没有真的说好，嗨嗨只是代表知道了，听到了，看到了，仅此而已。不代表同意了，好了，成交了。因为他们的习惯用语就是这样，嗨嗨嗨。所以你向日本人提问的时候，尽量不要让他们回答嗨，要问他们开放式的问句。比如，贵公司提高的这个价格，会在多少范围之内？如果问贵公司价格会是 25 块吗？对方说嗨，你以为就是 25 块，其实只是代表他听到了。所以跟日本人讲话的时候，你问的问题要开放式的，用开放式的问句，来收集更多的答案跟信息。日本人因为不好意思拒绝别人，所以如果他跟你讲，可能会有一点困难，就代表已经不行了，可能有点困难就是不行了。还有日本人习惯集体做决定，所以到最后你很难发现，到底是哪一个人负责做出决定。日本的高层主管，甚至认为他们的人，就是负责出点子的，可是不一定是做最后的决定，也不一定是承担最后的结果。

最后说到我们中国人自己。中国人谈判的时候，先讲情，再讲理，最后才讲法。所以中国人跟别人做生意的时候，比较注重彼此的关系。中国人天生就是生意人，喜欢讨价还价。谈生意的时候一定要讨价还价一番，绝对不会接受对方第一个价格。也因为这样，很多地方都养成了习惯，开价一般都不是最后的成交价。中国人做生意的时候，喜欢开口要价比较高，再慢慢让步。再把这个人情做给对方，让对方觉得，我有考虑到你，我有让步。然后在整个过程里面，享受这种讨价还价的乐趣，这就是咱们中国人。

第十五章

谈判中的读心术

15

及时察觉对手的真正意图是至关重要的，因为你这么做可以节省你的时间、精力和金钱，以及避免因被欺骗而伤心，或遭受物质上的损失。

只有当你知道一个人的真正意图时，你才会知道如何控制局面，至少不会被对手轻易算计。

本章讲授：识破谎言的六大类线索和方法：

- 肢体语言
- 情绪状态
- 交谈模式
- 说话方式
- 心理征兆
- 其他综合线索

一、肢体语言

（一）理论依据——大脑边缘系统（limbic system）

大脑结构图

大脑边缘系统主要由胼胝体、下丘脑、背侧丘脑、杏仁体和海马等部位组成。

边缘系统有两个高级神经组织，即杏仁核与海马，前者关系情绪的表现，后者与记忆有关。

为什么要研究大脑边缘系统？

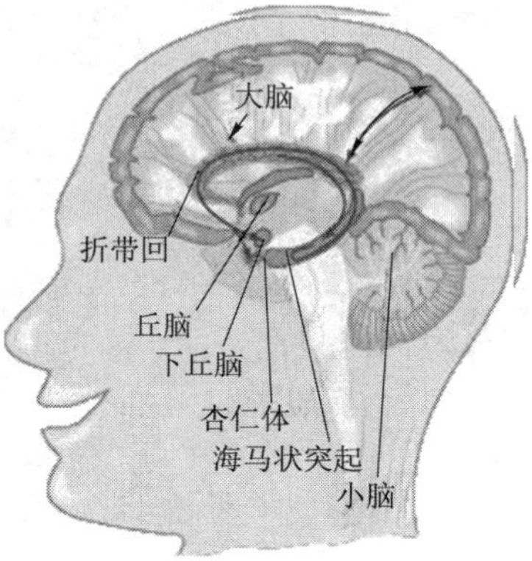

图中棕黄色区域为大脑边缘系统

因为它对来自外界的反应是条件反射、不加考虑的，也是最真实的诚实可信的行为。

它是唯一一个负责我们生存的大脑部位，而且从不休息，在遇到危险时，边缘系统会调整我们的行为。

它也是我们的情感控制中心。

边缘系统反应的最关键的 3 种生存功能（NLP 之尼安德特效应）

1. 冻结反应

僵持不动 、过度自控、压抑克制。

减少曝光率也是一种冻结反应（海龟效应）。

2. 逃跑反应

保持距离、阻挡行为、愁眉苦脸。

在谈判中，当人们听到不合理的报价时，或在讨价还价的过程中感到不舒服或威胁时，人们很可能会下意识地将身体倾向于相反方向。

同时出现的可能还有各种阻断行为，如闭眼、揉眼或用手捂脸等。

3. 战斗反应

侵犯进攻、威胁恐吓、轻蔑无礼。

安慰行为的重要性

在研究非语言行为的过程中，你会发现，只要是有边缘反应的地方——特别是在发生一段令人悲痛或充满威胁和不安的经历中——我们所谓的安慰行为就会出现。

触摸或抚摸颈部是一种最常见、意义最重大的安慰行为。

（感到不安、不适、恐惧或忧虑时，人们会触摸颈窝）

安慰行为会泄露很多秘密，会告诉别人你的不适和不自在，或者对别人所说或所做的事情产生了某种消极反应。

安慰行为是我们应该关注的重点，因为它能够帮助我们揭穿谎言或找出隐藏的信息。

安慰行为的类型

安慰行为并不能帮助我们解决问题，但是能够帮助我们保持冷静。

一般来说，男性多喜欢触摸脸部，而女性多喜欢触摸颈部、衣服、珠宝、手臂和头发。

有时候，安慰动作很细微，如轻轻弹扫衣服或校正领带的位置等。

1. 颈部安慰动作

抚摸颈部是最有效且使用最频繁的安慰动作之一，我们经常用这种方法缓解压力。

女性的安慰行为则有很大不同。女性在遇见紧张或不安的情况下，会抚弄她们的项链或触摸颈窝。

2. 脸部安慰动作

主要动作包括：搓擦前额、触摸嘴部或抿舔嘴唇、用拇指拉捻耳垂或食指、按抚脸部或触摸胡须、把玩头发等，这些动作都能在我们遇到压抑情况时起到安慰的作用。

有时也会通过鼓足腮帮后，再缓缓呼气来达到安慰自己的目的。

3. 声音安慰行为

吹口哨也是一种安慰行为。

有些人甚至会自言自语，目的也是为了缓解当时的压力。当他/她感到紧张或心烦意乱时，也许会说个不停。

有些触觉和听觉安慰方法是可以同时使用的，比如用铅笔敲桌子或用手指打节拍。

4. 搓腿动作

当人们感到紧张或压力时，他们会将手掌放在双腿上搓来搓去。那么，他们首先会把手放在桌子下面，这是一种十分准确的反应不适或不安的信号。

5. 通气行为

男性通常会将手指放于衣领和脖子之间，然后用手将衣领拉离自己的皮肤，这一通气动作也是对压力的一种反应方式，反映了一个人对自己想到的事情或所处的环境感到不愉快的信号。

女性使用这种行为的方式更为巧妙，可能只是抖动几下衬衫或向后撩一撩头发。

6. 自我控制的拥抱

很多人在面临压力时会将手臂交叉并反复用双手摩擦肩膀，仿佛很冷的样子。这是一种保护性动作，它能让人平静。

7. 触摸鼻子

美国芝加哥嗅觉与味觉治疗研究基金会的科学家们发现，当人们撒谎时，一种名叫儿茶酚胺的化学物质就会被释放出来，从而引起鼻腔内部的细胞肿胀，导致鼻子在撒谎过程中因为血液流量上升而增大，这种现象叫“皮诺基奥效应”。

8. 揉眼睛

大脑通过摩擦眼睛的手势企图阻止眼睛目睹欺骗、怀疑和令人不快的事情，或者是避免面对那个正在遭受欺骗的人。

男人在做这个手势时往往会使劲揉搓眼睛，如果他试图掩盖一个弥天大谎，则很有可能把脸转向别处。

女人相比而言，更少做出摩擦眼睛的手势，她们一般只是在眼睛下方温柔的轻轻一碰。

9. 抓挠耳朵

和触摸鼻子的手势一样，抓挠耳朵也意味着当事人正处在紧张不安或焦虑的状态中。

10. 手指放在嘴唇之间

大部分用手接触嘴唇的动作都与撒谎和欺骗有关，但是，将手指放在嘴唇之间的手势却只是内心需要安全感的一种外在表现。

在商务谈判中，遇到做出这种手势的人，不妨给予他承诺和保证，这将是非常积极的回应。

安慰行为可以帮助我们揭穿说谎者，但是，在不少个案里，有些人会刻意制造虚假的肢体语言，从而取得某种优势（如选美小姐比赛、政治家演讲等）。

然而，即使是受过专业训练，作假者的谎言蒙蔽评委和观众的时间也不会很长。因为时间一长，肢体语言就会暴露出许多和有意识的假动作自相矛盾的信息。

下面，就让我们依次去解读身体各个部位的非语言密码，展开一段奇妙的身体语言之旅吧！

（二）最诚实的腿脚

多数人观察对手或他人的方法：

习惯从高（脸部开始）到低

正确的专业方法：

从低（腿脚开始）往高

1. 快乐脚

快乐脚是指当我们高兴时，双腿或双脚会一起摆动或颤动。

快乐脚是一种非常可靠的身体信号

它表示一个人正在得到他想要的。

2. 转向脚

通常，我们会将身体转向自己喜欢的人或事。

同样，我们也会转身离开那些我们不喜欢的人和事，哪怕上身保持不动，下身也会指向离开的方向

转向脚是一个人想要离开的信号。

3. 背离重力的脚部行为

当一个人的脚尖向上翘起时，表明这个人的情绪不错，或者正听到或想到什么令自己感到高兴的事。

4. 起跑者的姿势

双手按在膝盖上，各就各位，预备——跑！

这种姿势意味着对方准备结束会面或会谈。

5. 双腿叉开

通常情况下，当你发现一个人的双腿由开始的并拢到叉开的时候，你基本上可以肯定这个人越来越不高兴，你们之间的谈话很不愉快。

叉开的双腿是最明显、最容易被认出的“捍卫领地”式行为。

是一种“我说了算”的站姿，是绝对权力的表现。

6. 脚踝相扣

当谈话对象脚踝相扣时，这个动作显示出他正努力抑制某种消极情绪，如恐慌害怕或缺乏把握。

在商务谈判中，如果对手采取这样的动作，那往往意味着他已经有了作出重大让步的打算，但仍竭力克制自己作出这一决定。

这时候只要掌握恰当的提问技巧，诱使对方松开脚踝，并最终作出让步。

7. 交叉腿

双腿交叉式站立能反映出我们在社交时的高度舒适感。

有时在别人面前感觉自信时也会双腿交叉。

这种诚实的信号很难作假。

8. 把腿放在椅子上

这是一种相对男性化的姿势，表达出此人漠不关心、无动于衷和不拘礼节的

态度。

在商务谈判中，遇到这种把腿放在椅子扶手上的人，那真是一件很麻烦的事情。

应对策略

拿些资料给他看，让他往前坐点，告诉他他的裤缝开了，或者裤子大门没关。

9. 骑跨在椅子上

骑跨在椅子上的人想要获取支配与控制的地位，同时，也希望借助椅背来保护自己。

应对策略

你可以站着发表自己的见解，使自己的目光可以俯视这个骑在椅子上的人，并且逐步靠近他的私人空间，站着或坐到他背后。

10. 双腿双臂交叉坐姿

在商务谈判中，如果一个人在坐着的时候双腿和双臂都保持交叉状态，那就意味着他的心绪已经游离于你们的交谈之外，对他人的建议也更多地持否定态度，对大家所讨论的细节也会有些漫不经心。

11. “4 字腿”

大部分人在做出重大决定时，都喜欢保持双脚踩在地面上的姿势，所以当谈话对象的坐姿是“4 字腿”或手扳“4 字腿”时，就表明这是一个特别有主见且相当顽固的人，他不会认同任何人的观点，只会相信自己。

应对策略

在面对一个身体处于戒备姿势的人时，如果你想要说服他同意你的观点，那么你最好先试着让他改变自己的身体姿势后，然后再进行劝说。

12. “弹弓式”坐姿

“弹弓式”坐姿意味着冷酷、自信、无所不知、自我感觉良好。

应对策略

如果你是一个男人，那么你只需要跟他一起做出“弹弓式”姿势就能有效地应对他的挑衅；因为通过模仿他的动作，你们之间又重新形成了平等的地位。

如果你是一个女人，那么在商务场合面对这样的男人，你可以站起来和他说话。

13. 准备就绪的姿势

如果客户或谈判对手在做出抚摸下巴的动作（考虑如何做出决定的姿势）之后，紧接着就做出准备就绪的姿势，那么恭喜你，接下来你的谈判对象或客户给出肯定回答的概率会超过一半。

（三）身随心动

人体躯干显示的信息反映了大脑边缘系统对距离和避让的需求，它是人类真实情感的指示牌。

当人们对对方感到舒适和赞同时，他们就会倾向对方。

当我们遇到自己不喜欢的事物或人时，就会将身体倾向相反一侧，和同事意见不同时也会这样做。

各种身体角度的含义

开放性姿势：

在一次气氛友好、融洽的谈话当中，谈话双方往往会不由自主地侧身 45 度，在两人之间形成一个约 90 度的夹角。

双方互相侧身 45 度，是为了避免因为四目相对而给对方造成咄咄逼人的感觉。

封闭性姿势：

当两个人想表现得很亲密时，他们就会将身体角度由 45 度改变为 0 度，即采取正面相向的姿势朝向对方。

为了让自己的言行发挥到最大功效，人们通常会选择这样的交流姿势。

研究表明，男性普遍害怕来自前方的攻击，所以他们往往更加提防从前方来接近自己的人或物；

让女性常常感到害怕的通常是来自后方的袭击，所以她们往往会十分警惕那些从后方接近自己的人或物。

因此，如果你是一名女士，当你与男性同行时，一定不要站在他的前方，因为他会把你的这一动作当成是一种侵略的行为；

如果你是一名男士，那么，你应对从异性的前方来接近她，然后缓缓地走到她身边，将身体略微转过去，以 45 度的侧面来面对她。

选择开放性的三角形位置，是一种鼓励第三人加入的行为。

如何利用身体的角度表达排斥之意

如果刚才两人不想让第三人加入到自己的谈话当中，他们就会继续保持封闭性的站姿，仅仅将头转过来，表示自己已经注意到了第三人的存在，仅此而已，他们并不想和他有任何更深入的交流。

就座时的身体方向

将两条腿的膝盖交叠在一起，并同时指向另一个人，是一种对那个人感兴趣或愿意接受此人的肢体信号。

脚尖的方向

脚尖所指的方向暴露了我们的内心想法。45 度的交谈姿势有助于营造一种轻松的氛围，从而让对方可以在毫无压力的情况下进行独立的思考和活动。

图中的两位男子显然对中间的女士感兴趣。

女士一开始选择中立（两脚并拢），不过，最终她会将一只脚的脚尖悄悄地指向让她最感兴趣的男士。

（四）手臂信号

每当感觉到有危险降临时，男人们就会用手护住下身，因为这样的动作可以保护他们的要害，增加内心的安全感。

双臂交叉抱于胸前

也许，你会觉得双臂交叉的动作会让你感觉很舒服，但是，我要告诉你的是，其他人却会因此而认为你不友好，难以接近。

持这种姿势的人们通常会对所听到的谈话持否定或消极态度。

因此，当你与人交谈时，如果看到对方摆出了双臂交叉的姿势，那么你就应该意识到自己是不是说了那些与对方观点不同的话。

此时，即便对方口头上表示赞同，但你已经没有必要再谈下去了，因为对方的肢体语言已经很明确地告诉你结果了。

应对策略

一个简单而有效的办法：

找一件物品让他握着（比如笔、书或样品之类）。

找一件事情让他做（比如在你谈话的时候，播放视频录像，让他身体向前倾，从而放下双臂）。

握拳式双臂交叉

这一动作代表强烈的敌意，此时需安抚对方的情绪，设法找出导致对方情绪激动的原因，防止事态进一步恶化。这也是法庭上原告多采取的姿势。

双手抓握式双臂交叉

这种姿势表达了此人的不安和紧张、消极和拘谨的心理，暗示了他将不会购买你的产品。法庭上的被告也常采取这一姿势。

拇指向上式双臂交叉

采取这种姿势的人，表明此人自我感觉良好，觉得自己很棒，一切尽在掌握之中。

在商务会谈中，当你向对方售卖产品时，在接近尾声时，如果你发现对方采取拇指向上式的双臂交叉，同时还伴有其他表示肯定的动作或表情，那么恭喜你，此时此刻，你大可以放心地向对方提出签订合同之类的要求。

但是，对方如果采用了其他的双臂交叉姿势，那么此时，最明智的做法就是在对方明确表示拒绝之前，通过提问的方式探明对方拒绝购买的真正理由，掌握主动权。

人们在参加一些社交活动或工作会议时，常常会因为与其他人关系生疏或缺乏自信而使用单臂交叉的姿势，来安慰自己的紧张与不安。

商务会谈中的茶杯或咖啡杯动作

在商务谈判中，适时地中断一下，为对方送上可口的咖啡或茶，在轻松的氛围中仔细观察对方，并趁机揣测他的谈判意向，这是相当巧妙的一种谈判技巧。

如果是这种姿势，表明她很愿意聆听你的想法：

如果是这种姿势，则表明她在利用弯曲的手臂向你说“不”。

（五）以手观人，以手观心

所谓十指连心，科学家们早就发现，人类双手与大脑之间的神经关联远远多于人体的其他部位，所以，双手的动作和手势往往能够准确地反映我们内心真实的情绪状况。

1. 咬手指甲

一般被认为是缺乏安全感和紧张的姿势。

2. “摩拳擦掌”

一种是双手迅速搓动，表示了此人无比期待的心情。

如果客户一边快速摩擦双手，一边说“让我看看你有什么”，这说明他有很强的购买欲望。

但是，如果对方摩擦手掌的速度十分缓慢，我们就会怀疑对方是否隐瞒了一些事情，有些闪烁其词。

3. 塔尖状手势

这是一种高度自信的手部动作，表明此人对他的现状感到满意和舒适。

4. 祈祷手

当我们的自信心发生动摇或产生怀疑式，我们的塔尖状手指就会交织在一起做祈祷状，这是一种在压力和焦虑下做出的动作。

5. 拇指有关的手势

留在口袋外面的拇指：表明此人处于优势地位，高度自信的手势。

将拇指藏于口袋的动作：表达了此人极度不自信、没有安全感或社交不舒适的信号，职位较高的人士应避免此类动作。

6. 冻结的双手

研究表明，与最诚实的人相比，说谎的人通常会尽量减少各种手势和接触，也很少移动四肢，这种行为与边缘反应是一致的。

7. 手部动作的转换

与其他非语言行为一样，手部动作的突然转换，说明了此人的思想和感觉发生了急促的变换。

比如渐缓的缩手动作，手从桌面慢慢撤离，慢慢缩回去，最终放到腿上。这种远离动作是心理逃跑的线索，这种行为通常发生在我们感到威胁时。

8. 托盘式手势

使用这一姿势的多为女性或男同性恋者，他们通常都是借此来吸引心仪男士的注意力。

如果你想讨好、恭维对方，这样的姿势一定不会让你失望。

9. 手背后的姿势

这种姿势无论从前后看，都表达了一种权威、信心和力量。

背后握住手腕的姿势，标志着此人内心充满了挫败感，希望能够借此动作来找回自控权。

背后握住另一只手的那只手抓握的位置越高，此人心中的挫败感和愤怒就越强烈。

（六）脸部表情

不管是婴儿、小孩、青少年、成人还是老年人，他们表达不舒适的表情都是一样的，这种表情全世界通用。

同样，我们也能够识别出各种舒适的表情。

人类常见的 7 种表情是：愤怒、轻蔑、厌恶、恐惧、高兴、悲伤、惊讶。

尽管人们的面部表情可以提供各种有意义的信息，让我们了解别人的思想和感觉，但是，我们必须谨记，这些信息有些可能是真的，有些则可能是虚假的，需要我们认真加以辨别。

消极表情

我们可以通过一些线索发现这些情绪：

颚部肌肉紧缩、鼻翼扩张、眯眼、嘴巴颤抖或嘴唇紧闭（抿住嘴唇）。

进一步观察，我们还会发现：

紧张的人目光的焦距是锁定的，脖子是僵硬的，头一点都不会偏。

（比如一群陌生的人挤满电梯）

积极表情

大多数快乐的表情都容易辨认，但是，出于各种各样的原因，这些非语言信号会被抑制或隐藏。

比如，我们在玩牌赌钱的过程中，如果我们接了一手好牌，却不愿意让别人知道，我们就会压抑自己的高兴情绪，这时候，敏锐的人就会通过一些辅助证明来获知真实的信息，如眼睛瞳孔的突然放大与否，或脚部的非语言信息来判断。

眼睛的非语言行为

眼球内部的肌肉能够收缩瞳孔，以避免眼睛受到强光的刺激；而当有危险物品袭来时，我们眼睛周围的肌肉会立刻合上眼帘，因此，眼睛成了我们脸上最诚实的部位之一。

消极的眼部动作

当我们被刺激，或是突然遇到什么让人吃惊的人或事时，我们的眼睛就会睁大，瞳孔也会迅速扩张。

这样做的目的，是最大限度地吸收光亮，从而向大脑传送足够的视觉信息。

然而，一旦我们对这些信息做了处理，或对它们做出消极的认知，我们的瞳孔就会立即收缩。

通过收缩瞳孔，我们能更精确地将面前的一切聚焦到眼前，从而使我们看得更清楚，以便有效地保护自己。

我们也会通过眯眼来遮挡光线或自己不喜欢的人或物。当我们生气或听到自己不喜欢的声音或音乐时，我们也会眯起眼睛，同时眉毛下压。

同样的现象还会发生在商务活动中。如果你的客户突然眯起了眼睛，说明他们在某个方面有所疑惑，正在做思想斗争。

积极的眼部动作

瞳孔扩张表达的是一种满足感，或其他一些积极情感。这种情况下，大脑仿佛在说：“我喜欢现在看到的东西，让我看得再清楚些吧。”

当我们因为看到某人（如亲人）或物而由衷地高兴时，他们的瞳孔就会扩张，眉毛会上挑（或弯成弓形），眼睛会睁大，从而让眼睛显得更大。

当我们看到自己喜欢的人时，或偶然遇到久违的朋友时，我们会竭力睁大眼睛，越大越好，同时扩张瞳孔。

在工作中，当老板睁大眼睛看着你时，你可以假设他或她比较喜欢你或对你做的事情很满意。

不管是追求异性，还是在商务会谈中，你都可以使用这种确定行为判断自己的方式是否得当。

简单说就是，眼睛睁得越大，好感就越多。另外，当看到别人眼睛缩小时，如眼睛眯起、眼眉下垂或瞳孔收缩，你就该想想如何改变战略了。

连续眨眼/跳动眼睛

当我们感到兴奋、烦乱、紧张或忧虑时，我们眼睛眨动的频率就会提高；当我们放松下来，它又会恢复常态。一连串的眨眼动作反映的可能是一种斗争，或是与我们的表现的斗争，或是与信息的传递和接受的斗争。

在社交或商务会谈中，行家们会通过寻找这种行为评估其他人的舒适度。眼皮颤动的人一定是遇到了什么麻烦，有些人甚至刚一遇到麻烦就会立即出现这样的反应。

例如，在一场谈话中，眼皮开始跳动说明这个人可能对正在讨论的问题产生了疑问或完全不认同，或是正在准备转换话题。事实是，不管一个人是不是在说谎，当他感到压力时，他眼睛眨动的频率就会增加。

利用眼球的运动方向来测谎

人们眼球的转动能够表现出内心所想，所以，我们通过观察他人目光的动向，可以解读出他们正在回忆某个看过的、听过的、闻过的、尝过的或是摸过的东西。这种观察技巧是美国心理学家葛瑞德（Grinder）和班德勒（Bandler）的研究成果。我们通常将之称为神经语言程序学（Neurolinguistic Programming，英文简写为 NLP）。

NLP 是一项了不起的研究成果，同时也是强有力的沟通工具：

当向一个右撇子提问时，那个人眼睛所看的方向（从你的方位判断）

左上方（对方的右上）

Visually Constructed Images（Vc）

说明此人正在撒谎

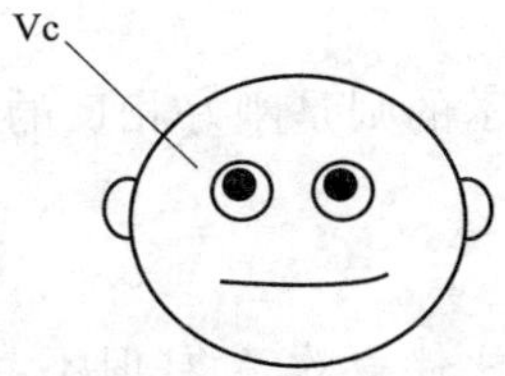

右上方（对方的左上）

表明：搜索记忆中的视觉图像

Visually Remembered Images（Vr）

说明此人在讲真话

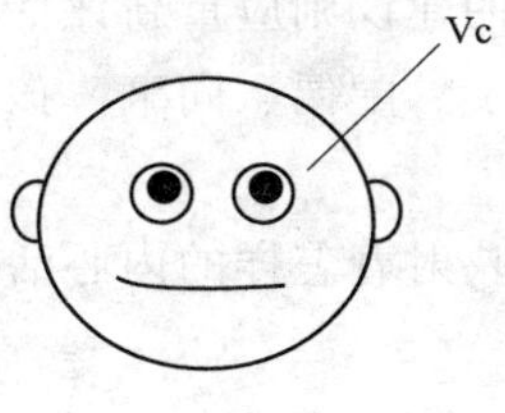

左下方（对方右下）

表明：知觉/感觉（F）

如果你问某些人："你能记得篝火的味道吗?"，那么他们在重新调用味觉，感觉，嗅觉想这个问题时，眼球的方位就是如此。

右下方（对方左下）

表明：自言自语（Ai）

当某些人在自言自语时，眼球的方位就是如此。

比如你说："我真想给他一巴掌"或"我真想爬上总经理这个位置"。

眼球向左或右边移动，表示构造或回忆听觉；

眼球向上则表示迟疑；

左撇子眼球的运动方向表示的则是刚好相反的意思。

嘴部的非语言行为。

真笑与假笑

假设你知道你的一位业务伙伴喜欢 A 君但不喜欢 B 君，而两个人都受邀参加这位伙伴举行的聚会，那么注意观察一下他在门口接待这两个人时的表情，你一定能立刻找出这两种笑的区别。

一旦你掌握了微笑晴雨表，你便能酌情处理与他们的关系。你还可以通过观察别人脸上的笑容，估算对方对你的想法和建议的态度。得到真笑的想法值得进一步开发和跟进，而得到假笑的建议则应重新评估，或被暂时搁置。

这种微笑晴雨表适用于朋友、配偶、同事、孩子，甚至是老板。它能够反映人们交流过程中的各种感觉。

在这些常态的笑容背后，映射着怎样的内心活动？而哪些是真诚的笑容？哪些又是伪装的面具呢?

美国加州大学心理学家保罗·埃克曼教授和肯塔基州大学的华莱士·V·法尔森教授经过多年研究，设计出一套识别面部表情的编码系统，能够成功破解人们的真实表情，包括真笑和假笑。其试验证明，喜悦产生的自发笑容（真笑），和故意收缩面部肌肉引起的伪装笑容（假笑）是不一样的。

真笑：嘴角上翘、眼睛眯起。

假笑：只有嘴角上提

看穿真假笑的3个具体方法

从脸部特点来看，真笑时，面颊上升、嘴角会向眼睛的方向上扬、眼周围的肌肉堆起产生皱纹、眉毛微微倾斜；假笑时，只有嘴角上提，一般是被平拉向耳朵的方向，眼中没有任何感情。

从嘴巴和眼睛的动作时机来看，真正的笑容，一般都是先从嘴角开始笑开，然后再带动眼睛，前后有时差；虚假的笑容，嘴巴和眼睛则是同时动作笑开的，没有任何时间差。

撒谎者的笑容出现速度比发自内心的真笑要快，而且持续的时间却更长，看上去就好像是戴着一个笑眯眯的面具。如果是假笑，由于我们的左右两个半脑都希望能使笑容看起来显得更加真实，所以在意识的控制之下，我们的左侧脸庞与右侧脸庞的表情并不完全相同，其中一侧的表情会显得更加夸张。

结果，当人们撒谎时，左侧脸部的笑容就会比右侧脸部的更加明显。

嘴唇的消失、挤压

嘴唇的挤压是消极情感的一种反映，它清楚地表明一个人遇到了麻烦，或者受到了压力，在某些方面出了问题。

当嘴唇被藏起来时，嘴角会下拉，情绪和自信会跌至谷底，而忧虑和压力、担心则会急速上升。

舔嘴唇

舔嘴唇是一种安慰行为，它能让我们在受到压力或不舒适时镇定下来。

二、情绪状态

线索1：言行与情绪不合拍

如果对方在“话出口之前”或“一开始说话”时，坚定地摇头或点头，则表示他所言属实；如果他在“说完之后“才开始摇头，那代表他企图展现自己确实如此，这表明他在说谎。

这是经过预谋和设计所做出的动作，并非出于感情，因为动作出现了时间差。

比如，如果先大声说话，然后再用手猛拍桌子，这是对可怕事情反应的手势时间差。如果是真的发火，这两个动作会同时进行。

说谎的人经常会眼神看着一边，而其手指却指向另外一边。

线索2：表情持续太久

情绪出现的时间快慢是很难作假的。只要仔细观察，你就不会被愚弄。

由于作假的情绪反应不是自然发生的，所以它出现的时间会稍微延后，持续的时间也会比真诚的情绪反应要久，然后“突然”就消失了。

“惊骇、惊讶”的情绪反应是一个绝佳的例子。这种情绪来得快，去得也快，如果持续过久，表示这种反应极有可能是装出来的。

三、交谈模式

线索1：套用你的话作回应

你可曾注意到，当你心不在焉时，你是如何应对一般碰面打招呼的社交礼仪及客套话的？

类似的情况是，当甲指控乙时，由于乙是在毫无准备的情况下被逮，手无寸铁，又没有时间思考，出于恐惧，就会套用甲说的话，作出否定回答。

把肯定句转换成否定句，是最快速作出反应的方法。

约翰之所以套用玛丽的话，急着回答，是因为他确实欺骗了玛丽，回答稍有延迟，就会让他觉得自己看起来做贼心虚。

对心虚的人来说，一秒钟犹如一辈子一样漫长。

线索2：沉默是金

在询问对方时，留心他在你没有继续追问下去的时候，是否持续“提供更多信息”。

一个典型的例子：

例如，海伦问杰克：“昨天晚上你去哪了？”“跟朋友出去了。”海伦对这个答案不置可否，杰克就开始紧张，以为海伦不相信他，于是他又继续说“我们去看电影”，“我们怎么样怎么样”等事实，直到海伦有回应才住口。这才让杰克认为他已经取信于海伦了。

心里有鬼的人，只会断断续续、一点一点地说，直到获得对方认可才停止。他之所以不停地说这些话，是为了填补因沉默而造成的谈话空白。

线索3：暗示性的回答不是回答

人们不愿回答问题时，通常会用暗示的或非正面的方法作为回应。

以下是中国外交部发言人就 2003 年美国发动伊拉克战争等问题答记者问的例子。

问：对伊拉克战争正在进行中。中国是否认为这场战争是正义的？

答：关于伊拉克问题，中国领导人曾多次阐明中国政府的原则立场。中国政府的立场完全符合世界人民要求和平的强烈愿望。不顾大多数国家和世界人民的反对，绕开联合国安理会，对伊拉克发动军事行动，违背了《联合国宪章》和国际法基本准则。我们对此表示严重关切。

问：你的讲话非常清楚地说明美国的行动违反了联合国宪章，中国是否会向安理会提交议案谴责美的行动？

答：发生军事行动后，中国很快就表明了自己的立场，强烈呼吁有关国家停止军事行动，至于下一步，中国政府将继续为维护世界和平作出努力。除了将继续强烈呼吁有关国家立即停止军事行动以外，我们也将同世界上绝大多数国家一样，促使有关国家停止军事行动，使伊拉克问题重新回到政治解决的轨道上来。

四、说话方式

线索 1：反应过度

当对方对你提出的问题或意见反应过度、带有攻击性时，你就得留心了。他企图用这种方式达到各种不同的目的。

线索 2：说谎者多使用指示代词

说谎者很少或根本不使用“我”或“我们”之类的人称代词，而多使用“那个”“他”等指示代词，且说话声音单调，缺乏抑扬顿挫。

说实话的人则会无所顾忌地强调句子中的人称代词。比如，说谎的人可能只简短地回答“是”，而非“是，我是”。

五、心理征兆

线索 1：说谎者容易忽略他人的观点

说谎者会十分小心地陈述某个事件的细节，但常常会遗漏一个关键要素——他人的观点或意见。这是因为陈述他人的观点或意见，等于是为事件细节加入了另一个方面，说谎者通常没有聪明到能够达到这种思维层面。他或许把其他人也编入陈述的事件中，但其他人的想法则往往被忽略。

假设你问女友昨晚的行踪，她说昨晚加班到很晚。你不相信，于是进一步施压，问她昨晚吃了什么，以下是两种可能的回答：

（1）“哦，我昨晚不怎么饿，所以我就回住处，和我的室友一起看电视。她煮了意大利通心面，但我没吃。”

（2）“哦，我昨晚不怎么饿，所以我就回住处看电视。室友很惊讶我竟然不吃晚餐，尤其是她最拿手的意大利通心面。

线索 2：说谎者通常不会提出反问

高明的说谎者可能精通回答问题，好让自己取信于人。但是，就算她的骗术再高明，也会因为没有适时反问对方而露出马脚。说谎的人之所以不会发问，是因为对她来说，这场对话并不真实。

说谎者通常会忘了，不仅要回答问题，还要提出问题。

线索 3：过于完美

事件中出错、不完美的部分，是另一个常被说谎者遗漏的要素。虚构捏造的事件，几乎不包含任何负面的细节。说谎的人只在意把故事情节交代清楚，她的想法是单方面的。

真实的陈述者通常在说完某一情节后，可能后来一回忆不对，就会立刻改口纠正，而这一点骗人者通常是做不到的。

六、其他线索

线索 1：真好，总算结束了

仔细观察倾听，当话题转变的时候，他是否变得比较开心？甚至脸上挂着一丝微笑，或者长出了一口气？

注意他的姿势。他是否显得更加放松，更少防备？他的情绪转变得多快、多戏剧化，显示了前一个话题如何令他不安。

试探他，看看他是否想很快地转变话题。

面对恶劣的指责或指控，他若清白无辜，一定会愤慨反抗，并坚持要立刻或另外找个时间，针对此指控作进一步的讨论。

切记，心虚的人想要改变话题，清白的人总是想要继续讨论。

线索 2：精准排练的说辞

如果他的说辞听起来像是排练过的，那么极有可能的情况是，他预期你会提出这个问题，并花时间编排了情节。

一般人应该无法轻易地回想起所有的实情和细节，但他却轻松地把事情交代清楚，表示他有所准备。

举例来说，某人问嫌疑人两个月前的某一天去了哪里，精心演练过的答复可能会是："我去上班，下午 5 点半离开公司，再到川渝人家餐厅吃晚餐，直到 7 点 45 分，然后就直接回家。"

执法人员发现，运用这个线索的效果极佳。

假设一名警官讯问一名嫌疑人两年前某一天的经过情形，如果他能够一五一十说出当天做了什么、去了哪里，就非常不对劲了。大部分的人通常连昨天早餐吃了什么可能都记不起来呢！

线索 3：狡猾的误导

无论何时，只要有人强调他们没在做某件事，你可以确定他们就是在做那件事。

比如，在一次相亲之后，女方告诉男方，接下来几个星期她忙得要命，但她不想让他觉得她企图甩掉他。但是，如果她根本没有那个想法，就不会说出这种话。若有人对你说："我不是要伤你的心，但……"那就表示她根本不在乎是否伤了你的心。

另一种透过暗示的巧妙谎言是以否定的形式呈现的。

它是这样运作的：一位经纪人企图说服一位角色总监，让他旗下的演员李某取代另一位演员张某在戏中扮演角色男二号。经纪人小心翼翼地说，张某上个月在一所专门协助戒毒戒酒的医院出现，但据说张某只是前往探视一位朋友。角色总监听了之后，就会开始纳闷张某是否有酗酒和嗑药的问题。而如果那位经纪人说张某是去医院接受治疗，那么角色总监就会怀疑他说这话的真实意图。

线索 4：售货员的诡计

你是否遇到过以下的情况：你在寻找一件商品，但售货员告诉你，其实这件商品不如另一件商品好，而结果是你想要的那件商品已经没货了。

很明显，如果售货员表示的确有那件商品，但她想介绍更好的产品给你看看，这样就比较可信。所以，在你接受她所谓"更好的商品"（或其他服务）之前．先确定她是否真有你原先想要的货品。如果她没有，最好别相信他。

线索 5：数字的陷阱

说谎者为了让自己的说辞显得流利顺畅，通常会落入数字的陷阱中。由于他想得太快，并试图记住自己说了什么，所以他提到的数字都是同一个数字，或是另一个数字的倍数。

以下面试者与应征者的对话是一个典型的例子。

面试者："你有几年企业管理的经验？"

应聘者："我曾在3个不同的地方工作，总共有6年左右的经验。"

面试者："说一说你在这些地方工作的经验。"

应聘者："我基本上每周工作6天，负责管理约12个员工……"

当事实、数字和信息、异常雷同时，你就得小心了。

线索6：道貌岸然

这条线索非常巧妙，而且非常普遍，也许你本身可能就曾有过许多次相同的经历。每一个人对于事物的条理秩序、道德的一致性，都有着与生俱来的需求，这条线索就源自人类的这种天性。

说谎者常常表现出一种特定的道德倾向，让人们以为他的其他行径一定也是如此道貌岸然。许多被双规的贪官皆是如此。

比如你在一家较大的公司任职，财务部门的主管杨某认为，你可能发现了他侵吞公款的阴谋。他知道你手中尚未握有确凿的证据，但也急于改变你的想法，摆脱你的关注。

杨某会怎么做呢？在你面前，他可能会公然大声斥责其他同事把办公室文具等公用物品"借"回家作私人用途。见此情景，你对杨某的观感就有可能是：嗯，看来此人很有道德感，连私用办公室文具等公物的芝麻小事都看不惯，可能不大会与侵吞公款这种事有关，也许我以前错怪他了。

线索7：淡化处理

如果她轻描淡写、漫不经心地告诉你一件其实很重要、值得多花点心思的事情，那你就得留意了。

例如，她说："喔，顺便告诉你，下个周末我要到外地出差。"如果她很少在周末出差，那么她应该会对你说些"周末出差多么离谱"之类的话。她如此轻描淡写，让这趟出差疑点重重。

不寻常的事情发生了，她却等闲视之，一点也不重视，表示她企图转移注意力，而且通常事有蹊跷。

线索8：太离谱的情节

有时候，越是令人吃惊的情节，越令人信服。为什么呢？因为我们自忖："如果这个人存心骗我，应该会编一些不至于如此离谱的故事出来。"所以，如果骗子美化他的故事情节，并加上一句："你不觉得，如果我要骗你，应该编一些更加可信的东西出来呀？我跟你说的这些事情，本来就是真的！"

那么事实上，他就是在编造故事。

附　　录

你能当个谈判专家吗?

这是一份科学设计的检测个人谈判能力潜在素质的问卷。如果你在每个问题后的选择答案中选定一个最切合你情况的答案，你就能了解自己的谈判能力是个什么水平。请试试看！

1. 只要条件允许，谈判前你一定做好准备。

A. 绝大多数场合如此　　B. 常常如此

C. 有时如此　　D. 极少如此

E. 从未如此

2. 面对直接冲突，你感受的不舒畅程度是：

A. 极不舒畅　　B. 很不舒畅

C. 尽管不舒畅但会冷静面对　　D. 有点喜欢这种挑战

E. 欢迎直接冲突的出现

3. 对于在谈判中所听到的话，你通常相信么?

A. 不，非常怀疑其真实性　　B. 一般持怀疑

C. 有时不信　　D. 一般情况下都信

E. 几乎总是相信

4. 对你来说，“受人喜欢”是：

A. 极为重要的　　B. 比较重要的

C. 重要的　　D. 不太重要的

E. 不在乎的

5. 在进行商务交易时，你对最佳效益的态度是：

A. 总是力图实现　　B. 很注意实现

C. 比较注意实现　　D. 无所谓

E. 毫不关心

6. 你对谈判的基本看法是：

A. 谈判就是竞争　　B. 以竞争为主，也有合作

C. 以合作为主，也有竞争　　D. 谈判就是合作

E. 竞争与合作参半

7. 哪一种交易是你所追求的？

A. 对双方都有利的　　B. 对自己比较有利的

C. 对对方比较有利的　　D. 自己占大利，对方占小利

E. 绝对利己的

8. 你喜欢与商人味儿十足的人谈判吗？

A. 非常喜欢　　B. 喜欢

C. 无所谓　　D. 不太喜欢

E. 讨厌

9. 谈判中，如果你占了大便宜，你是否愿意再给对方一个找平的机会？

A. 愿意　　B. 有时愿意

C. 犹豫　　D. 没想过

E. 犯不上

10. 谈判中，你是否有胁迫他人的倾向？

A. 总是　　B. 常有　　C. 有　　D. 不常有

E. 极少有

11. 在谈判中，你的表达能力

A. 很强　　B. 比较强　　C. 一般　　D. 不大强

E. 极差

12. 谈判中，你是好的“聆听者”吗？

A. 极好的　　B. 好的　　C. 一般的　　D. 不大好的

E. 差劲儿的

13. 你对谈判中出现的众说纷纭、鸡吵鹅斗的情况感受是：

A. 非常讨厌　　B. 不喜欢

C. 尽管不喜欢，但承认现实　　D. 这是正常现象

E. 喜欢，有利于乱中取胜

14. 听别人陈述相反意见时，你的态度是：

A. 打断他，不听他说下去　　B. 听一会儿就烦

C. 听是听，但不往心里去　　D. 耐心地听他把话说完

E. 专心地听并尽量去理解

15. 在谈判前，你和同事对谈判目标、谈判步骤的准备状况为：

A. 就主要问题大致讨论一番　　B. 粗略地做些准备

C. 非常详尽地反复讨论　　D. 细致地多次讨论

E. 通常不作什么准备

16. 假如要你去和老板就敏感问题（如要求成倍加薪）谈判，你会：
A. 不乐意去，尽力回避　　B. 尽管不情愿，但也会去
C. 谈判时有种种顾虑　　D. 准备好充分理由坦然地去谈
E. 热衷此道，随时准备上
17. 在谈判中你客欢借重专家吗？
A. 经常借重　　B. 借重
C. 有时听他们的意见　　D. 特别必要时再咨询
E. 基本上不信他们那一套
18. 如果让你当团队领导者，你会做得：
A. 非常出色　　B. 比较好
C. 说得过去　　D. 不太好
E. 很差劲
19. 在承受压力时，你做清晰思考的水平是：
A. 不受干扰，思路非常清晰　　B. 比大多数人强
C. 中等偏上　　D. 中等偏下
E. 属于最次的那一类，整个“晕菜”
20. 你对企业问题的判断力为：
A. 经验证明，好得很　　B. 比较好
C. 一般　　D. 不太好
E. 这方面我不行
21. 总体上你的自我评价为：
A. 非常好　　B. 还行
C. 说不清　　D. 不太好
E. 很自卑
22. 你在赢得他人尊敬方面的情况是：
A. 很容易赢得他人尊敬　　B. 多数情况下能赢得他人尊敬
C. 一般化　　D. 有时能赢得他人尊敬
E. 这对我是很难的事
23. 你是否认为自己是个老练而谨慎的人？
A. 自认非常是　　B. 比较以为是
C. 一般以为是　　D. 犯错误或疏忽的次数相当多
E. 我总是先说先做而后思
24. 你是不是个心胸开阔的人？

A. 心胸很开阔　　B. 比较开阔
C. 一般　　D. 有点狭隘
E. 相当固执

25. 你认为你自身的人格完整有多么重要？

A. 至关重要　　B. 比较重要　　C. 一般　　D. 有点重要
E. 不必要

26. 你认为他人的人格完整有多么重要？

A. 极其重要　　B. 比较重要　　C. 一般　　D. 有点重要
E. 从不苛求

27. 如果让你掌握权力，你会使用它吗？

A. 我尽我所能地使用它
B. 在不产生罪恶感程度上尽量使用它
C. 为了维护正义而使用它
D. 不喜欢使用权力
E. 在不妨碍他人的情况下使用它

28. 你对身体语言（如表情、手势、姿态等）的敏感性：

A. 非常高　　B. 很高
C. 高于一般人　　D. 低于多数人
E. 迟钝

29. 你对他人的动机与欲望的敏感性：

A. 非常高　　B. 很高　　C. 一般　　D. 低于多数人
E. 不敏感

30. 你对与谈判对手私下打交道这件事怎么看？

A. 我会避免发生这种事　　B. 会感到不舒服
C. 无所谓　　D. 我有私下接近他的倾向
E. 会极力去接近，我喜欢这么做

31. 你对谈判中的真正主题的洞察力如何？

A. 一般情况下都能洞悉关键所在　　B. 在多数情况下能洞悉关键所在
C. 我推测问题关系的能力比较强　　D. 谈判中令我感到意外的事很多
E. 我感到难以理解真正的底牌是什么

32. 在谈判中你倾向于设定什么样的目标？

A. 极难实现的目标
B. 很难实现的目标

C. 不大难也不大容易实现的目标

D. 容易实现的目标

E. 相当容易实现的目标

33. 在谈判中你的耐性：

A. 很有耐性　B. 高于一般人　C. 一般　D. 低于一般人

E. 要发脾气就发，不必自欺欺人地忍着

34. 在谈判中，你对实现自己目标的自信心：

A. 非常强　B. 很强　C. 有点强　D. 不大自信

E. 任其自然，不必太热切地追求实现目标

35. 在谈判中，你的坚韧性：

A. 非常强　B. 很强　C. 说得过去　D. 不怎么坚持

E. 不必坚持什么

36. 谈判中，你对对手所面临的私人问题的敏感性：

(指对手个人的安全感、工作负荷、与上司关系、保护组织利益的迫切程度等)

A. 非常强　B. 很强　C. 一般　D. 不怎么敏感

E. 欠缺

37. 谈判中你对对方的利益抱什么态度？

A. 设法不让他的利益受到伤害

B. 对他的利益也会寄予一定的关心

C. 各顾各的，但也不想坑他

D. 相机而行，以保护自己利益为主

E. 他的利益与我无关

38. 谈判中，对自认的当然利益你强调到什么程度？

A. 这是要不顾一切坚决维护的　B. 非常强调对这种利益的维护

C. 对自己的当然利益愿意客观地看　D. 不想强调自己的当然利益

E. 既然是当然利益就不必去争

39. 你是否考虑对方的当然利益？

A. 非常透彻地研究其当然利益　B. 很认真地研究其当然利益

C. 我会顾及对方的当然利益　D. 我不是他，怎么会替他想很多

E. 听其自然，不在意对方的当然利益

40. 购买东西时，你对讨价还价的感受是：

A. 感到可怕

B. 感到不好受，但我有时也会这么做
C. 只在一些场合中我才会讨价还价
D. 我常常讨价还价，不介意这么做
E. 这是正常的处事方式，感到适应
41. 你通常怎样做让步?
A. 尽可能慢地让步 B. 让步的速度要悠着点儿
C. 与对手让步的速度同步 D. 靠较多的让步使谈判较快地进行
E. 为完成谈判，不惜做出重大让步
42. 你对承担足以影响你终身事业的风险的看法是:
A. 承受力强于多数人 B. 承受力略强于多数人
C. 承受力小于多数人 D. 偶然些微承担这类风险
E. 几乎从不承担这类风险
43. 你对承担财物风险的感受是:
A. 承受力大于多数人 B. 承受力略大于多数人
C. 极少承担任何风险 D. 偶然些微承担这类风险
E. 承受力小于多数人
44. 你与地位较高的人相处时的感受:
A. 非常适意 B. 很适意 C. 说不清 D. 有点不适意
E. 非常不适意
45. 你为上一次买房或买车的谈判做了什么样的准备?
A. 非常周密 B. 很周密
C. 做了些准备 D. 没做什么准备
E. 毫无准备
46. 你对他人告诉你的话所做的查验:
A. 全面而细致 B. 抓主要的事查
C. 查验那些比较好查的 D. 知道应该查，事实上没认真做
E. 不查验
47. 你是否能足智多谋地，创造性地解决问题?
A. 非常能 B. 很能 C. 有时能 D. 很少能
E. 几乎无法做到
48. 你是否具有使人钦敬的魅力?
A. 非常有 B. 很有 C. 一般 D. 不太有
E. 肯定没有

49. 作为一个谈判者，你与其他谈判者相比，你的谈判经验：

A. 非常丰富　　B. 高于一般水平

C. 一般　　D. 低于一般水平

E. 毫无经验

50. 如果让你领导一个团队，你会感到：

A. 适应而自然　　B. 比较适应

C. 心情复杂　　D. 有点担忧

E. 很焦虑

51. 与你的同事相比，在没有压力的情况下，你的思考力：

A. 非常好　　B. 比多数人好

C. 一般　　D. 比多数人略差

E. 不佳

52. 在情绪激动时，你：

A. 能保持冷静　　B. 基本上冷静，但有时做不到

C. 与多数人大致相同　　D. 有点脾气暴躁

E. 很难控制暴躁的脾气

53. 在社交方面人们对你：

A. 很喜欢　　B. 比较喜欢

C. 一般还喜欢　　D. 不大喜欢

E. 不喜欢

54. 你的工作安全感为：

A. 非常安全　　B. 很安全

C. 一般　　D. 有点不安全

E. 很不安全

55. 如果经过四次详细的解释，你必须说四次“我不了解它”，你会感到：

A. 可怕，不敢再说　　B. 比较尴尬

C. 别扭　　D. 再说也不至于感到太不适应

E. 毫不犹豫地再说

56. 谈判，你处理棘手问题的能力：

A. 极佳　　B. 高于一般水平

C. 一般　　D. 低于一般水平

E. 差

57. 你是否善于提出刨根问底的问题？

A. 非常善于　　B. 很善于　　C. 一般　　D. 不太善于

E. 提这类问题的能力很差

58. 你对自己的事是否能保守秘密？

A. 非常能　　B. 很能

C. 能　　D. 倾向于述说比应说的更多的话

E. 说得太多

59. 与你的同事相比，你对自己专业知识的信心：

A. 比多数人大　　B. 比多数人略大

C. 一般　　D. 比多数人小

E. 坦白地说，很缺乏信心

60. 假如你花钱为自家盖房，由于你太太的意见，须改变房屋设计，施工队因此要求追加收费，你又不想换掉这个施工队。在谈判追加收费的问题时，你会有什么感受？

A. 热衷于进行这个谈判

B. 准备进行这个谈判，但并不热衷

C. 不喜欢这个谈判，但还会去谈

D. 非常不喜欢这个谈判

E. 厌恶这种情况

61. 你是否过于直率，容易喜形于色？

A. 没必要掩饰自己的感受和意见　　B. 我知道应当控制，但常常做不到

C. 一般化　　D. 不常这样

E. 几乎从未这样

等级划分标准：

谈判素质高的 25% 的人得分为：

+376 至+724

谈判素质次高的 25% 的人得分为：

+28 至+375

谈判素质次低的 25% 的人得分为：

−320 至+27

谈判素质最低的 25% 的人得分为：

−668 至−321

评分标准

题号	A	B	C	D	E	题号	A	B	C	D	E
1	20	15	5	−10	−20	32	10	15	5	0	−30
2	−30	−5	30	30	−5	33	15	10	5	−5	−15
3	30	8	4	−4	−30	34	12	12	5	−5	−15
4	−14	−8	0	14	10	35	10	12	3	−3	−10
5	−10	10	30	−5	−10	36	16	32	4	−5	−15
6	−15	15	10	−15	−5	37	12	6	0	−2	−10
7	0	10	−10	5	−5	38	−10	−8	0	8	12
8	3	6	6	−3	−5	39	15	10	5	−8	−10
9	6	6	0	−5	−10	40	−30	−5	5	15	15
10	−15	−10	0	5	10	41	15	10	−3	−10	−15
11	8	4	0	−4	−6	42	5	10	0	−3	−10
12	15	10	0	−10	−15	43	5	10	−5	5	−8
13	−10	−5	5	10	10	44	10	8	3	−3	−10
14	−10	−5	5	10	15	45	15	10	5	−5	−15
15	8	−10	20	15	−20	46	10	30	3	−5	−12
16	−10	5	10	13	10	47	12	10	3	6	−5
17	12	30	4	−4	−12	48	10	8	3	0	−3
18	12	10	6	−5	−10	49	5	3	0	−1	−3
19	10	5	3	0	−5	50	8	5	3	0	−13
20	20	15	5	−10	−20	51	15	10	5	0	−5
21	15	10	0	−5	−15	52	10	6	0	−3	−10
22	12	8	3	−5	−8	53	10	8	4	−2	−6
23	6	4	0	−2	−4	54	12	30	5	−5	−12
24	10	3	5	−5	−10	55	−8	−3	3	8	12
25	15	10	5	0	−30	56	10	8	2	−3	−10
26	15	10	5	0	−10	57	10	8	3	0	−5
27	5	15	10	−5	0	58	10	10	8	−8	−15
28	2	1	0	−1	−2	59	12	8	4	−5	−10
29	15	10	5	−10	−15	60	15	10	0	−10	−15
30	−15	−10	0	10	15	61	−8	−6	0	5	8
31	10	5	2	−2	−10						

参 考 文 献

1. 毛国涛. 商务谈判. 北京：北京理工大学出版社，2006.
2. 林伟贤. 谈判艺术. 北京：新华出版社，2006.
3. 刘比荣. 新世纪谈判全攻略. 北京：机械工业出版社，2008.
4. 盛安之. 谈判的60个博弈策略. 北京：企业管理出版社，2008.
5. 丁建忠. 商务谈判教学案例. 北京：中国人民大学出版社，2005.
6. 威廉·扎特曼（美）. 谈判专家. 北京：社会科学文献出版社，2012.
7. 罗杰·道森（美）. 优势谈判. 深圳：海天出版社，2012.
8. 彼得·约翰斯顿（美）. 劣势谈判. 海口：南方出版社，2011.
9. 皮斯等（英）. 身体语言密码. 北京：中国城市出版社，2007.
10. Robert March（澳）. International Team Negotiation. 北京：对外经济贸易大学出版社，2009.
11. 黄德昌 . 舌辩纵横——中国古代谈判谋略 . 成都：西南财经大学出版社，1999.